U0910154

智库 中社
国家智库报告 2018（44）
National Think Tank
国际问题研究

世界能源中国展望

（2018—2019）

中国社会科学院世界经济与政治研究所世界能源室 著

WORLD ENERGY CHINA OUTLOOK 2018-2019

中国社会科学出版社

图书在版编目(CIP)数据

世界能源中国展望：2018－2019／中国社会科学院世界经济与政治研究所世界能源室著．—北京：中国社会科学出版社，2018．10
（国家智库报告）
ISBN 978－7－5203－3372－6

Ⅰ．①世…　Ⅱ．①中…　Ⅲ．①能源发展—研究报告—中国—2018－2019
Ⅳ．①F426．2

中国版本图书馆 CIP 数据核字（2018）第 237552 号

出 版 人　赵剑英
项目统筹　王　茵
责任编辑　喻　苗
特约编辑　郭　枭
责任校对　张依婧
责任印制　李寡寡

出　　版　中国社会科学出版社
社　　址　北京鼓楼西大街甲 158 号
邮　　编　100720
网　　址　http://www.csspw.cn
发 行 部　010－84083685
门 市 部　010－84029450
经　　销　新华书店及其他书店

印刷装订　北京君升印刷有限公司
版　　次　2018 年 10 月第 1 版
印　　次　2018 年 10 月第 1 次印刷

开　　本　787×1092　1/16
印　　张　16
字　　数　210 千字
定　　价　75.00 元

凡购买中国社会科学出版社图书，如有质量问题请与本社营销中心联系调换
电话：010－84083683

摘要：当前，全球能源供给和需求格局正在发生变革，美国页岩油气革命改变了全球能源供应格局，欧美发达国家的煤炭、石油消费已达到峰值，其能源消费向清洁能源和可再生能源转移的趋势日益清晰。在新能源和可再生能源替代煤炭、石油等化石能源的过程中，各国电气化程度将不断提高，能源效率在减少能源消费中起着关键作用。同时，作为相对清洁的化石能源，天然气在新一轮能源革命中作为过渡能源的作用愈加突出。作为全球最大的能源生产国和消费国，以及最大的清洁能源生产国，中国必将处于新一轮全球能源革命的核心位置。中国可借助于在可再生能源和清洁能源领域的产业链、投资和市场优势，加快推进能源结构的低碳化、清洁化转型，但也面临着油气资源不足、煤炭依赖度高、风电光伏并网不畅、技术创新障碍等问题的制约。

2017 年，在原油需求强劲、产油国联合减产和地缘政治风险上升等因素的共同作用下，国际石油市场出现明显回温。石油价格整体呈现先降后升的走势，且在年末上升至自 2015 年以来的最高水平，而价格均值水平较上一年增长了约 24%。2018 年，国际原油价格继续保持强劲上涨态势。通过对影响油价走势主要因素的分析可以看出，OPEC 及其他产油国减产执行、全球经济回暖所带来的需求增速是推动本轮油价持续上行的主要因素；美国产油量、能源效率、能源结构调整是油价增速放缓的主要因素；非计划的短期供给扰动以及金融市场投资是增大油价波动的主要因素；在供需收紧的状态下，美元与本轮油价走势呈现微弱的正相关性，却无法撼动石油市场价格的走向。2019—2020 年世界经济的稳定增长将导致全球石油需求增长加速，但市场供给弹性空间较大，若减产执行失效，美国石油供给加速增长，则市场供需局面可能恢复到减产前的状态，石油价格受挫下行，原油价格有可能下跌至 60—70 美元之间；而石油供给若能得到良好的控制，则预计可以维持石油生产国共同努力而来的市场供需收紧局面，原油价格将可能继续保持稳步上涨，并涨至80—85美元/桶的水平。

2017年，中国原油需求继续维持快速增长，原油需求增量达60万桶/日，为2016年的两倍，约占世界石油需求增量的40%，成为推动全球原油需求增长的重要力量。2017年，中国全年原油消费表观消费量43亿桶，较2016年增长5.9%；原油产量下滑至3.87百万桶/日；石油净进口量为29亿桶，较2016年增长10.8%，石油对进口依存度已达到67.4%，上升4.7个百分点。展望2020年，预计中国原油产量仍有持续下降趋势，原油需求将继续保持增长，但增长速度将有所减缓，预计石油需求量增至1380万桶/日。国内成品油市场格局向民营化倾斜，随着国内石油产业基础设施的完善，成品油产量将会进一步扩大。

2017年，全球天然气市场供需均出现近七年以来的最大增幅，天然气平均价格出现明显的回弹，较2016年上涨超过20%。受欧洲和亚洲天然气强劲的需求增长以及油价大幅上涨的影响，天然气市场需求比上一年增长了2.9亿立方米/日，增幅达3%。其中，LNG贸易增长幅度达10.3%，是推动天然气贸易增长的主要因素。当前，电力用气仍然在天然气消费占比最高，为46.8%，其次是工业用气，占比27.2%。预计未来数年，亚洲国家仍是天然气需求增长的主力，工业生产将逐渐取代发电成为天然气主要消费用途。同时，随着LNG贸易比例的增长，全球天然气定价将趋于竞争化发展，贸易形式和种类将趋于多样化发展以满足买卖双方的市场需求。

受国内经济增长强劲、空气污染治理等因素推动，2017年中国天然气消费量创历史新高，增幅超过15%。国内天然气产量保持8%以上的增长速度，但由于上游供给无法跟上下游需求的增长，国内天然气生产—消费的缺口日益扩大，2017年冬季出现“气荒”。预计未来数年，环保因素将持续推动能源转型，国内天然气需求将保持增长趋势，中国将有望超过日本成为最大的LNG进口国。在2017年产量的基础上，若中国天然气产量保持10.6%的增速，则至2020年可能实现“十三五”规划中2020亿立方米的产量目标。

随着全球能源转型的加速和各国更为关注碳排放对环境的影响，煤炭行业受到了严重冲击。近年来，全球煤炭生产、消费和贸易快速下降。2017年，煤炭消费结束了2014—2016年三年的连续下降，消费量达到37.3亿吨，比2016年增加约1%。目前，煤炭的生产和消费主要集中在中国、美国和印度三个国家，而澳大利亚、印度尼西亚、俄罗斯是主要煤炭出口国。尽管2017年煤炭生产和消费有所反弹，但未来煤炭的前景依然不被看好。预计未来欧洲、加拿大、美国等发达国家和地区的煤炭消费需求会持续减少，煤炭消费的增长主要来自于发展中国家和地区，集中于印度和东南亚国家，消费东移趋势明显。根据国际能源署的预测，未来煤炭在全球能源结构中的份额将从2016年的27%降至2022年的26%。

煤炭是中国的主体燃料，也是重要的工业原料，在中国的能源生产和消费结构中居于主导地位。2017年，中国消费了18.9亿吨油当量的煤炭，占全球煤炭消费的50.7%。未来，随着中国能源转型的继续推进，煤炭去产能将会继续执行，煤炭产业转型将加速。我们预计在现行政策条件下，中国煤炭需求将在2020年左右基本进入高峰期，在2025年左右达到峰值（约21.0亿吨油当量）；如果政策执行更为严厉，最早在2019年左右可能达到峰值（约18.9亿吨油当量）。2020年，煤炭在我国能源消费中的比例将下降到60%以下，2030年进一步降至50%—52%。未来，对煤炭的替代主要在发电领域，核电、风电、光伏发电和生物质发电将会在其中发挥重要作用。

电力在经济社会中的作用逐步增大，在全球能源体系中扮演着越来越关键的角色。目前，全球电力生产和消费持续增长，主要源自于中国、印度、巴西等新兴市场国家电力需求的大幅增加。发达国家的电力生产和消费已经向可再生能源转移，其电力消费在产业、居民用电、商业和公共服务用电等方面均衡发展，而发展中国家的电力消费则以产业用电为主。电力贸易业主要在欧美等发达国家间进行。尽管2017年电力投资略有下降，但仍然超过化石燃料，成为能源领域投资最大的行业。未来电力投资会继续增加，电力将向数字化、减少贫困、分布式和清洁化方向发展。中国将重点发展清洁电力，水电、核电、风电、太阳能光伏发电、生物质发电和地热发电将会逐步替代煤电。据预测，在现行政策下，2040年中国常规水电装机容量将达3.9亿千瓦；抽水蓄能达2亿千瓦；核电的装机容量将达1.65亿千瓦，发电1287太瓦时，占全部发电量的11.2%。2020年、2030年和2050年，中国风电装机容量将分别达2亿、4亿和10亿千瓦；中国太阳能光伏发电装机容量在2030年将达3.5亿千瓦，在2040年达4.3亿千瓦，在2050年达5.5亿千瓦，约占发电量的12%—13%。

为了应对全球气候变化，世界主要经济体正在逐步调整能源结构，积极发展以光伏太阳能为代表的可再生能源和核能等清洁能源。从光伏产业来看，全球市场规模继续扩大，但发达国家市场装机增长趋缓，而发展中国家潜力巨大，光伏产业技术创新层出不穷，发电成本逐步降低。作为全球最大的光伏市场，中国光伏产业的市场容量和新增规模仍在持续扩大，分布式光伏成为市场发展的新亮点。世界主要能源研究机构对光伏发电前景都比较乐观，并认为中国将对全球光伏太阳能的发展起到巨大的推动作用。核能是一种低排放、高效率的清洁能源，尽管福岛核事故一度使人们对核电前景产生了疑虑，但核能因其在低碳减排方面的积极作用，正在重新引起不少国家的重视。全球核电机组数量稳中有升，核电在部分国家的电力来源中占有重要地位。从各国核电发展政策来看，美国对发展核能持积极的态度，欧洲各国对待核电的态度出现明显分化，日本的核电政策面临着巨大的挑战，发展中国家对核能的兴趣不减。随着一些国家老化的核反应堆陆续退役，以及部分发达国家宣布逐渐退出核电，发展中国家将成为全球核能发展的主要推动力量，尤其是中国在未来全球核电发展中将起到关键作用。

海洋能形式多样，储量丰富，但勘探、开发和利用尚处初级阶段。目前，世界海洋石油业发展较成熟，近年来全球重大油气发现中的近 50% 来自深海地区。全球可燃冰总资源量约 2100 万亿立方米，但尚未进入商业化开采阶段。海上风能资源丰富，经济性优势明显，是最有可能大规模发展的能源之一，近年来海上风电装机量以每年约 30% 的速度递增。在其他形式的海洋能中，潮汐能发展相对成熟，预计到 2030 年世界潮汐电站年发电总量将达 60 太瓦时；波浪能、潮流能、盐差能、温差能均处于研发阶段或商业化初期阶段。中国海洋能开发利用进步显著，但与国际先进水平还有差距。中国是世界海洋石油生产大国之一，在勘探开发、工程技术等领域居世界先进行列。在可燃冰领域，中国取得重大突破，成为首个在海域连续稳定产气的国家。潮汐能技术实现了商业化开发利用，波浪能、潮流能技术进入了示范应用和商业化开发阶段，温差能和盐差能技术研究取得了阶段性成果。随着海洋能相关政策的完善，中国海洋能开发利用将不断取得新的突破。

关键词：能源市场；世界；中国；回顾；展望

Abstract: The supply and demand of global energy are changing. The revolution in the shale oil and gas in United States has changed the pattern of global energy supply. Coal and oil consumption has reached the peak in developed countries in Europe and the United States. It is increasingly clear that the energy consumption will tend to clean energy and renewable energy. While replacing coal, oil and other fossil energy with new and renewable energy, the degree of electrification will be improved continually in various countries, and energy efficiency plays a key role in reducing energy consumption. At the same time, as a relatively clean fossil energy, natural gas plays an increasingly prominent role as a transitional energy in the new round of energy revolution. As the world's largest energy producer and consumer, as well as the largest producer of clean energy, China is bound to be at the core of a new round of global energy revolution. China will be able to accelerate the low-carbon and cleaning transformation of energy structure by virtue of the advantages of industrial chain, investment and market in renewable energy and clean energy. However, the transformation in China is also constrained by insufficient oil and gas resources, high dependence on coal, poor grid-connection of wind and photovoltaic power and obstacles to technological innovation.

The international oil market had a significantly turnaround in 2017 due to strong demand for crude oil, joint production reduction by oil-producing countries and rising geopolitical risks and other factors. Oil prices has increased after a decline, and reached the highest price since 2015 at the end of the year, while the average price increased by about 24% over the previous year. Oil prices have maintained strong growth momentum in 2018. After analyzing the main factors affecting the trend of oil prices, we can see that the production reduction by OPEC and other oil-producing countries and demand growth caused by the global economic recovery are the main factors to drive the sustained upward trend of oil prices. The adjustment of oil production, energy efficiency and energy structure in United States are the main factors that slow down the growth of oil price. Unplanned short-term supply disruption and investment in financial market are the main factors that accelerate the fluctuation of oil price. With the tight supply and demand, the US dollar has weak positive correlation with the current trend of oil price, and cannot change the trend. The stability of world economic growth in 2019 – 2020 will lead to the increasing growth of global oil demand. However, the market supply is significantly flexible. If the production reduction fails and oil supply of United States accelerates, the supply and demand in the market may return to the original state before production reduction and the oil prices will fall. Then, the price of crude oil may fall between $60/barrel and $70/barrel. If the supply of oil is well controlled, it is expected that the tight supply and demand created by joint efforts of oil-producing countries will be maintained, and the price of crude oil will probably continue to rise steadily to $80/ barrel and $85/barrel.

The demand for crude oil in China continued to grow rapidly in 2017, with an increase of 600, 000 barrels per day, twice that of the previous year and accounting for about 40% of the growth of world's oil demand. Thus, China becomes an important driving force for the growth of global demand for crude oil. The total apparent consumption of crude oil in China was 4.3 billion barrels in 2017, an increase of 5.9% over the previous year. The production of crude oil dropped to 3.87 million barrels per day. The net oil imports were 2.9 billion barrels, an increase of 10.8% over the previous year. The oil dependence on imports reached 67.4%, an increase of 4.7%. The production of crude oil in China is expected to continue to decline as of 2020, and the demand for crude oil will continue to increase. However, the growth rate will slow down, and oil demand is expected to increase to 13.8 million barrels per day. More private enterprises may enter the domestic market of oil products. With the improvement of infrastructure in domestic oil industry, the production of oil products will be further increased.

Both supply and demand in the global natural gas market showed the largest increase in nearly seven years in 2017, and the average price of natural gas showed a significant rebound, rising more than 20% over the previous year. The demand for natural gas increased by 290 million m^3/day, and 3% over the previous year, as a result of strong demand for natural gas in Europe and Asia and soaring oil prices. Among them, the growth rate of LNG trade reached 10.3%, which is the main factor driving the growth of natural gas trade. At present, the gas used by power still accounts for 46.8% of natural gas consumption, which is the highest proportion. It is followed by industrial gas, accounting for 27.2%. It is expected that Asian countries will continue to be the main driving force of demand for natural gas in the coming years, and industrial production will gradually replace electricity generation as the main consumption of natural gas. At the same time, with the increased proportion of LNG trade, the pricing of global natural gas will be determined by competition. The forms and types of trade will tend to diversify to meet the market demand of buyers and sellers.

Due to the strong economic growth in domestic and air pollution control, the natural gas consumption in China reached a record high in 2017, an increase of more than 15%. Domestic natural gas production has maintained a growth rate of more than 8%. However, the production-consumption gap of natural gas in domestic is increasing and the winter in 2017 showed gas shortage, because the upstream supply cannot keep up with the downstream demand growth. China is expected to surpass Japan as the largest LNG importer in the coming years as environmental factors continue to drive energy transformation and domestic demand for natural gas continues to grow. On the basis of production in 2017, the production target of 202 billion m^3 in the 13th Five-Year Plan may be achieved by 2020if natural gas production keeps increasing by 10.6%.

With the acceleration of global energy transformation and more attention paid to the impact of carbon emissions on the environment, the coal industry has been seriouslyaffected. In recent years, global coal production, consumption and trade have declined rapidly. The three-year decline coal consumption of from 2014 to 2016 ended in 2017, with consumption reaching 3.73 billion tons and an increase of about 1% over 2016. At present, coal production and consumption are mainly achieved by China, the United States and India, while Australia, Indonesia and Russia are the main coal exporters. Although coal production and consumption rebounded in 2017, the prospect of coal in the future is still not optimistic. It is expected that the demand for coal consumption in Europe, Canada, the United States and other developed countries will continue to decrease in the future. The growth of coal consumption will be mainly driven by developing countries, such as India and Southeast Asian countries. The consumption will be increasingly dependent on eastern countries. According to the forecast by International Energy Agency (IEA), the proportion of coal in the global energy structure will fall from 27% (in 2016) to 26% in 2022.

As the main fuel and important industrial raw material in China, coal plays a leading role in energy production and consumption structure. China consumed 1.89 billion tons of oil equivalent coal in 2017, accounting for 50.7% of global coal consumption. With continuous promotion of China's energy transformation, the capacity of coal will be reduced continually and the transformation of coal industry will accelerate. Based on the current policy, the coal demand of China will basically enter a peak phase around 2020, and reach the peak around 2025 (about 2.1 billion tons of oil equivalent). If the policy is more stringent, the coal demand may reach the peak around 2019 (about 1.89 billion tons of oil equivalent). By 2020, the proportion of coal in China's energy consumption will be reduced to less than 60%, and further to 50% -52% by 2030. In the future, the coals will be replaced mainly in power generation, in which nuclear power, wind power, photovoltaic power and biomass power generation will play an important role.

Electric power plays a more and more important role in the global energy system. At present, the global production and consumption of electric power is growing continuously, mainly due to the dramatic increase in electric power demand in emerging market countries such as China, India and Brazil. The production and consumption of electric power in developed countries have transformed to renewable energy sources. The consumption of electric power in developed countries has achieved in a balanced way in terms of industry, residential electricity, commercial and public services, while consumption of electric power in developing countries is mainly achieved by industry. The trade of electric power is mainly carried out in developed countries such as Europe and the United States. Although the investment in electric power declined slightly in 2017, it still surpassed fossil fuels as the largest sector of energy investment. In the future, the investment in electric power will continue to increase, and the electric power will enter in digital, poverty-reduction, distributed and clean development. China will focus on the development of clean electric power, and the hydropower, nuclear power, wind power, solar photovoltaic power, biomass power and geothermal power will gradually replace the coal power. It is predicted that by 2040, the conventional hydropower installed capacity in China will reach 390 million kilowatts under the current policy. The pumped storage will reach 200 million kilowatts. The installed capacity of nuclear power will reach 165 million kilowatts, generating 1, 287 terawatt-hours and accounting for 11.2% of the total generation capacity. The installed capacity of wind power in China will reach 200 million, 400 million and 1 billion kilowatts, respectively in 2020, 2030 and 2050. The installed capacity of solar photovoltaic power in China will reach 350 million, 430 million and 550 million kilowatts, respectively in 2030, 2040 and 2050, accounting for about 12% – 13% of electric power generation.

In order to cope with global climate change, the world's major economies are gradually adjusting the energy structure and actively developing renewable energy and clean energy such as nuclear energy and photovoltaic solar energy. In terms of photovoltaic industry, the global market scale continues to expand, but the growth of installed capacity in developed countries is slowing down. On the other hand, the photovoltaic industry has great potential in developing countries. The technological innovation of photovoltaic industry emerges in endlessly and the power generation costs are gradually reduced. As the world's largest photovoltaic market, the photovoltaic industry of China is still expanding market capacity and scale, and the distributed photovoltaic projects have become a new bright spot of development. The world's major energy research institutions are optimistic about the prospect of photovoltaic power generation, and believe that China will play an important role in promoting the development of photovoltaic solar energy worldwide. Nuclear energy is a kind of clean energy with low emission and high efficiency. Although the prospect of nuclear power was questionable once due to the Fukushima nuclear accident, many countries are paying attention to it because of its positive role in reducing carbon emissions. The number of nuclear power generation units worldwide has steadily increased, and nuclear power plays an important role in power sources of some countries. In terms of development policies of nuclear power, the United States has a positive attitude towards the development of nuclear energy. The European countries have diversified attitude towards the nuclear power. The policy of nuclear power in Japan is facing enormous challenges, and developing countries are still paying much attention to the nuclear energy. With the gradual decommissioning of aging nuclear reactors in some countries and the gradual withdrawal of some developed countries from nuclear power, developing countries will become the main driving force for global development of nuclear energy, especially China, which will play a key role in the future.

Ocean energy has various forms and abundant reserves, but the exploration, development and utilization are in the initial stage. At present, the offshore oil industry in the world is relatively mature. In recent years, nearly 50% of the world's major oil and gas discoveries come from deep water. The total combustible ice in the world is about 2100 trillion m^3, but it has not yet realized the commercial exploitation. With abundant offshore wind energy resources and obvious economic advantages, offshore wind power is one of the most likely energy sources for large-scale development. In recent years, the installed capacity of offshore wind power has increased by about 30% per year. Among other forms of ocean energy, tidal energy is relatively mature, and it is expected that the total annual power generation of tidal power stations in the world will reach 60 terawatt-hours by 2030. Wave energy, tidal-current energy, salinity gradient energy and temperature difference energy remain in the early stage of development or commercialization. The development and utilization of ocean energy in China have made remarkable progress, but there is still a gap with the-world advanced level. China is one of the largest offshore oil producing countries in the world, ranking among the world's advanced countries in exploration, development, engineering technology and other fields. China has made significant breakthroughs in combustible ice and become the first country to continuously and steadily produce gas in the sea area. Tidal energy technology has been commercially developed and utilized. The technology of wave energy and tidal-current energy has achieved demonstration application and commercialized development. The research on technology of thermal energy and osmotic energy has made staged achievements. With the improvement of ocean energy related policies, the development and utilization of ocean energy in China will continue to make new breakthroughs.

Key Words: Energy Market, World, China, Retrospect, Outlook

目　　录

引　　言*

当前，全球能源供给和需求正在发生变革，页岩油气产量的大幅提升改变了能源的供给局面，欧美发达国家的煤炭、石油消费也已（或将）达到峰值，未来能源消费向清洁能源转移的趋势十分明显，新一轮全球能源革命已初露端倪，其发展目标非常清晰：依次降低煤炭、石油、天然气等化石能源的消费，大幅提升新能源和可再生能源比例。在这一替代过程中，各国电气化程度将不断提高，能源效率在减少能源消费中起着关键作用。同时，作为相对清洁的化石能源，天然气在新一轮能源革命中作为过渡能源的作用愈加突出。

第一，能源的需求和供给正在发生转变。2017 年国际能源署《世界能源展望》预测，到 2040 年全世界能源和电力需求将持续增长 30%，鉴于发达国家的能源消费和 GDP 的脱钩，未来这一增长将主要由非经合组织国家推动。东南亚国家是该指标增长的重要推动力量。中国仍位列全球最大能源和电力消费国行列，印度的需求增长也是重要驱动因素。

第二，能源结构将趋于低碳化。根据英国 BP 石油公司的预测，到 2035 年，化石能源比重将从当前的 85% 降至 81%，大部分的全球能源需求将继续依赖化石燃料。但能源结构逐步趋于低碳化：到 2050 年，约 1/3 的新增能源需求由天然气满足，1/3

---

* 执笔人：田慧芳。

由石油和煤炭共同满足，1/3 由可再生能源满足。从国别看，根据 OECD 的统计，发达国家可再生能源年均增长 4.6%，非 OECD 国家的增长率为 7.4%。到 2050 年，可再生能源将约占非洲新电厂的 43%，亚洲的 48% 和拉丁美洲的 63%。因此，未来的能源供应将是一种多能共举的格局。

第三，天然气将扮演越来越重要的“过渡性燃料”的角色。美国页岩革命促使天然气增长高于石油和煤炭，未来 20—30 年天然气年均增长有望超过 1.6%，其中页岩气年均增长 5.2%，将占天然气总产量的 1/4，占天然气增长量的 60%。2034 年天然气有望超过石油成为占比最大的单一能源来源，其产量的激增将推动液化天然气和压缩天然气贸易量的大幅增加。天然气的排放比石油和煤炭相对清洁，这一天然优势将使它很好地帮助协调世界的环境、经济和社会目标，并在很长一段时间内助力能源转型。因此，天然气、核能、水力和可再生能源等其他发电燃料作为必要的关键资源，将在未来逐渐加入到日益增长的能源需求中。

第四，可再生能源和 IT 的大发展将不可避免地从根本上改变国家、地区乃至全球电网的运行方式。未来全球能源增量的 2/3 将用于电力行业，这些新增的电力 60% 将会通过可再生能源发电量，主要是太阳能光伏和风电。到本世纪中叶，可再生能源提供的电力将超过化石能源发电量，逐步实现可再生能源的电力替代。同时，智能电网系统能够更好地满足清洁能源大规模、高比例接入的需要，逐步推动交通、工业、商业、居民生活等领域的可再生电能替代。能源未来将由大量分布式发电机而不是少数中央电站工厂组成，将由一国电力供应形成全球能源互联网络。因此，清洁化、智能化和全球化的电网建设将成为未来能源政策的决定性特征。

第五，能源效率的提升将成为推动全球能源系统转型、改善能源消费引起的环境问题的关键。能源效率的提高主要集中在交通、建筑和制造业领域。预计到21世纪中叶，由于发动机燃油效率改进和满足更加严格的排放要求，交通领域的效率提高最快，年均提高2.8%，其次是建筑领域，年均提高1.4%，制造业领域年均增长0.9%。这将为创新者、企业家和专业人士提供充足的机会以寻找新的途径来帮助企业和消费者更好地管理其能源消耗，也将为智能家电、智能家居、智能建筑的技术创新提供机会。

中国是世界最大的能源生产国和消费国，也是全球碳排放大国，占到全球年排放量的1/4。同时，中国也是全球最大的清洁能源消费市场和最大的清洁能源生产国。未来中国必将处于新一轮全球能源革命的核心位置。在这一进程中，中国具备明显的优势，同时也存在诸多挑战。中国的优势体现在：首先，能源结构逐步呈现低碳化、清洁化的良好态势。近年来，尽管中国已经采取了多种节能减排措施，能源消费增速明显放缓，且随着产业结构的调整和经济增长动力的转换，能源对经济增长的贡献率在逐步下降。据统计，近五年来，由于技术变革和可再生能源成本下降的推动，中国的能源效率、碳强度和清洁能源的份额超过了政府规划的预期。国家能源局正采取新措施，持续减少中国对煤炭的依赖。这些是中国处于全球能源转型中心的最新最引人瞩目的指标。“十三五”期间，将有68%的中国能源消费的增量来自非化石能源和天然气，可再生能源总投资规模将达2.5万亿元，清洁低碳能源将成为能源供给增量的主体。其次，清洁能源发展已经具备全球领导力。中国已经连续五年成为全球可再生能源的最大投资国。截至2017年，中国的风电、光伏发电规模均居世界第一，并且形成了具有竞争力的、比较完整的产业链体系；半导体照明产业规模超4200亿元，成为全球最大的产品研发生产基地和应用市场，实现年节电约1000亿千瓦时。到2020年将对可再生能源发电共投资3610亿美元，同时取消超过100座燃煤电厂的建设计划。中国每年已经向国内可再生能源领域投资超过1000亿美元。这是美国国内可再生能源投资水平的两倍，比美国和欧盟的年度投资总和还多。最后，中国在海外可再生能源领域投资320亿美元，比其他任何国家都多，中国顶级企业在全球可再生能源价值链上的领先地位越来越高。中国国家电网公司计划开发利用世界各地的风力涡轮机和太阳能电池板的能源电网。由于规模经济和更先进的供应链发展，中国太阳能电池板制造商比美国同行拥有20%的成本优势。而中国的风力涡轮机制造商，由于技术差距逐渐缩小，现在已经占据了中国国内市场的90%以上，而2002年只有25%。

中国在这一进程中，也面临着不少挑战，具体表现为：第一，中国经济仍高度依赖煤炭。这意味着，中国能源系统的根本特点是以煤炭为主要能源，并且以工业生产为主要能源消费活动。根据预测，2010—2050年中国累计煤炭消费仍将是主力能源。第二，油气发展面临国内资源不足和国际价格波动等问题。能源系统将较长时间处于新旧发展方式并行的发展状态。由于中国私人小汽车保有量持续增加，机动车柴油消耗量随服务业的快速发展而呈上升趋势，因此中国的经济增长与原油消费增长尚未出现明显分离。天然气也是唯一在2011年后呈上升趋势的化石能源。这佐证了中国正在进行的能源转型中鼓励天然气消费替代煤消费的思路。中国的经济增长在短期内不会与天然气消费脱钩，反而可能会由于推动天然气代替煤的努力而出现更高的消费增速。第三，中国的太阳能电池板和风力发电场的建设速度过快，造成了大量的浪费。中国生产商和大多数其他生产商一样，正感受到越来越大的压力，要求它们降低成本，提高效率，以弥补全球需求增长放缓的影响。第四，关键技术领域创新存在障碍。尽管在煤电整体煤气化联合循环技术、超临界和超超临界技术、热电多联产技术等方面进展迅速，但并不具备关键核心技术方面的竞争力，核心技术仍大部分掌握在发达国家手中。大型风力设备制造、燃料电池、太阳能光电池和生物质能技术等方面竞争力显著，但新能源整体利用效率依然偏低。由于低碳技术开发具有高风险性，技术创新带来的收益是否能够弥补成本具有较大不确定性。第五，参与国际能源治理机制的广泛性有效性还需要进一步提高。当前治理机制尚无法有效解决能源领域的既有安全风险和新安全风险。

面对新一轮能源改革，中国需要从全球资源优化和保障中国能源供给的更高视角，对中国的能源转型进行战略安排。本书在对能源资源细分基础上，重点回顾和展望了石油市场、天然气市场、煤炭市场、电力市场、清洁能源、海洋能等的发展现状及未来发展趋势，并结合中国能源市场的现状、趋势和政策安排，对中国能源市场走势进行判断，并给出相关发展建议。

第一章　石油市场回顾与展望*

一　世界石油市场状况与趋势

(一) 2017 世界石油市场状况回顾

在全球性减产的背景下，2017 年世界石油行业开始回温，供过于求的局面大有改善，再加上在全球经济增长等需求因素的驱动下，过去三年被供应过剩压抑的油价得以逆转。2017 年的石油市场除去受到石油输出国组织（OPEC）减产调整的持续作用，还要面对一些频发非预期事件的影响，导致对于世界石油市场是否进入新常态的判断难度加大。通过对影响油价趋势主要因素的分析表明，OPEC 及其他产油国减产执行、全球经济回暖所带来的需求增速是推动本轮油价持续上行的主要因素；美国产油量攀升、能源效率提高、能源结构改善是油价增速的主要因素；非计划的短期供给扰动以及金融市场投资是增大油价波动的主要因素；在供需收紧的状态下，美元与本轮油价走势呈现微弱的正相关性，无法撼动石油市场价格的走向，下半场美元持续走低对油价上涨形成推力。

2017 年全球经济增长强劲，石油需求的不断走高，同时由于石油市场供给限制，市场供需、库存等各层面均呈现向好态势，推动石油价格上涨。具体分析如下。

---

* 本章执笔人：周伊敏、王永中。

1. 国际原油市场供过于求的状态显著转变

2017 年全球大部分地区的 GDP 都在最近十年以来的最广泛周期性上升期间继续加速增长，全球需求增长的势头加强。2016 年石油需求增长为 1.3 百万桶/日，2017 年全球石油需求增长到 1.5 百万桶/日，相较于 2016 年需求增速为正。而石油市场的供给限制（包括减产执行、非计划性供应减少等问题）导致供给增幅则相对缓慢，供给增长为 0.4 万桶/日，与 2016 年持平。根据 OPEC 数据，2017 年为三年来首次出现全年供应小于需求的情况，供需总量分别为 97.3 万桶/日和 97.8 万桶/日。在第一季度，市场供给略小于需求，基本达到了供需相抵的状态，第二季度全球原油供给短缺进一步拉大，差值约达到 1.1 百万桶/日，后两个季度原油供给短缺约 0.5 百万桶/日。

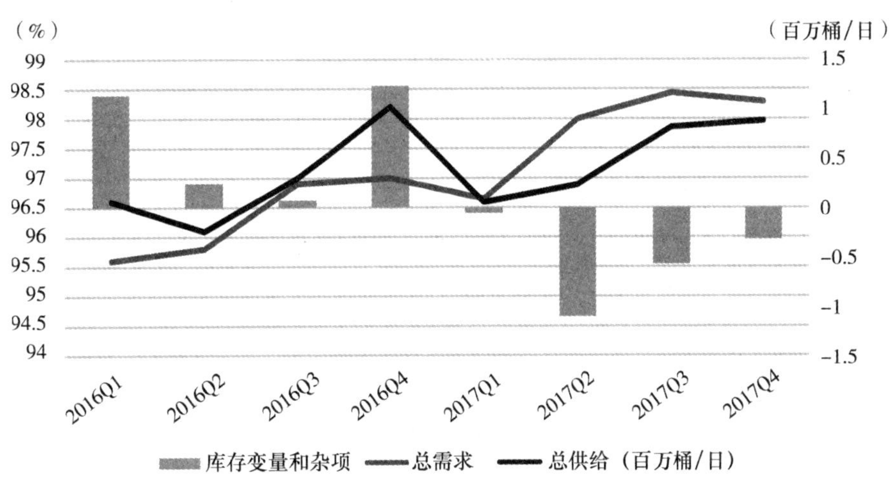

图 1－1　2016—2017 年分季度全球石油市场供需以及库存变化

资料来源：国际能源署（IEA）。

2. 石油库存大幅下降

造成库存减少的原因既有过去几年库存水平上升的滞后效应，也有供给减少导致的库存水平下降。不断下降的原油库存对油价形成较强的支持。截至 2017 年年底，OECD 商业库存跌至2851百万桶，且在12月减少了55.6百万桶，经历了自2011年1月以来的最大跌幅。美国能源署公布的原油库存数据显示，自2017年4月以来，美国原油库存持续下降，由12.27亿桶下降到年末的10.88亿桶。在非OECD国家中，根据新华社石油系列数据，自8月以来中国原油库存开始呈现下降趋势，在10月底由于原油进口放缓，导致原油库存在该月首次环比减少幅度达到9.5%。

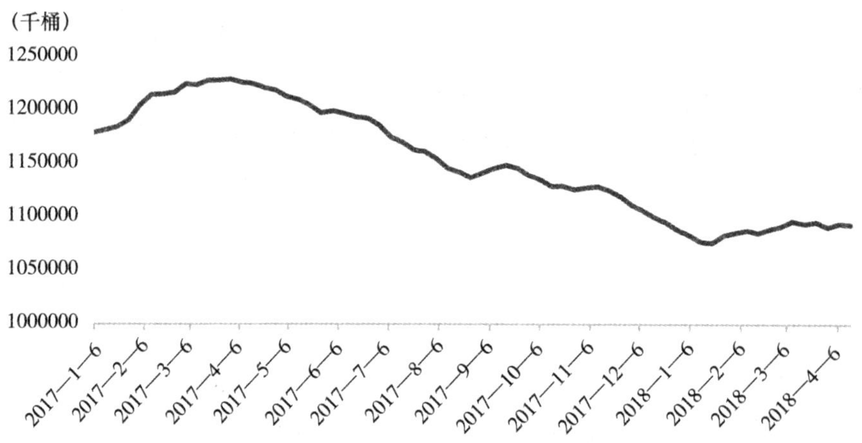

图1－2　2017年1月—2018年4月美国原油库存周度数据

资料来源：EIA。

3. **世界石油市场开始复苏**

世界石油市场的复苏主要表现在两个方面：第一，全球油价上升趋势明显。2017年布伦特原油现货价格均值达到54.12美元/桶，较去年均值水平上涨约24%，且超过2015年52.32美元/桶的均值水平。第二，原油衍生品市场投资者看多情绪高涨。从期货市场交易数据（CFTC）来看，市场对于油价愈加乐观，从6月到12月原油期货的资金经理的多头/空头人数比由2上涨至11，多头头寸和空头头寸之间的差额甚至在11月底达到最高928百万桶。

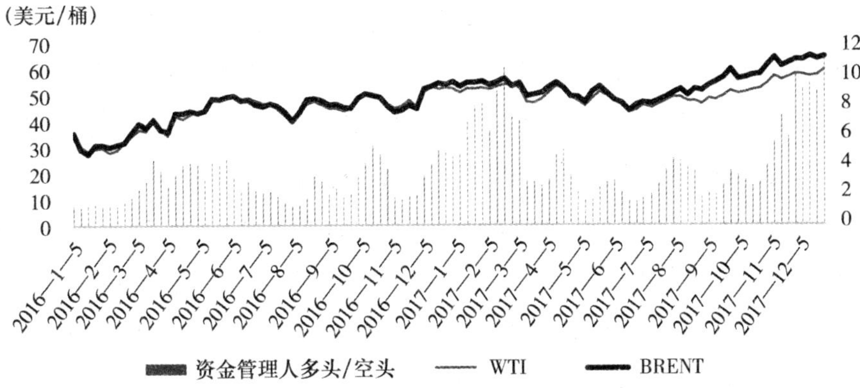

图 1－3　2016—2017 年原油现货价格以及期货市场资金经理人头寸

资料来源：CFTC、CME。

（二）世界石油价格的影响因素

总体来看，OPEC 减产行为和全球经济发展增速对于 2017 年油价走势具有重要的影响：此次减产执行效果十分明显，大幅度改善了过去三年供过于求的市场局面，全球经济发展为石油需求带来了增长动力，两者合力为油价上行提供了强势支撑。尽管当前全球石油市场供给状态得到了较明显的改善，但这种状态是基于供给压抑，因此具有一定程度的反弹空间。除此之外，本轮油价受到极端气候、地缘政治等诸多短期干扰因素的影响，本轮油价处于一种弱平衡的状态。

值得注意的是，油价的不确定性很大一部分来源于科技进步，有三个明显的事实：一是美国页岩油产业的发展。尽管页岩油开发受原油价格的影响较大，但随着相关技术的进步，其生产成本已经大幅下降，当前油价的波动对页岩油产量的影响已经弱化。页岩油产量的提高，大幅度提高了石油供给安全的保障，同时也强化了国际石油市场的竞争度。二是技术发展让可再生能源进入市场。在技术进步依托下，太阳能和风能等可再生能源发展迅速。一旦技术足够成熟，可再生能源成本低到一定程度，相比于传统的化石能源，其环保、可持续的特点更受到市场的欢迎，目前的全球能源结构转型正说明这一点。三是技术发展促进能源效率的提高，减缓了全球能源需求增速。

现在，我们利用具体数据对影响油价的主要因素进行讨论。

1. 良好的减产执行率，改善石油市场供需局面

2017 年石油市场的回暖标志着石油市场管理正处于一个新阶段，这很大程度上得益于 OPEC 和非 OPEC 产油国在 2016 年年底所达成的减产协议。国际原油市场自 2014 年以来存在较为严重的产油过剩问题，去年油价甚至一度下跌至 26 美元/桶。这份减产协议是 2009 年以来最全面的石油产量限制协议，其旨在缓解全球石油市场供应过剩的局面，稳定市场预期，以平稳油价波动，加快促进石油市场价格的再平衡。减产协议中除了利比亚和尼日利亚被豁免减产以及伊朗被允许少量增产外，成员国综合减产后产量上限为 3250 万桶/日。

整体来说 2017 年减产执行情况良好，加速全球油市的再平衡进度。OPEC/非 OPEC 产油国石油减产监督委员会（JMMC）公布的数据显示，2017 年执行减产协议的月平均减产执行率达到了 107%。除了利比亚和尼日利亚（两国被豁免减产），其余 11 个 OPEC 产油国已经达到了减产目标，并在 2017 年超额完成了减产任务，减产执行率达到 103%；非 OPEC 产油国的平均减产协议完成率也达到 83%，10 月减产执行率甚至超过 110%。

委内瑞拉、安哥拉和沙特阿拉伯成为此次减产的主要力量，其减产执行率均超过 100%。其中，11 月份沙特阿拉伯的降幅达到最大，产量降至 10 百万桶/日以下；安哥拉由于对浮式生产储卸装置进行定期维护，其供应量下降了 60 千桶/日，降至 1.62 百万桶/日，达到其 5 月份以来的最低水平；委内瑞拉受国内经济崩溃、美国制裁、政府腐败和管理不善等多重因素叠加影响，在该月公布了高达 239% 的减产执行率，成为当月减产贡献最大的 OPEC 产油国。而事实上委内瑞拉主要是由经济危机造成的被动减产。委内瑞拉由于原油基础设施缺乏资金投入，导致原油产量不断下滑。

2. **美国页岩油产量攀升，弱化 OPEC 减产效果**

尽管 OPEC 严格遵守减产协定，控制生产限制出口，但美国原油产量的反弹则减弱了减产的效果，给油价带来不确定性。全球石油产量在2017 年上升了38 万桶/日，达到97.33 百万桶/日，其中非 OPEC 石油国贡献了73 万桶/日的增量，达到58.09百万桶/日，约86%的增量源于美国产量的提高（增量为63 万桶/日）。自2016 年11 月初以来，美国的钻井活动和完井率回升，22 套新的石油钻机投入使用。根据 IEA 发布的数据，2017年美国原油产量持续攀升，四个季度的产量分别为12.70 百万桶/日、13.00 百万桶/日、13.14 百万桶/日、13.85 百万桶/日。继受哈维飓风影响后，美国原油产量在第四季度增长幅度高达日均71 万桶。

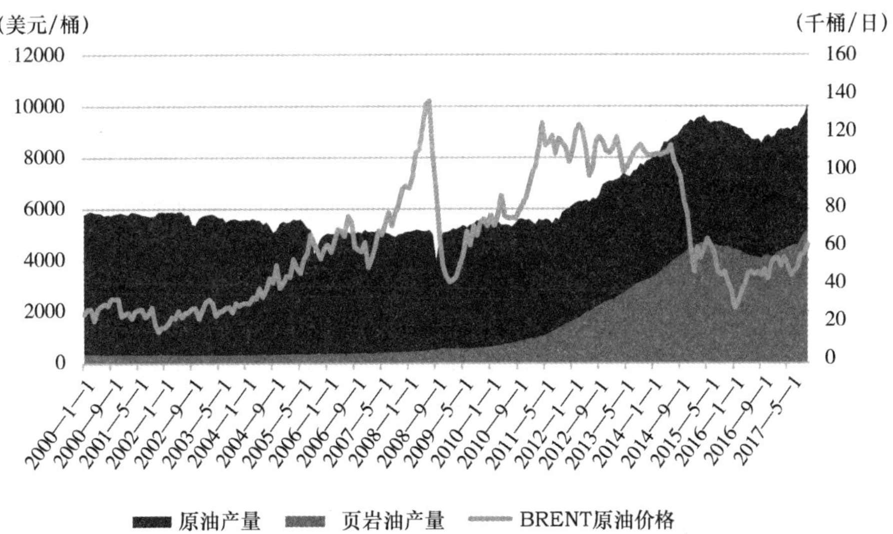

图1-4 2000—2017 美国原油总产量、页岩油产量以及布伦特原油价格

资料来源：EIA。

美国页岩油是2017 年推动原油产量强势增长的主力。美国能源署数据显示，截至2017 年11 月美国原油日平均产量达到

10.04 百万桶，其中页岩油平均日产量达 5.14 百万桶，占美国原油总产量约 50%，不仅如此，2017 年美元原油总产量的日均增长量约 94% 来源于页岩油产量的增加。

2017 年石油市场环境为页岩油的发展提供了有利条件。由于受成本限制，页岩油的产量一定程度上受到原油价格影响，然而在油价由 2014 年 105 美元/桶到 2016 年跌破 30 美元/桶的过程中，页岩油产量并没有出现明显的骤减。从 2014 年产量最高点（4.56 百万桶/日）至 2016 年最低点（4.11 百万桶/日），页岩油产量降幅不足 10%。页岩油的开采技术在近十年发展非常迅速，生产商通过对钻井技术的改进、基础设施和设备的完善、开发效率的提升、对油层地质结构理解的深化不断地改变页岩油开采的成本结构，美国各地区页岩油井口盈亏平衡价格在逐年降低（EIA，2017），在 2017 年 OPEC 减产、油价回升等多重有利条件下，美国页岩油产量迅速回升。

3. 非预期事件频发，增加油价波动

2017 年是飓风季最为严重的一年，受八月底飓风“哈维”影响，美国墨西哥湾已经暂停了部分原油生产。尽管灾情严重，但灾后受影响的石油设施的恢复相对迅速，未出现明显的供应中断。根据 IEA2017 年 9 月的最终数据发现美国原油产量环比增长 230 千桶/日，其恢复进度超出预期①。根据美国能源署提供的月度数据，美国原油 9 月份的总产量达到 13.3 百万桶/日，相较于去年同期增长了 1.1 百万桶/日，其中在德克萨斯州的增长尤为强劲，其石油产量比上月增加了 193 千桶/天，达到 3.57 百万桶/日，同期新墨西哥和科罗拉多的石油产量也累计增加了 96 千桶/日。“哈维”之后，10 月热带风暴“内特”路径穿越墨西哥湾中部地区，导致墨西哥湾离岸大量钻井平台提前关闭，

---

① International Energy Agency（IEA），“Oil Market Report”，December 2017.

减产达到约 300 千桶/天，超过八月份“哈维”飓风来袭时的两倍。11 月，壳牌 Enchilada 平台发生火灾，导致 4 个海上设施关闭。除此之外，12 月英国 Forties 原油管道破裂，严重影响了该月的石油生产。从 IEA 公布的最新数据来看，英国 12 月原油产量仅为 82 万桶/日，较上个月减少了 28 万桶/日。除了气候问题带来的停产之外，伊拉克动乱，沙特政局变动，美国针对俄罗斯、伊朗和朝鲜发起制裁等政治因素一度加剧了市场对于原油供应中断的恐慌情绪，加大了油价的波动。

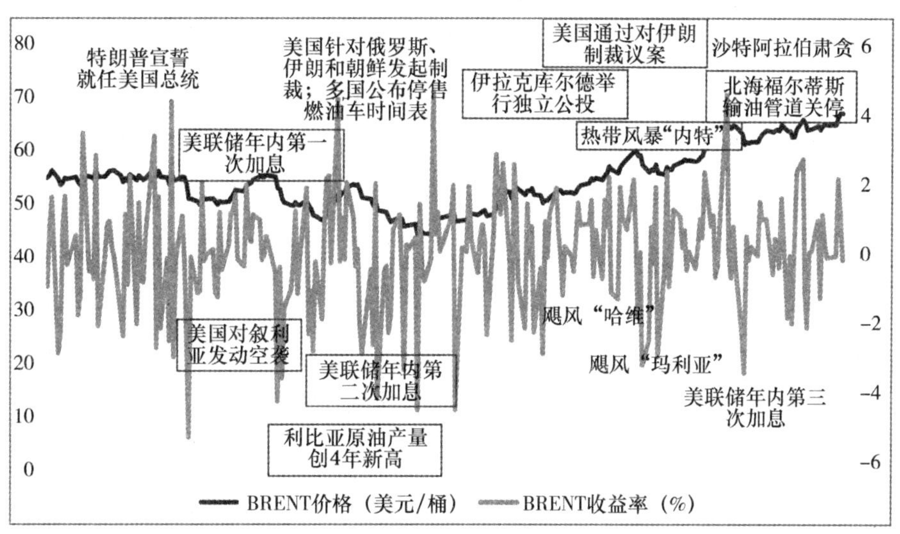

图 1-5　2017 年 BRENT 原油价格、收益率

资料来源：IEA，路透社。

与过去几年相比较，2017 年原油市场受到非计划性供给变化的影响更加明显。这是由于过去几年石油市场一直处于供给过剩较为严重的状态，导致大部分供给变化的影响被过剩的原油供给所消化。然而，在 2017 年供给过剩局面转向供需紧缩的背景下，地缘政治风险对油价造成的影响开始凸显，成为支撑下半年油价上涨的推力之一，这些因素也为油价是否达到再平衡状态增加了极大的不确定性。

4. **全球经济复苏加强，带动石油需求上涨**

需求在石油定价中占据了重要的位置，全球经济复苏加速带动了石油需求增长，对原油价格起到支持作用。2017 年在发达经济体投资回升和亚洲制造业快速增长的驱动下，石油需求出现了近七年以来最广泛的全球增长同步上扬。全球约 120 个经济体（占全球 GDP 的 3/4）的经济增速都表现出了加强的趋势。美国、德国、日本以及韩国等发达经济体在下半年的经济增速明显加快。新兴市场和发展中经济体中，中国、南非和巴西的经济增长表现则更为突出。随着全球经济增长的改善，2017 年全球石油需求高于预期，有效帮助舒缓了全球库存过剩以及北美页岩油增产和部分石油生产国未如约完成减产指标的问题。

2017 年世界石油日均需求增长了约 150 万桶，需求总量达到日均 97.8 百万桶，增量较上一年日均超出 20 万桶，增量增幅超过 15%。从需求量来看，OECD 国家中石油需求量最大的是美国，其 2017 年石油总需求达到 24.8 百万桶/日，占全球总需求的 1/4，较上一年增长约 10 万桶/日。非 OECD 国家中石油需求量最大的是中国，其 2017 年石油总需求达到 12.5 百万桶/日，占全球总需求的 1/8，较上一年增长了 60 万桶/日。从需求增速来看，OECD 国家中，欧洲国家由于强劲的运输需求和坚实的工业部门发展对需求加速起到主要作用。非 OECD 国家中，亚洲国家成为 2017 年石油需求增长加速的主力，石油需求增长近一半来自中国市场。2017 年亚洲国家石油日均总需求增长 100 万桶，上一年总需求增长为 80 万桶/日。其中中国的石油需求增加 60 万桶/日，增量为去年的两倍，约占世界石油需求增量的 40%。其他亚洲国家的石油需求增长为 40 万桶/日，增量较上一年（50 万桶/日）有所降低。

5. **能源结构向低碳转型，石油产业持续承压**

当前全球能源结构正处于逐步转型阶段。在科技进步、环保需求和政策支持的共同推动下，能源结构正在向更加清洁和低碳的能源转型。根据国际能源机构（IRENA）2017 年发布的可再生能源发展报告，2016 年可再生能源占经合组织初级能源供应总量份额的 9.7%，达到 1990 年以来的最高份额。而从更长的时间维度来看，新能源对于传统化石能源的替代，使石油产业受到长期转型所带来的持续压力。

在新能源的发展中尤其突出的是太阳能光伏市场和新能源汽车的发展。太阳能成本的大幅下降和政策支持，推动了太阳能光伏市场的蓬勃发展。2016 年可再生能源占全球净新增电力容量的近 2/3，其中太阳能光伏发电增长了 50%，首次超过了煤炭的净增长。太阳能电力容量增加超过了 74 吉瓦（7.4×10^7 千瓦），近一半来自于中国。同时，可再生能源电力协议价格低至 3 美分/度，其中包括印度、阿拉伯联合酋长国、墨西哥和智利在内的许多地区太阳能和风能电力采购协议的合同价格，甚至接近或低于新建天然气和煤炭发电厂的发电成本。2017 年 G20 峰会上一些国家已经拟定对燃油车销售和使用的限制措施，新能源汽车的发展前景备受瞩目。事实上，得益于产业产能、新能源车性能的提高以及补贴政策的影响，新能源汽车全球销售在 2014—2016 年已实现了 48% 的年复合增长率，2017 年全球新能源乘用车增长 58%。尽管电动汽车是影响石油需求的一个重要因素，但根据国际能源机构估计，到 2022 年电动汽车也只能取代有限数量的运输燃料，还有占陆运汽油消耗比例 43% 的货运车尚未得到有效渗透。

虽然目前新能源的发展仍是一个相对缓慢的过程，但石油产业应当警惕能源转型所带来的长期压力。油价的持续高企将会刺激和加速新能源产业的发展，从而反过来影响石油需求压制油价。

6. 能源效率提高降低石油需求增速

能源效率是用能源密集度，即是用单位能源创造的 GDP 来衡量的。能源效率的提升能降低对于能源的需求，2016 年家庭能源消耗降低了10%—30%，工业能源消耗在2000—2016年降低了20%。尤其是对于新兴国家而言，高效的能源使用率有效降低其经济增长过程中所需的能源需求量。能源效率的提升减少了许多国家能源进口量。以日本为例，能源高效利用在2016年为其节约了20%的石油进口。

目前，全球能源效率处在持续上升阶段。2010年至今，能源密集度就以每年2.1%的速度降低，这相较于前40年每年1.3%的下降速度有明显进步。从2017年IEA公布的数据来看，2016年全球GDP增长3%，但能源需求仅上涨了1.1%，能源密集度较上一年降低了1.8%，反映了在强劲的经济增长下，能源需求的增长在减速。其中中国的成绩最为突出，2016年其能源密集度下降了约5.2%。美国和欧盟的能源密集度分别降低了2.9%和1.3%。

作为一种重要的能源资源，原油需求一定程度上会受到能源效率提升的影响，但要形成颠覆性的影响，全球能源效率一年需要提高至少2.6%，而目前离这个目标还很远①。再加上近年全球能源效率政策的落实率较低，降低了能源效率提升的速度，弱化了其对石油需求增速的影响。

7. 衍生品市场风险增大油价波动

2017年衍生品市场规模持续增长，一定程度增大油价波动。根据2017年美国芝加哥商品交易所交易数据，原油衍生品市场期货合约未平仓量整体上呈现大幅上升趋势，均值由2016年181万份上涨到2017年228万份，增幅约26%。

不仅是规模增长，市场多头比例在2017年创新高。多空头比例反映了原油市场情绪的变化。根据商品期货交易委员会

① Organization for Economic Co-operation and Development (OECD) and International Energy Agency (IEA), "Energy Efficiency 2017", Energy Efficiency Division of the IEA, 2017.

（CFTC）公布的交易者数据，2017 年资金经理在原油期货中建立多头头寸人数和空头头寸人数比例呈现 U 形，尤其是在 2017 年年末原油的月度合约达到 2015 年下半年以来的高点。下半年数据显示原油期货价格受到美国钻井平台数据信息的影响有所下跌，而在此之后，中东地缘政治的发展以及减产协议期限延长又将油价推至两年以来的最高水平，资金经理多头头寸比达到新高。上半年在经历了年初的看多情绪之后便出现了大幅下降，由于初期多头仓位的建立与供应基本面脱节，一定程度上使石油市场易受价格下跌的影响，增大了上半年的油价波动。

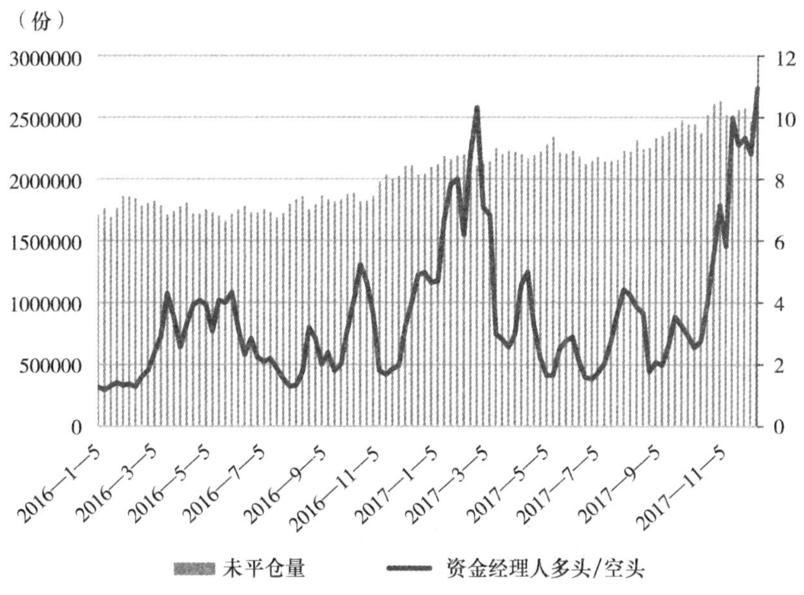

图 1-6　2016—2017 年原油期货未平仓量以及资金经理人头寸

资料来源：CFTC。

8. 美元贬值助推后半段油价上涨

从 2017 年上半年原油价格与美元指数的走势来看，两者的负关联较弱，甚至出现较为明显的同向走势。上半年油价主要受到 OPEC 和美国页岩油之间的博弈影响，受美元影响相对较弱。在美国页岩油产量大幅上涨之前，以沙特阿拉伯为首的

OPEC一直掌握着定价权，对油价的影响最大。随着美国页岩油的崛起，美国石油产量对于油价的影响越来越大。美国的石油增产与OPEC减产一直背道而驰，即使在油价低迷的时期，美国被迫削减了页岩油产量之后，仍未停止页岩油钻机投入的增加。美国可以通过降低对于OPEC石油进口的依赖，同时增加出口所占的比重，使石油收入成为美国经济的重要部分。在OPEC产油国落实减产协议与美国增产的反复拉锯中，尽管美元指数在持续下行，但市场供给因素占主导地位，美元走势对油价的影响较为微弱，上半年油价呈现波动下滑的走势。

从油价与美元下半年的走势来看，两者表现出明显的负向趋势，美元持续贬值对于后半段油价的上涨有一定助推作用。尽管2017年下半年由于经济和劳动力市场的改善美国进行了两次加息，加息后美国的货币政策由宽松到紧缩，但一些主要经济体的强劲经济表现导致美元持续走低。美元贬值给油价增加上行推力。一方面原因在于，原油是以美元计价的，因此美元贬值将导致原油价格上涨。另一方面原因在于，美元持续贬值减少其他石油生产国的实际利润，因此这些石油生产国倾向于提高油价以维持世界市场的实际收入。

（三）石油供需主要国家状况及预测

1. 主要供给国的供给状况及预测

（1）美国

OPEC对于2017年美国原油总产量的估计上调至13.19百万桶/日，这主要得益于其在飓风灾害后快速的产能恢复（OPEC，2018）。2018年美国原油产量估计将上涨1.51百万桶/日，达到14.7百万桶/日。美国常规原油产量在2016年、2017年分别较上一年减少了29万桶/日、3万桶/日，预计在2018年减产5万桶/日至2.94百万桶/日。墨西哥湾原油产量在最近两年都保持了稳定的增量，预计2018年将增长7万桶/日至1.73

百万桶/日。美国页岩油产量扭转了2016年的下跌趋势，2017年产量回升至4.62百万桶/日，并预计在2018年增产80万桶/日至5.42百万桶/日。页岩油上游投资对于油价十分敏感，2017年油价回升为页岩油这类高成本资源市场带来了投资增长，而美国由于较低的服务成本、较高的运营效率、可通过新技术进步获得的可开发资源以及稳定的监管框架，导致美国的页岩油项目投资回收期缩短，因此这些投资在未来几年将大部分集中于美国①。IEA 预计，美国将有望超过沙特和俄罗斯成为最大的石油供应国。

（2）俄罗斯

根据 IEA 的数据，2017年俄罗斯原油产量同比增长2万桶/日至11.36百万桶/日。在2016年年底的减产协议中，俄罗斯承诺在1160万桶/日的基准上减产幅度为30万桶/日，尽管2017年俄罗斯与 OPEC 联合实行减产，但其石油产业仍处于扩张状态，原油产量实现了连续攀升。俄罗斯在2017年的平均减产执行率约81%。按照 OPEC 和非 OPEC 产油国之间延长到2018年年底的减产协议调整水平，预计到2018年，俄罗斯石油供应预计将减少19.9万桶/天，达到日均10.98百万桶。

2. 部分主要需求国的需求状况及预测

（1）中国

2017年中国的石油需求增长60万桶/日，达到12.4百万桶/日。随着中国经济增长背景下运输和工业部门对石油的需求，11月份中国石油需求延续前几个月的增长势头，同比增加约63万桶/日，增幅达到6%。其中汽油需求量达到自2016年3月以来的最高增幅，同比增加20万桶/日，与汽车销售同比增

---

① U. S. Energy Information Administration (EIA), "Tight Oil Expected to Make Up Most of U. S. Oil Production Increase through 2040", February 13, 2017.

长率保持一致。预计2018年中国石油需求将呈现上涨的趋势，需求量将增加50万桶/日①。这主要源于中国经济增长带来的石油化工产品需求增长和交通运输燃油需求的增长。石油化工产品是全球石油需求增长的关键驱动，尤其是在美国和中国。经济增长提高了高收入中产阶层比例，预示着对包括个人护理用品、食品防腐剂、油漆、汽车和工业用润滑油等这些以石油副产品为原料的产品需求上升。同时，中国工业部门的燃料替代和新能源汽车的推广将为中国的石油需求带来下行的可能。中国现阶段迫切需要解决城市空气污染问题，因此正在加紧布局新能源的使用，部分取代了对于石油的需求。

（2）美国

2017年美国石油需求上涨了20万桶/日至24.9百万桶/日。2017年美国GDP增长强劲，前十个月美国的石油需求与美国经济保持稳定的同步增长，但在第四季度由于燃料替代和天气转暖，美国石油需求增长部分被液化石油气和柴油需求缩减所抵消。从十月份的数据来看，美国液化石油气和柴油需求分别同比下降了-0.2%和-0.5%。不断改善的劳动力市场以及持续强劲的国内需求为2018年的美国经济增长提供动力。此外，美国减税法案（2017年税收减免和就业法案）也将为2018年的增长形成支持。考虑到下半年强劲的增长势头以及税收法案的实施，OPEC将2018年GDP增长预测提升至2.7%，并预计2018年美国石油需求将温和增长至25百万桶/日。

（3）印度

印度在2017年石油需求为4.65百万桶/日，较上一年日均上涨了10万桶/日。2017年印度经济活动有明显的改善，第三季度最新国内生产总值从第二季度的5.7%飙升至6.3%，石油

① Organization of the Petroleum Exporting Countries (OPEC), "Monthly Oil Market Report", January 2018.

需求由4.49百万桶/日上升至4.8百万桶/日。印度制造业PMI也从11月份的52.6上升至12月份的54.7。2017年11月的增长率看起来非常可观。包括工业产品和燃料是拉动石油需求增长的主要因素，同比增长达到16%。此外，政府公布的公路建设和液化石油气分销系统的扩张项目，为石油需求的增长提供了支持。根据IEA数据，预计印度2018年石油需求将大幅上涨32万桶/日达到4.97百万桶/日。

（四）世界石油市场展望

预计到2020年全球经济持续向好，带动全球石油需求增长加速，再加上OPEC产油国减产协议期限延长趋势，这都将有利于稳住2017年市场调整的成果。但考虑到市场供给弹性空间较大，仍存在诸多不确定性。若减产调控失效，美国石油供给加速增长，则市场供需局面可能恢复到减产前的状态，石油价格受挫下行，原油价格有可能下跌至60—70美元；而石油供给若能得到良好的控制再加上美国制裁伊朗所导致的供给减少，预计市场将维持供需收紧局面，原油价格有望持续稳步上涨，预计2018年原油均价达到75美元/桶，2019—2020年均价进一步上涨至80美元/桶。

1. 世界石油需求将加速增长

2017年，全球经济复苏加速，经济增速从2016年的2.2%提高至2017年的3.7%。根据国际货币基金组织（International Monetary Fund，IMF）的预测，未来两年将延续2017年强劲的增长势头，全球增长率预测为3.7%，该预测在近期上调0.2个百分点至3.9%[①]。OECD国家在美国欧元区的支持下，2018年

---

① International Monetary Fund（IMF），"Brighter Prospects，Optimistic Markets，Challenges Ahead"，World Economic Outlook Update，January 2018.

预计经济增长率为 2.2%，仅略低于 2017 年的 2.3%。在非 OECD 成员国，中国经济增长势头预计将在 2018 年略有放缓，由 2017 年的6.9%降至6.6%，而预计印度经济增速回升，很可能从 2017 年增长缓慢的 6.5%反弹到 2018 年 7.4%的增长率。巴西和俄罗斯预计将在 2018 年继续复苏，增长率分别由 2017 年的0.8%和1.9%增长至1.5%和1.8%。

2018 年世界石油需求增长率估计为 1.51 百万桶/日。石油需求增长来自于 OECD 和非 OECD 国家工业部门、建筑能源以及运输燃料需求，其中运输部门的扩张将为石油需求贡献大部分的增长量，石油化工部门的石油需求将成为美国、中国、韩国以及中东地区需求快速增长的重要方面。未来五年，石油需求将持续上升，2019 年将可能超过 100 百万桶/日①。

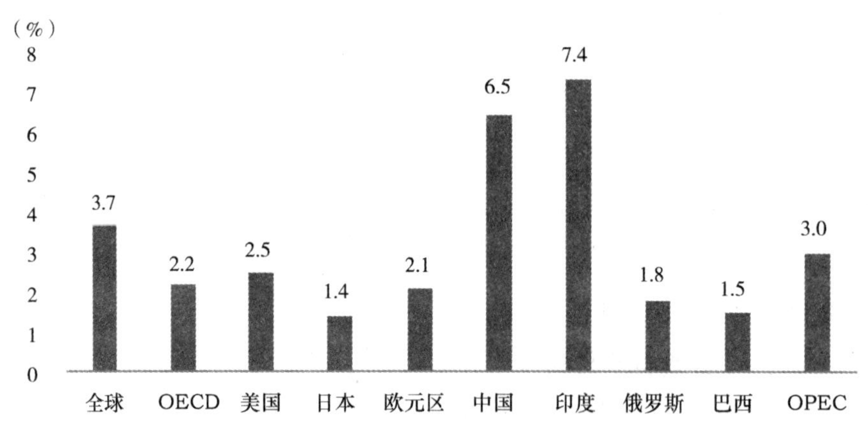

图 1－7　2018 年全球部分国家实际 GDP 增长率预测

资料来源：OPEC。

2. OPEC 减产协议延长面临不确定性

2017 年年末，OPEC 和由俄罗斯牵头的非 OPEC 产油国同盟

---

① Organization of the Petroleum Exporting Countries (OPEC), "Monthly Oil Market Report", December 2017.

将减产协议延续至 2018 年年底，这也造成了 2017 年年末原油价格的加速上涨。延长减产期限协议中，对于 OPEC 产油国限制其产量减少 120 万桶/天，降至 3250 万桶/天；而非 OPEC 产油国产量减少 55.8 万桶/天；此外，延期减产协议中加入了之前豁免的利比亚和尼日利亚。随着油价反弹至 60 美元/桶的水平，盈利的油田数目正在逐步增加，也将刺激勘探和原油生产企业的并购活动大幅增加，全球的供应或将逐步增加。在此背景下，2018 年延续减产协议的策略显得尤为重要。减产协议将继续在与页岩油的博弈中试图支撑石油市场去库存从而推动价格的上涨。2018 年的减产面临两个方面的不确定性：一方面是减产执行中止的不确定性。世界经济发展强劲、石油需求增长加速、减产控制下供给增长缓慢、原油库存持续降低，这些有利因素都将推动油价上涨。高油价下美国页岩油产量持续增长，强劲的石油需求将可能削减 OPEC 成员国和俄罗斯减产意愿，从保价转向保市场份额，导致减产协议提前终止。另一方面，美元页岩油复苏形势等外部因素可能对 OPEC 减产协议的执行效果产生较大的影响，可能导致 OPEC 进一步加大减产的力度。

3. 最大的不确定性来自于美国石油产业

2018 年非 OPEC 石油供应增长率为 0.99 百万桶/日，达到 58.81 百万桶/日。其中美国、加拿大、巴西、哈萨克斯坦、英国、加纳、刚果和澳大利亚预计将是推动供给增长的主要国家，而墨西哥、中国、俄罗斯、哥伦比亚、阿塞拜疆和挪威预计将会进一步减少石油供应。

长期来看，美国产量增加依然是原油市场再平衡的不确定性因素。在 2017 年年末，美国的原油产量增长速度已经达到了日均 846 千桶，预期 2018 年美国石油供应增长将达到日均 1.05 百万桶。美国未来有望超过沙特阿拉伯和俄罗斯成为全球最大的石油供应商。尤其是大幅度的成本压缩之后，美国的页岩油将为美国石油产业带来重大机遇。不仅是市场份额扩张，美国

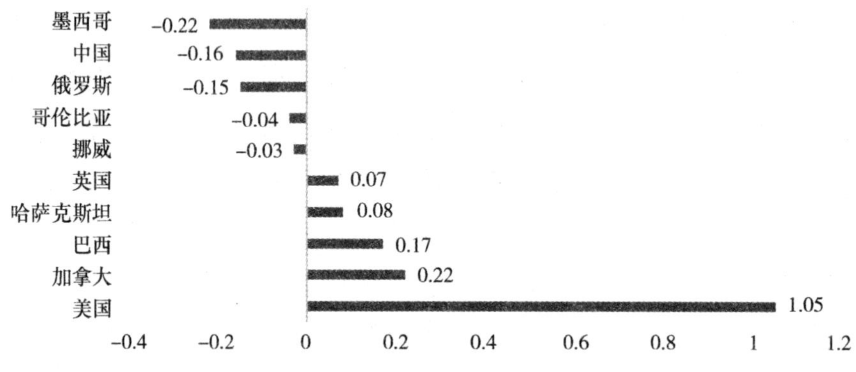

图1-8 2018年非OPEC国家石油供给变化量预测

资料来源：OPEC。

石油产业也许将迎来由进口向出口倾斜的重大转变，这对世界石油市场格局将会产生极大的影响①。IEA预计石油新增供应最大比例来自于美国，如果油价保持在60美元/桶左右，美国轻质油产量将强劲反弹，到2022年将增长至日均140万桶。由于生产率的显著提高，对美国轻质致密油的预期高于去年的预期。如果油价进一步上涨至80美元/桶，可能加速美国页岩油生产，美国的长期目标产量将在五年内增长至3百万桶/日。

4. 委内瑞拉局势将影响石油供给

2017年委内瑞拉的被动减产为世界石油市场减少供给有显著贡献。委内瑞拉的原油是世界上原油产量最丰富的国家之一，其石油收入约占出口收入的95%，石油和天然气部门约占国内生产总值的25%。由于委内瑞拉政府管理不善以及内部腐败，加上油价长期低迷，委内瑞拉一直在经济危机中挣扎。2017年12月，由于债务和基础设施问题，委内瑞拉石油产量减少至

① U. S. Energy Information Administration (EIA), "Tight Oil Expected to Make Up Most of U. S. Oil Production Increase through 2040", February 13, 2017.

161 万桶/日，接近 30 年低点，帮助油价在 2018 年年初突破 70 美元/桶，达到三年来最高水平。委内瑞拉仍然是一个未知数。未来几年委内瑞拉局势恶化将导致石油产量的进一步下降。在面临超高通胀、经济衰退、食物短缺、债务违约等问题的背景下，美国正在考虑对委内瑞拉石油产业实施制裁，禁止委内瑞拉对美国的石油出口。2018 年 5 月 20 日马杜罗再次当选委内瑞拉总统之后，美国对委内瑞拉的石油行业实施制裁的可能性进一步加大，5 月 21 日油价继续大涨，WTI 原油价格一度升破 72 美元/桶。

5. 突发事件对于油价短期影响增强

过去一年世界石油市场的供给过剩局面已经得到了良好的转变，非预期事件对于油价的短期冲击增强。2017 年非预期事件频发，飓风，油管破裂，海上设备火灾，伊拉克动乱，沙特政局变动，美国针对俄罗斯、伊朗和朝鲜发起制裁等一系列自然灾害和地缘政治事件在短期内均对油价产生了显著的影响。2018 年地缘政治局势紧张，特别是东亚和中东地区，这给石油产业供需带来不确定性。政治上的不确定性，包括巴西、哥伦比亚、意大利和墨西哥等国家即将举行的选举可能给改革实施带来风险以及委内瑞拉局势恶化带来的风险。极端天气条件的发展，包括大西洋飓风等严重气候事件的风险，这些事件给受影响地区造成不稳定。随着石油市场进一步深化市场平衡，突发性事件对于油价的影响将进一步增强。

6. 美元升值预期或对油价形成打压

2017 年美元整体呈现走弱趋势，全年贬值约 9.8%，为近三年来最大跌幅。2018 年年初美元继续贬值，在国内经济走强、美国税改以及美联储预期加息的背景下，美元仍然延续下降趋势。美元持续贬值有多方原因，主要原因是在全球经济普遍呈现复苏态势的背景下，其他国家经济相对于美国将有更强劲的发展。此外，2018 年全球货币政策有收紧趋势，而美联储的鸽派渐进式加息模式，最终导致加息落地情况低于预期，在一定程度上影响美元走势。如果美元持续走低，将配合市场基本面进一步推高原油价格。但后期随着税收改革计划影响的加大，加上潜在的通货膨胀率上升，可能导致加息的速度超过当前预期，如果美元温和升值，对于油价有压制作用，但不会成为油价下跌的主要推手。

二 中国石油市场状况与趋势

（一）中国石油市场现状

1. 石油需求持续增长

2017 年，中国宏观经济发展呈现稳中向好的趋势，石油需求增速回升。从具体数据来看，2017 年中国 GDP 增长率为 6.9%，工业增加值增长了 6.6%。全年石油表观消费量 43 亿桶，较上一年增长了 5.9%，且与 2016 年的数据相比，2017 年中国石油需求量增速明显加快（见图 1－9）。2017 年石油需求增速的上涨，主要得益于石化行业的蓬勃发展对石油需求的推动。全年中国石油需求增量约为 600 万桶/日，其中，汽油需求增量为 127.4 万桶/日，柴油需求增量为 142.7 万桶/日。

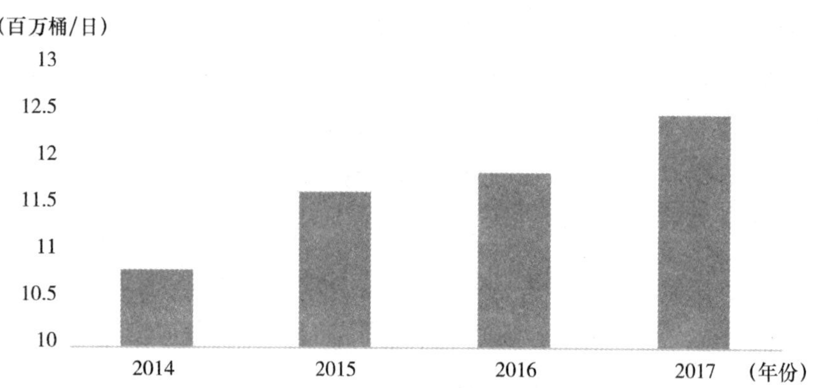

图 1－9 2014—2017 年中国石油需求总量

资料来源：IEA。

中国的石油需求在2017年以0.51百万桶/日的速度稳步增长之后，在2018年1月以0.61百万桶/日的速度继续增长。根据IEA 2018年的数据，2018年1月中国的石油需求总量达到11.76百万桶/日，液化石油气、汽油和燃料油需求持续强劲增长。2018年1月液化石油气消耗总量达到约1.85百万桶/日，比2017年1月高出约0.1百万桶/日；汽油需求上升了0.12百万桶/日，并保持在3.0百万桶/日的历史高位；柴油需求下降了约0.091百万桶/日；燃料油需求上升了0.1百万桶/日。

2. 成品油出口增速放缓

2017年由于国内炼化产能增长，原油加工量较快增长，但受国家出口配额限制，成品油出口增速减缓（见图1-10）。2017年国内原油加工量和成品油产量稳步增长，原油加工量5.7亿吨，比上年增长5.0%，增速比上年加快2.2%，汽油、煤油和柴油分别比上年增长3.0%、6.2%和2.4%（国家统计局，2018）。主要是两个方面的原因：一方面，2017年原油进口增长加快；另一方面，国内新增炼厂相继投产，地方炼厂原油进口量增加。

2017年全年成品油出口量为1159千桶/日，较上一年增加了66千桶/日。但成品油出口增速出现明显下降，2016年成品油出口增速约为29%，2017年出口增速降至6%。2017年成品油出口的主要产品为燃料油、柴油、喷气燃料以及汽油，其出口量分别为199千桶/日、347千桶/日、275千桶/日以及243千桶/日。柴油和汽油都出现了出口增长下跌的现象。2017年全年柴油平均出口增速为15.7%，相比于上一年115%的增速，出现了大幅度的增速减退。汽油出口也由2016年56%的增速减慢至2017年6.6%的增长速度。

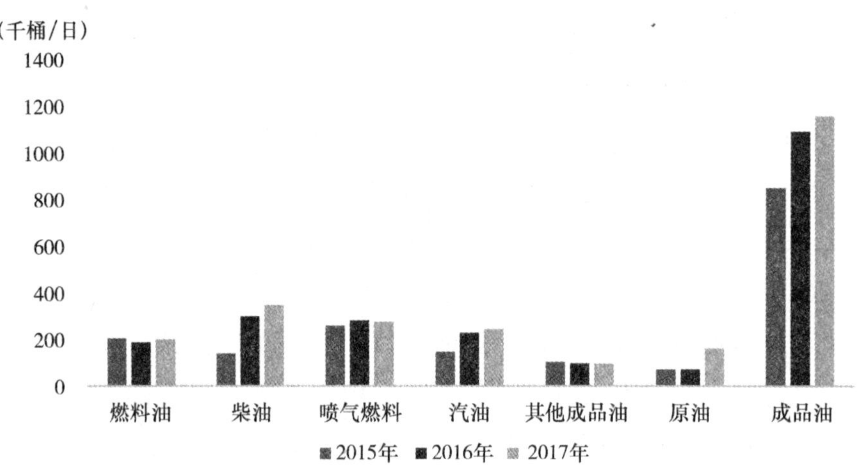

图 1－10　2015—2017 年中国原油和石油产品出口量

3. 石油进口增速加快

2017 年全年原油和成品油进口总量达到 32.8 亿桶，其中原油进口 30.6 亿桶，相较于 2016 年增长了 10.1%，进口总额达到 1.1 万亿人民币，较上一年上涨了 42.7%；成品油进口 2.16 亿桶，相较于 2016 年增长了 6.4%，进口总额达到 981 亿人民币，较上一年上涨了 33.3%。

2017 年由于国内需求大增，石油对外依存度上升至 67%。中国 2017 年原油进口总量为 840 万桶/日，超过美国的 790 万桶/日，成为全球最大的石油净进口国①。导致中国原油进口增速的主要因素有三个：第一，由于 2017 年原油市场供需收紧，导致国内原油战略库存下降，随着中国建立了战略石油储备库存，中国原油进口增速超过了国内消费增速；第二，国内原油产量下降，2017 年中国原油产量同比减少了 0.11 百万桶/日至 3.87 百万桶/日；第三，2017 年中国炼油厂产量提升和产能的

① U. S. Energy Information Administration (EIA), "China Surpassed the United States as the World's Largest Crude Oil Importer in 2017", February 5, 2018.

扩大，尤其是经历了下半年云南和惠州炼油厂扩建之后，炼油厂日产量估计增加了 50 万桶，达到了 1140 万桶。

（1）成品油品类进口增速差异较大

2017 年成品油进口增量转负为正，以液化石油气和燃料油为主要进口品种（见图 1－11）。液化石油气和燃料油全年进口总量分别为 99 百万桶和 27 百万桶，较上一年进口量分别上涨了 15.6% 和 6.3%，进口总额分别为 308 亿人民币和 132 亿人民币，增幅分别为 73.2% 和 33.3%；汽油和柴油进口量则出现下降趋势，全年汽油进口量为 12 万桶，比 2016 年减少了 92.1%，进口总额 0.6 亿人民币，比上一年降低了 89.8%；柴油进口量为 5.5 百万桶，较上一年减少了 18.4%，进口总额约 24.6 亿人民币，比上一年上涨了 2.2%。

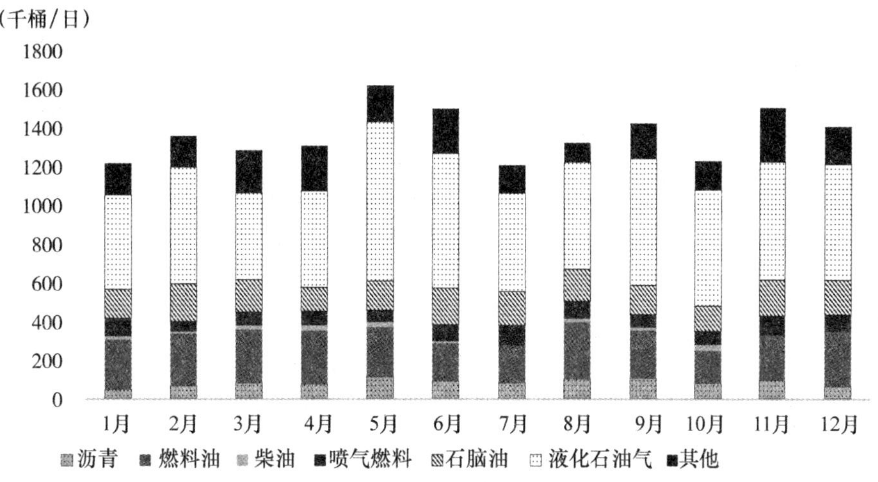

图 1－11　2017 年中国成品油进口量

资料来源：OPEC，中国海关总署。

（2）自俄罗斯和巴西的原油进口比例上升，中东和非洲比例下降

从进口来源看，来自俄罗斯和巴西的原油比例进一步上升，中东和非洲比例下降（见图 1－12）。根据中国海关总署公布的

数据，2017 年全年中国从俄罗斯进口原油量为 1.19 百万桶/日，相较于上一年增长了 0.15 百万桶/日，增幅为 14.35%，增速较上一年（23.08%）有所下降；从巴西进口原油量为 0.47 百万桶/日，增幅为 18.75%。中东地区中，从沙特、阿曼和伊拉克进口的原油量分别为 1.04 百万桶/日、0.62 百万桶/日、0.74 百万桶/日，较上一年增幅分别为 1.12%、-10.86% 和 1.09%；从安哥拉进口的原油量为 1.01 百万桶/日，增幅为 14.97%。

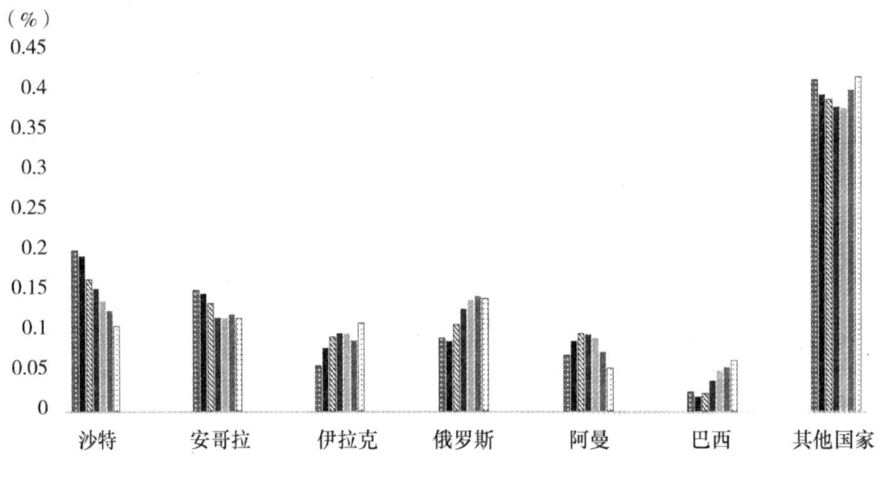

图 1-12　2012—2018 年 1 月中国原油进口来源比例

资料来源：中国海关总署。

（3）美国原油出口中国份额上升

自 2015 年 12 月美国政府解除石油出口禁令后，美国页岩油便开始大量出口。2017 年，由于页岩油产量的大幅上升，美国原油产量较上一年上涨了 5.2%，达到 13.19 百万桶/日，其中原油出口量为 1.12 百万桶/日，比上一年增加了 89%。2017 年中国从美国进口的原油占进口总量的 2%。2017 年美国出口中国的原油总量达到 224 千桶/日，较上一年上涨了 9 倍，占其出口总量的比例达到约 20%。在 2018 年 1 月，美国出口中国的原油总量进一步增长，达到 313 千桶/日，约占美国出口总量的 23.3%（见图 1－13）。

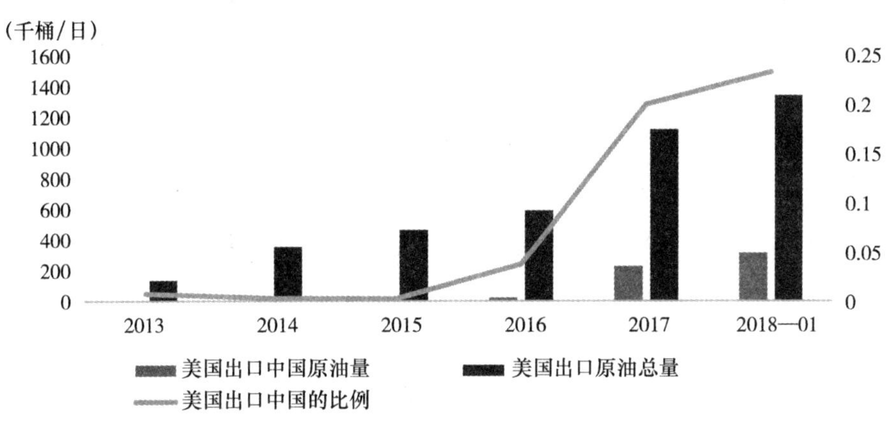

图 1－13　2013—2018 年 1 月美国出口中国原油总量

资料来源：EIA。

从 2018 年 1 月的原油进口数据来看，目前中国的原油进口来源地相对集中，且多为政局不稳定的地区。中国原油进口前十的国家覆盖了超过 80% 的原油进口总量，其中一半以上的原油进口来自于政局动荡的中东地区。美国对中国出口的增长，一定程度上缓冲了中东和俄罗斯石油的影响。尽管当前中国从美国进口原油的比重仅占 5%，但中国是美国排名第二的原油出口地，未来有望超过加拿大成为美国原油最大的买方。中国石油需求目前仍在增长阶段，中美之间的能源合作有望进一步加深。中美双方在原油领域的合作，对于分散中东局势不确定性所带来的原油市场冲击、促进中国能源安全具有重要的意义。

4. 石油管道等基础设施建设稳步推进

2017 年中国石油管道基础设施建设保持快速发展势头。2017 年 5 月，中缅原油管道国内段一次投产成功。中缅油气管道斜穿缅甸，免去了绕行马六甲海峡，极大地缩短了原油运送的历程，同时也降低了维护成本和运输风险。2017 年 8 月完成了对东北旧管改造工程，网鞍大原油管道全线贯通。2017 年 11 月，中俄原油二线全线贯通。从 2018 年开始，中国每年从东北通道进口的原油将从 1500 万吨增至 3000 万吨。对于优化国内油品供输格局，进一步保障国家能源供应安全具有重要意义。2017 年 12 月，云南安宁—曲靖成品油管线开始投入运行，实现了云南成品油管网 3 条干线全部投运，将对于云南石化生产运输、保障西南地区石油供应发挥重要作用。

5. 炼油供应体系多元化发展

2017 年，获得原油进口权和进口原油使用权的地方炼厂已实现连续两年增长，多元化发展的供应格局业初步形成。2017 年商务部分两批下发原油非国营贸易进口允许量，总配额量在 9173 万吨。2017 年国内炼油一次加工能力达到 7.7 亿吨/年，地方炼厂①占原油加工份额不断提高，其中非国有控股企业原油加工量占全部的比重为 14.9%，比上年提高了 1.8 个百分点②。

（二）中国石油市场展望

受国内经济形势基本利好、石化行业的蓬勃发展以及运输部门需求旺盛等因素的影响，预计到 2020 年中国经济将持续稳定增长，中国原油市场需求前景仍然偏向上行。但考虑到工业部门的能源替代、能源效率、新能源交通的渗透率，国内石油需求仍然存在下行的可能。在这些因素的综合作用下，如果需求增速能保持去年的增速稳定上行，预计到 2020 年，中国石油需求将达到 14.2 百万桶/日；如果考虑需求增速减弱因素，则

① 地方炼厂：企业控股情况为非国有控股的企业（不包括中国石化海南炼油化工有限公司），即为集体控股、私人控股、港澳台商控股、外商控股或其他的企业。

② 国家统计局，“原油产量有所下降，天然气生产创新高”，2018 年 3 月 19 日。

预计石油需求约增长至13.8百万桶/日。预计中国原油产量仍有持续下降趋势。国内成品油市场格局向民营化倾斜，随着国内石油产业基础设施的完善，成品油产量将会进一步扩大。

1. 经济增长和经济结构不利于成品油消费增长

2017年中国的GDP增长率为6.9%，预计在去年的强劲增长之后，IMF预计2018年中国的GDP增长率将保持在6.6%的健康水平。鉴于目前省级和私营部门债务水平居高不下，中国将削减过去几年的财政刺激，控制信贷增长，以加强其过度扩张的金融体系监管；再加上房地产去库存压力大，固定资产投资增速难以大幅度提高。中国正在经历的这个过程意味着未来国内经济增速将有所下降。

另外，中国经济结构转型也是导致石油需求放缓的一个重要因素。中国经济由能源密集型工业行业（如钢铁和水泥）转向能源密度低的服务业和消费主导的行业。在转型背景下，中国工业能源需求的增长减缓。2011—2016年，中国的需求每年增长4.8%，而2006—2011年，中国的需求每年增长5.5%。预计到2022年，中国的原油需求将以年均2.4%的速度增长。①

2. 石油基础设施扩建，炼油产能进一步提升

基础设施扩建可能促进中国原油进口的进一步增加。2018年年初，中俄两国开始扩建东西伯利亚—太平洋（ESPO）管道，使其输送能力翻一番，达到约60万桶/日。另外中国炼化产能项目正在扩建，到2020年，中国计划新建140万桶/日炼油能力，而鉴于中国国内原油产量预计将下降，进口可能至少在未来两年继续增加。中国石油化工集团公司将在“十三五”期间投资2000亿元，打造茂湛、镇海、上海和南京4个世界级炼化基地，预期将增加1.3亿吨/年的炼油产能。

① International Energy Agency（IEA），“Oil Market Report”，December 2017.

3. **能源替代和能源效率提高，降低石油需求量**

在环境保护的压力下，石油替代能源的发展正在加速进行。在国家政策层面，先后引发了《加快推进天然气利用的意见》以及《关于扩大生物燃料乙醇生产和推广使用车用乙醇汽油的实施方案》等文件，意在推动中国清洁能源的发展。在政策的推动下，天然气、乙醇等清洁能源消费量大幅上升。2017 年国内燃料乙醇年消费近 260 万吨。中国全年天然气消费量达到 2373 亿方，同比增长约 15.3%。中国已成为全球天然气进口大国。按照《天然气发展“十三五”规划》，预计 2030 年中国天然气消费总量在 4000 亿方左右。

2016 年中国能源效率提高了约 5.2%，显示了中国在提高能源效率方面所做出的努力。根据“十三五”规划（2016—2020），政府在未来将投资 2700 亿美元用于进一步提高能源效率，目标在于到 2020 年能源效率在 2015 年的基础上降低 15%，五年累计节约能源 5.6 亿吨油当量，有效降低其经济增长过程中所需的能源需求量。

4. **汽车运输行业对新能源的倾斜**

2017 年中国新能源汽车的产销量分别达到了 79.4 万辆和 77.7 万辆，新能源汽车销售量已达到全年新车销售总量的 2.7%。在已销售的新能源汽车中，乘用车占比 74%，商用车占比 26%。在政策推动下，新能源汽车市场比重将进一步提升。《关于扩大生物燃料乙醇生产和推广使用车用乙醇汽油的实施方案》，要求到 2020 年在全国范围内推广使用车用乙醇汽油。由于《加快推进天然气利用的意见》中提出重点发展公交出租、重卡及专用车，尤其在京津冀加快推广以液化天然气为能源的交通、运输工具使用度。预计在政策推动下，未来几年新能源汽车的销量将继续保持良好发展势头。

5. **成油产量进一步上升，或刺激成品油出口**

民营炼厂或将成为产能增长主力，石油炼制行业竞争加剧。

2017 年国内炼油能力增长主要是靠云南和惠州炼油厂在结构调整及装置升级来带动的。与 2017 年不同，2018 年民营炼油厂的新增炼油能力预计将占到全国增量比例的近 70%，民营炼厂能力份额将在 20% 的基础上进一步提升，其总能力占比预计将在 2020 年达到 36%。而考虑到国内成品油需求正在放缓，成品油产能过剩导致行业竞争加剧，将进一步刺激成品油出口。

第二章　天然气市场回顾与展望*

一　2017 年世界天然气市场发展概况

2017 年，全球天然气产量以及需求量均达到近七年以来的最大增幅，在页岩资源产量的扩大和绿色能源转型等因素的共同作用下，全球天然气贸易量超过 1.1 万亿立方米，较上一年增长了 5.8%。在价格层面，2017 年受欧洲和亚洲天然气强劲的需求增长，以及国际原油价格回升的影响，天然气平均价格指数在 2016 年谷底价位（56.6）的基础上反弹至 68.2，相较 2016 的平均价格水平上涨了 20.5%。

2017 年全球天然气市场具有以下特点。

（一）全球天然气贸易量持续增长，LNG 为增长主力

2017 年，全球管道天然气和液化天然气（LNG）贸易增量为 630 亿立方米，增幅为 5.8%，其中管道天然气贸易量增加了 262 亿立方米，增幅为 3.7%，LNG 贸易量增加了 367 亿立方米，增幅为 10.3%，达到 2010 年以来最大增幅，LNG 成为 2017 年全球天然气贸易增长的主要动力①。

美国和澳大利亚是液化天然气出口增长的主要来源。在 19

---

* 执笔人：周伊敏。

① BP Group, "BP Statistical Review of World Energy", June 2018.

个 LNG 出口国中，澳大利亚和美国为 LNG 出口增幅最大的国家，其 LNG 出口增量之和达 298 亿立方米，占全球总增量的 81.3%。除澳大利亚和美国外，2017 年非洲国家累计贡献了约 98 亿立方米的 LNG 出口增量，抵消了卡塔尔、印度尼西亚、挪威、秘鲁、特立尼达和多巴哥等国家出口下降（80 亿立方米）的影响。日本仍是最大的液化天然气进口国，但中国和其他亚洲发展中市场的贸易份额大幅增加，到 2023 年将达到贸易额的 45%，超过 2013 年的两倍，支撑从大西洋盆地到亚洲的贸易流量。

（二）全球天然气消费增长加速，电力部门引领消费增长

2017 年全球天然气消费量为 100.6 亿立方米/日，比上一年增长了 2.9 亿立方米/日，增幅为 3.0%，相较于过去十年的年平均增长率 2.3% 出现了明显的增长加速。天然气消费量最大的仍然是北美和亚太地区，其天然气消费量分别占全球天然气消费量总量的 25.7% 和 21%。从消费增长来看，亚太、非洲、中东以及欧洲地区 2017 年消费增长均在 5.5% 以上，尤其是欧洲地区，由过去十年 -0.9% 的年均增长上涨至 2017 年 5.5% 的增长率，占全球消费量的比重达到 14.5%，扭转了过去几年欧洲天然气需求不振的形势。中国和印度等亚洲国家天然气需求保持快速上涨的趋势，2017 年消费增长分别达到 15.1% 和 6.9%，占全球消费量比重分别达到 6.6% 和 1.5%。

从天然气消费结构来看，2011—2017 年全球天然气消费增长中，工业用气和电力用气是消费增长主力，分别占总消费增长的 27.2% 和 46.8%，居民和商用消费增长占总消费增长的 10.9%。当前，电力部门仍是推动全球天然气消费增长的首要力量①。

① International Energy Agency (IEA), "GAS 2018", June 2018.

（三）天然气供应多元化发展，天然气贸易灵活性增强

当前天然气市场供应趋于多元化发展，主要体现在两个方面：一方面在于更多的国家加入到天然气出口市场，增加了天然气供应商的多样性。如过去几年澳大利亚、安哥拉、巴布亚新几内亚、秘鲁等作为新的天然气出口国加入液化天然气供应市场，喀麦隆和莫桑比克等其他国家也将在未来几年陆续加入。另一个方面在于天然气市场的组织方式和交易方式向多元化发展，增加了天然气市场的灵活性。这一转变主要动力来自美国 LNG 出口的快速大规模增长，对天然气竞争的定价、现货交易的增加以及合同期限的缩短具有重要的影响。国际天然气市场贸易方式的转变，对未来天然气市场和天然气供应安全具有深远影响，推动了全球天然气市场的发展。

天然气贸易主要出现两点较大的改变：第一，过去三年里，天然气长期消费合同数量越来越少，合同期限越来越短，同时天然气现货交易量显著上升，这表明消费者对天然气市场长期保持谨慎态度。第二，转售限制条款放松。国际天然气贸易合同或协议中对于出口目的地的限制，以及交货出港协议的隐含限制，导致天然气转售的成本高昂，限制了出口流动性。目前存在的对于目的地条款的争议以及美国 LNG 出口增长所带来的流动性，都可能导致未来的 LNG 对出口流动性限制进一步放宽，促进 LNG 市场的灵活性发展。

（四）天然气价格回升，定价形式趋向竞争发展

2010—2015 年，全球天然气消费增长降至每年 1.3%，相较于上一个十年出现了明显的下滑。2016 年，天然气平均价格指数降至 56.6，为 2005 年以来的最低水平。2017 年，需求增长和油价回升，带动了天然气价格大幅反弹。

天然气定价采取多种形式，天然气竞争的定价模式目前是

全球最广泛的定价机制，占天然气销售的45%，其次是管制定价和石油价格指数定价，分别占天然气销售的30%和20%①。目前，北美和欧洲（尤其是西欧和北欧）绝大部分地区均采用气对气的定价形式，亚洲地区2016年有70%的天然气销售采用的是天然气竞争的定价模式，在天然气资源丰富的中东国家，约有3/4的天然气贸易采用管制定价的模式。在跨境管道天然气贸易中，以天然气价格为基础的天然气价格竞争，已从前几年的35%左右逐步上升到60%②。

二　主要国家的天然气供需状况及预测

（一）主要国家的天然气供需状况

1. 美国天然气供给

2016—2017年，美国天然气出口量以超过30%的速度增长。随着加拿大净管道进口下降（美国曾是加拿大天然气的主要进口国之一）、天然气管道出口增加、液化天然气（LNG）出口增加，2017年4月美国天然气净出口量为2.55亿立方米，实现了向净出口国的转换。墨西哥为美国最大的天然气出口目的地，近三年美国对墨西哥的天然气出口以2千万立方米/日的速度增长，在2016年出口量就已突破日均1亿立方米。2017年，美国对墨西哥的日均天然气出口量达1.3亿立方米。墨西哥也是美国最大的LNG出口目的地。2017年，美国20%的LNG出口至墨西哥，总量达到39.7亿立方米。2018年第一季度，美国仍保持了天然气的净出口，平均净出口量为0.17亿立方米/日。

美国液化天然气出口量占美国天然气出口总量的比例呈现

① International Gas Union (IGU), "World LNG Report", April 2017.

② International Energy Agency (IEA), "World Energy Outlook 2017", November 2017.

逐年上升的趋势，由 2015 年的 1.6% 上升至 2017 年的 22%。2017 年美国液化石油气出口比例排名前五位的国家分别为墨西哥（20%）、韩国（18%）、中国（15%）、日本（8%）以及约旦（5%）。其中，美国对亚洲地区的 LNG 出口占其 LNG 的出口量的比例已超过半数，比 2016 年有显著上升，尤其是对韩国、中国的出口份额分别提高了 13%、6%。

凭借页岩革命，美国已探明天然气储量大幅增长。截至 2016 年 12 月 31 日，美国已探明天然气储量为 341.1 万亿立方英尺，全年净储量增加量为 38.4 万亿立方英尺，其中 84% 增量来源于页岩气田，页岩气储量占美国天然气总储量的比重由 2009 年的 20% 上升至 2016 年的 60%。由于美国页岩革命的持续进行，美国将在 2023 年前引领全球天然气产量增长。

2. 中国天然气需求

2017 年中国是全球排名第二的天然气进口国。2017 年，中国天然气消费量 2373 亿立方米，同比增长 15.3%。天然气进口量 920 亿立方米，同比增长 27.6%。2017 年中国天然气对外依存度达 39%，且需求量将继续攀升。

中国 2017 年全年液化天然气进口总量为 3829 万吨（520 亿立方米），总金额约 141 亿美元。目前中国 LNG 进口来源比较集中。澳大利亚一直以来是中国 LNG 进口占比最大的国家，其次是卡塔尔和一些东盟国家。根据中国海关总署公布的数据，2017 年中国从澳大利亚进口 LNG 比例达到 45%，从卡塔尔 LNG 进口占比为 20%，从卡塔尔和马来西亚进口占比分别为 11% 和 8%。中国从这四个国家 LNG 累计进口量占全年 LNG 进口总量的 84%。

2017 年年底，中国天然气出现了严重的供给短缺，此次天然气“气荒”反映了国内天然气储量短缺的问题。受到环境保护政策、能源转型等因素的引导，预计到 2022 年，中国的天然气需求将增长 60%，占未来五年全球需求增长的 37%。中国到

2019 年将超过日本，成为全球最大的天然气进口国①。

（二）天然气市场预测

从市场需求来看，2018—2022 年，亚洲国家天然需求持续增长，尤其中国需求的增长，以及天然气在工业部门的需求增长，将成为天然气需求增长的重要方面。从供给来看，国际市场现阶段天然气供给充足，液化天然气所占比重将持续上升，LNG 市场的持续增长将有利于增加天然气贸易流动性、优化市场定价结构，并对全球天然气安全产生重大影响。

1. 亚洲国家将仍是天然气需求增长的主要驱动力量

根据 IEA 最近发布的天然气市场报告，预计未来五年，全球天然气平均需求预计将增长 1.6%，在 2023 年全球天然气需求总量将超过 41000 亿立方米②。其中，亚洲新兴市场是需求的主力，预计未来五年内中国天然气消费增长量将达到 1239 亿立方米，部分得益于中国为大力改善空气质量而推出的“蓝天”政策，预计到 2022 年，仅中国天然气需求增长就占全球需求增长的 1/3。其次为中东、北美和其他亚太地区，消费增长分别为 804 亿立方米、725 亿立方米和 651 亿立方米。亚洲其他地区，包括南亚和东南亚的天然气使用量将强劲增长，其中印度的消费增长将达到 257 亿立方米。

2. 液化天然气在全球天然气贸易中所占份额将进一步扩大

2017 年的 LNG 出口投资项目预计将促使未来五年内 LNG 出口产能提高 30%，其中美国的 LNG 出口量增长将占到全球 LNG 总出口量增长的近 3/4，其次是澳大利亚和俄罗斯。这也促使液化天然气在全球天然气贸易中的份额越来越大，预计五年内

---

① International Energy Agency (IEA), “World Energy Outlook 2017”, November 2017.

② International Energy Agency (IEA), “GAS 2018”, June 2018.

LNG 贸易占天然气贸易总额的比重将从 2017 年的 33% 上升至近 40%。

从短期来看，液化天然气产能的增加将导致天然气供给市场竞争加剧，但亚洲新兴市场需求的强劲增长，可能抵消这一影响。从长期来看，市场供给仍取决于未来几年液化天然气项目的投资状况，缺乏新增投资甚至将可能导致液化天然气市场出现供求紧缩的局面。

3. 工业部门正在取代发电成为主要需求增长部门

当前天然气主要用于电力部门和工业部门，预计未来几年，工业部门将成为带动全球天然气需求增长的最主要的因素，超过历来发挥这一作用的发电部门。这一变化在亚洲和其他新兴市场表现得尤为明显，如体现在工业生产过程中天然气作为化学品和肥料的原料的使用量增加。根据国际能源署的数据，预计未来五年工业部门需求占比将进一步由 27.2% 增加至 43.5%，而电力用气占比将由 46.8% 减少至 25.5%。由此，工业部门将取代发电部门，成为世界天然气消费增长的主要动力源。

4. 天然气市场将发生实质性变化

一方面，天然气定价模式越来越全球化。国际液化天然气贸易具有较强区域性，每个区域市场都有其独特的定价模式，美国 LNG 贸易的增长刺激了市场定价模式的调整。2017 年，油价上涨给予石油价格挂钩的天然气定价带来了上行的压力，但美国天然气出口商能够以低于石油指数的价格向亚洲市场出口石油，特别是日本和中国天然气市场的开放，增加短期市场上具有价格竞争力的天然气供应，以削弱较高价天然气供应商的地位，从卖方市场向买方市场转变，迫使根据石油价格定价的天然气供应商调整定价条件。这种趋势对于天然气定价形式的发展将产生影响。预计到 2040 年，全球 3/4 以上的液化天然气贸易是基于天然气竞争的定价模式。在管道天然气贸易中，欧洲的管道进口将转向天然气价格竞争，但亚洲地区由于生产商、销售商和管道气供应商数量有限，不适用竞争进口。

另一方面，未来天然气贸易形式将更加灵活。目前的一个趋势是，天然气贸易合同期限越来越短，LNG 现货规模在增长。同时，由于 LNG 需求的增长大部分来自发展中国家，这些国家工业需求和电力需求都在快速增长，买方市场对于远期或者期货等市场也有需求。因此未来天然气市场可能进入多元化发展，出现多种合同期限、定价模式、交易形式并存和竞争的状态，充分反映市场的不同需求。

三　中国天然气市场回顾与展望

（一）2017 年中国天然气市场发展概况

中国目前是全球排名第二的液化天然气进口国。2017 年中国天然气发展状况的关键词是“气荒”。2017 年进入供暖季节后，国内天然气消费量出现季节性上涨，11 月消费量达到了 232 亿立方米（约 8 亿立方米/日），12 月国内天然气短缺量为 0.8 亿立方米/日，供求缺口达 10%，供应短缺的现象逐渐凸显。原因如下。

1. 2017 年国内天然气产量稳定增长，但生产—消费差距扩大

2017 年，中国天然气产量为 1492 亿立方米，较上一年增长了 8.5%，保持了世界第六大天然气生产国的位置。常规天然气产量占全国天然气产量的 70% 以上，主要来自四川、鄂尔多斯和塔里木盆地（占常规产量的 90% 左右）。尽管中国天然气产量快速增长，但上游产量无法跟上需求方面的增长，导致国内天然气生产与消费之间的差距日益扩大，必须通过增加进口来解决。2017 年，中国进口管道气和 LNG 总量分别为 394 亿立方米和 526 亿立方米，较上一年分别增加了 34 亿立方米和 167 亿立方米，增幅分别为 9.4% 和 46.5%。

2. **天然气消费增长加速，季节性供给短缺严重**

2017 年，中国天然气全年消费总量为 2404 亿立方米，较上一年增加了 31 亿立方米，增幅达到 15.1%。这一增幅超过了 2006—2016 年十年间的平均增幅（13.7%），占全球总产量的 6.6%。从天然气用途来看，天然气主要需求增长来自于工业用气和发电。与 2015 年的数据比较，2017 年工业用气增加了 200 亿立方米，占天然气总消费量的比例提高了 3.0%，达 33.1%；电力部门用气量增加了 100 亿立方米，占天然气总消费量的比例上涨了 0.4%，达到 21.2%。

3. **中亚管道供气的不稳定进一步加剧了供给短缺**

中国 2017 年全年液化天然气进口总量为 3829 万吨（520 亿立方米），总金额约 141 亿美元。目前中国 LNG 进口来源比较集中。澳大利亚一直以来是中国 LNG 进口占比最大的国家，其次是卡塔尔和一些东盟国家。根据中国海关总署公布的数据，2017 年中国从澳大利亚进口 LNG 比例达到 45%，从卡塔尔 LNG 进口占比为 20%，从卡塔尔和马来西亚进口占比分别为 11% 和 8%，中国从这四个国家 LNG 累计进口量占全年 LNG 进口总量的 84%。

（二）中国天然气市场展望

受到环境保护政策、能源转型等因素的引导，预计在未来五年，中国的天然气需求预计将增长 60%，占 2018—2022 年全球需求增长的 37%。到 2019 年将超过日本，成为全球最大的天然气进口国①。第一，环保因素将持续推动能源转型，国内天然气需求将保持增长趋势，未来几年中国有望超过日本成为最大的 LNG 进口国，一个重要的原因在于日本部分恢复核能发电，

① International Energy Agency (IEA), "World Energy Outlook 2017", November 2017.

可能降低天然气用于电力部门的需求。第二，国内天然气产量将继续保持增长，在 2017 年的产量基础上，若天然气产量保持 10.6% 的增速，则至 2020 年可实现“十三五”规划中 2020 亿立方米的产量目标。第三，在俄罗斯东北线的油气管道建成之前，中国的天然气进口将偏向于 LNG，同时，随着管道的建成，中俄天然气贸易将进一步扩大，增加了中国对俄罗斯天然气的依赖度。

基于国内天然气市场目前的发展状况以及发展预期，对天然气市场未来发展提出以下建议：

第一，中国作为一个大国，中国能源转型（天然气消费比重）途径要立足于中国的天然气禀赋状况，不可照搬其他国家的经验，为避免“气荒”，可考虑加大清洁煤、可再生的投资力度，用电力来替代天然气取暖。

第二，随着 LNG 贸易在国际市场以及中国进口比重的上升，应加快国内 LNG 接收、储存、运输等基础设施的完善。

第三，适当开放国内天然气上游市场，鼓励民间资本投资参与，增加国内常规和非常规天然气的开发。

第四，鉴于中国天然气需求在国际上的地位，可通过建立天然气贸易中心来引入更大程度的天然气竞争，取得一定的天然气定价权。

第三章　煤炭市场回顾及展望*

一　2017 年全球煤炭市场发展状况

当前，世界各国对能源转型和清洁环境的重视，导致煤炭在全球能源结构中的地位逐步降低。从 2014 年开始，全球煤炭生产、消费和贸易都处于快速下降的过程中，尽管 2017 年有所反弹，但未来煤炭的前景依然不被看好。

（一）全球煤炭生产、消费和贸易逐步减少

根据 BP 的数据，2014—2016 年，全球煤炭产量从 39.7 亿吨油当量减少到 36.6 亿吨油当量，减少幅度超过 8.5%。2017 年煤炭产量出现较为强劲的反弹，达到 37.7 亿吨油当量，增幅 3.2%。煤炭生产依然主要集中在中国、美国、澳大利亚、印度、俄罗斯、印度尼西亚、德国、南非八个国家，共占全球煤炭生产的 87%。中国仍然是全球煤炭第一生产大国，占世界煤炭产量的 45.6%。由于前几年煤炭去产能力度较大，造成供给不足直接抬高了煤炭价格，加上“煤改气”过程中天然气供应短缺，这些因素的共同作用，导致中国煤炭产量复苏，2017 年产量增加至 17.5 亿吨油当量，比 2016 年提高了 3.6%。受页岩革命的影响，天然气在发电领域对煤炭的替代减少了煤炭的需

---

* 执笔人：魏蔚。

求，使美国的煤炭产量骤减到 2016 年的 3.5 亿吨油当量，比 2015 年减少 19%，达到近 40 年来的最低位。特朗普总统上台以后，废除了限制煤炭等化石能源的规制，鼓励发展化石能源，使美国的煤炭产量在 2017 年有所恢复，达到 3.7 亿吨油当量，比 2016 年增加 6.9%，目前列全球第二位。澳大利亚煤炭产量 2017 年为 3.0 亿吨油当量，比 2016 年减少 3.1%，仍列全球第三位。印度的煤炭产量则继续延续增长势头，产量达到 2.9 亿吨油当量，比 2016 年增加 3.6%，列全球第四位。印度尼西亚产量 2017 年比 2016 年增加 1.3%，达到 2.7 亿吨油当量，列全球第五位。俄罗斯 2017 年产量比 2016 年增加 6.7%，达到 2.1 亿吨油当量，列全球第六位。2013 年以来，在全球主要煤炭生产国中，只有印度和俄罗斯的产量持续增加，其余国家大部分时间处于减产状态（见图 3－1）。

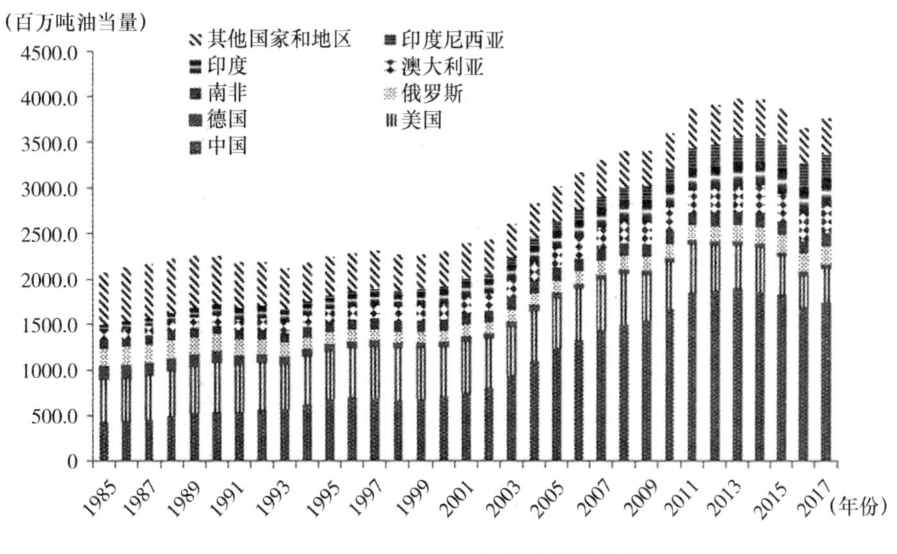

图 3－1　1985—2017 年世界煤炭产量

全球的煤炭消费在 2014 年以后也处于下降过程中。2016 年全球煤炭消费约为 37.1 亿吨油当量，比 2015 年减少 6.2%。煤炭消费的减少可归因于天然气价格走低、可再生能源激增以及能源效率的提高等多方面因素。2017 年，煤炭消费结束了 2014—2016 年三年的连续下降，消费量达到 37.3 亿吨，比 2016 年增加约 1%。增加的约 2500 万吨油当量的煤炭消费主要来自印度，其煤炭消费增量为 1800 万吨油当量，占煤炭消费增量的 72%。中国的煤炭消费略增了 400 万吨，增幅 0.5%。中国、印度和美国仍然是煤炭消费的主要国家，分别消费了 18.9 亿吨、4.2 亿吨和 3.3 亿吨油当量的煤炭，占全球煤炭消费的 50.7%、11.4% 和 9%，三个国家合计占全球的 71.1%。与 2013 年的煤炭消费相比，中国和美国分别减少 2.8% 和 23%，印度则增加了 20%。在全球其他主要煤炭消费国中，印度尼西亚 2017 年消费增长 7.4%，俄罗斯增长 3.8%，南非则减少 2.7%。根据 BP 的统计，2006—2016 年，美国煤炭消费减少 4.5%，欧洲减少 2.2%，OECD 国家减少 2.4%，欧盟减少 3.1%。与此形成鲜明对比的是，非 OECD 国家的煤炭消费则增加 2.9%。从图 3－2 可以看出，以印度、俄罗斯为主加上其他亚非国家增加的煤炭消费仍然无法抵消美国、德国、英国等 OECD 国家煤炭需求的大幅下降。美国煤炭在电力部门的主导地位已经被价格低廉的天然气所替代，中国则是为了改善空气质量使得工业和民用领域的煤炭消费减少，国际能源署甚至认为英国最近推出的碳价格下限已经为结束煤炭的应用做好了准备①。

随着煤炭生产和消费量的逐步减少，煤炭的贸易也处于动荡之中，并随着煤炭价格的波动而变化。全球煤炭贸易以动力煤为主，占煤炭贸易的 75% 左右，其次是焦煤，占煤炭贸易的 24% 左右。2014 年全球煤炭总出口量为 13.69 亿吨，2015 年为 13.08 亿吨，2016 年略增到 13.34 亿吨。2014 年全球煤炭进口量为 14.13 亿吨，2015 年为 13.12 亿吨，到 2016 年略增为

① IEA, *Coal 2017: Analysis and Forecasts to 2022*, Paris, 2017.

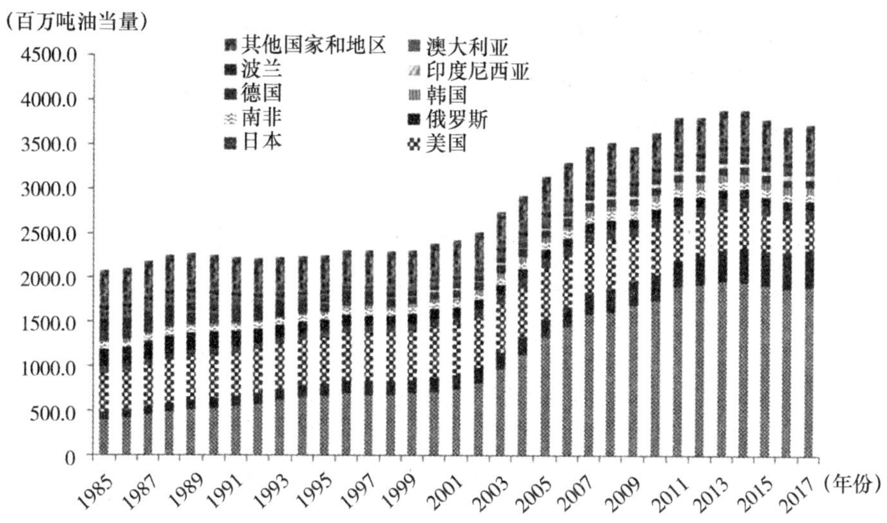

图 3－2　1985—2017 年世界煤炭消费情况

13.31 亿吨。但整体看，由于新兴经济体经济快速发展对煤炭的需求持续增加，尽管有所波动，但全球煤炭出口量与 2010 年相比仍然高出 20% 左右，比 2000 年翻了一番①。

表 3－1　全球煤炭贸易　单位：百万吨

	2014 年	2015 年	2016 年
动力煤出口	1048.6	995.3	1010.4
焦煤出口	312.4	303.9	314.1
褐煤出口	8.4	8.9	9.0
动力煤进口	1112.1	1038.5	1045.0
焦煤进口	295.3	267.9	282.1
褐煤进口	5.2	5.1	4.2
总出口	1369.3	1308.1	1333.5
总进口	1412.5	1311.5	1331.3

资料来源：IEA，*Coal Information 2017*：*Overview*，Paris，2017。

注：进出口数量的不一致和各国对煤炭和贸易的定义不同有关。

① IEA，*Coal Information 2017*：*Overview*，Paris，2017.

从具体国家看，澳大利亚、印度尼西亚和俄罗斯是主要的煤炭出口国，2016 年分别出口 3.89 亿吨、3.67 亿吨和 1.47 亿吨煤，占全球煤炭出口的 74.4%。其他煤炭出口国还包括哥伦比亚、南非、美国等。中国、印度、日本是主要煤炭进口国，三个国家占全球煤炭进口的 52.45%。韩国、中国台湾和德国也是煤炭进口较多的国家和地区。

表 3－2　　主要煤炭进出口国家与地区　　单位：百万吨

净出口	2016 年	净进口	2016 年
澳大利亚	389	中国	247
印度尼西亚	367	印度	199
俄罗斯	147	日本	189
哥伦比亚	83	韩国	134
南非	76	中国台湾	66
美国	46	德国	53
蒙古国	26	土耳其	36
哈萨克斯坦	26	马来西亚	29
加拿大	24	泰国	23
朝鲜	21	巴西	20
其他	8	其他	215
全部出口	1213	全部进口	1211

资料来源：IEA, *Key World Energy Statistics*, Paris, 2017。

注：进出口数量的不一致和各国对煤炭和贸易的定义不同有关。

（二）煤炭消费需求将持续下降

根据国际能源署的预测，由于煤炭需求增长与其他燃料相比较为迟缓，未来煤炭在全球能源结构中的份额将从 2016 年的 27% 降至 2022 年的 26%。其中煤炭消费的增长主要集中在印度、东南亚等亚洲国家，欧洲、加拿大、美国和中国的煤炭需求会持续下降。作为目前最大的煤炭消费国，中国的煤炭需求将呈结构性的缓慢下降，但价格会因为短期市场需求的变化而出现波动。2022 年全球煤炭需求预计为 55.3 亿吨标准煤，比目前的水平略高，尽管 2016—2022 年燃煤发电量每年增长 1.2%，但到 2022 年其占电力结构的份额将降至 36% 以下①。

1. **发达国家煤炭消费持续减少**

尽管特朗普总统上任后，大力振兴美国煤炭行业，放宽监管和鼓励投资，对煤炭行业带来了积极影响。但电力需求低迷、低价的天然气供应充足和可再生能源的增长都会长期阻碍美国煤炭消费的增长，同时降低了大规模新建燃煤电厂的可能性。预计 2022 年美国的煤炭产量将会达到 5.1 亿吨标准煤，与目前水平持平，而需求将降至 4.7 亿吨标准煤，相当于 2016—2022 年年均下降 1%。欧洲的煤炭消费一半以上集中在波兰和德国。预计到 2022 年波兰的煤炭需求将保持相对稳定，但德国的煤炭需求会逐步下降。目前，越来越多的欧洲国家已经或正在关闭燃煤电厂。这使得煤炭消费在发达国家的能源结构中份额越来越小，逐渐变得无足轻重。

2. **煤炭消费东移趋势显著**

与石油消费东移的特点相似，由于欧美国家将会有大量的燃煤电厂退役而转向低碳和清洁能源发电，仅美国到 2021 年煤炭需求就会减少 1 亿吨。因此，未来煤炭消费增长主要来自于发展中国家，尤其是印度、巴基斯坦、孟加拉国、阿联酋等国家。从目前到 2022 年印度的燃煤发电量预计将以年均 4% 的增速发展，巴基斯坦和孟加拉国合计将增加到印度煤炭消费量的 5% 左右。发展中国家煤炭需求主要来自于经济的强劲增长，不断增加的钢铁、房屋建筑、铁路建设等需求，同时，造船业、国防工业和汽车制造业等也扩大了对煤炭的需求，促进了煤炭消费的增长。来自世界煤炭协会的数据表明，非 OECD 国家是煤炭发展的中心。目前共有 1.1 太瓦的燃煤电厂装机容量集中在这一区域，其中

---

① IEA，*Coal 2017*：*Analysis and Forecasts to 2022*，Paris，2017.

200吉瓦正在建设，还有900吉瓦正在开发中，其中500吉瓦采用了高效率低排放（HELE）技术。2015—2040年，若把其余400吉瓦的装机容量转换成HELE技术，需要投入310亿美元，可以减少二氧化碳排放60亿吨。如果把另外约400吉瓦急需改造的燃煤电厂改成HELE技术和300吉瓦由超临界技术改进成超超临界技术则需要810亿美元，同时可以减少二氧化碳排放130亿吨①。

3. 煤炭贸易面临更多不确定性

除了印度等少数国家的煤炭进口需求确定增长外，主要煤炭进口国家和地区包括中国、日本、韩国和中国台湾等均存在较大的不确定性。根据中国能源发展的规划，预计未来到2022年中国每年进口煤炭约在2亿—3亿吨的水平，但价格波动可能会增大。日本由于电力需求萎靡、可再生能源发展迅猛和核电可能加速重启，使得未来煤炭进口有下行的趋势。尽管韩国和中国台湾有新增煤炭产能，但这与其减少煤炭消费比例的初衷相悖，未来的进口量存在不确定性。对煤炭出口国而言，到2022年，澳大利亚将保持世界最大煤炭出口国的地位，俄罗斯、哥伦比亚和南非将挤占印度尼西亚的部分份额，出口量实现一定的增加。美国在国际煤炭市场上将维持其机动生产国的地位，煤炭出口水平的不确定性最大。尽管近期政策和监管环境的变化降低了美国煤炭生产的成本，但其海运供应成本仍偏高。

IEA预测未来全球煤炭需求增长依然集中在印度和东南亚国家，发达国家的需求持续下降，② 我们判断，2018—2019年，全球煤炭需求略增0.8%，到37.6亿吨油当量。在煤炭生产方面，中国煤炭去产能持续，美国能源信息署预计2019年美国煤

① World Coal Association, *The Case for Coal: the Power of High Efficiency Coal Reducing Emissions while Delivering Economic Development and Reliable Energy*, 2016.

② IEA, *World Energy Outlook 2017*, Paris, 2017.

炭产量下降 2%，但考虑到澳大利亚和印度、南非等国的产量增加，煤炭总产量预计微增 0.5%，达到 37.89% 亿吨油当量。煤炭贸易也会维持现状或略降。

二 中国煤炭市场发展状况

煤炭不仅是中国的主体燃料，也是重要的工业原料，在中国的能源生产和消费结构中居于主导地位，有力地支撑了国民经济的平稳较快发展。① 中国能源禀赋特点是“富煤、贫油、少气”，原油和天然气均需大量进口，因此，煤炭是中国能源安全的重要保障。中国经济高速增长曾经带动煤炭需求的大幅增加，造就了 2002—2012 年煤炭产业“黄金十年”的繁荣景象。然而，随着中国经济增速放缓，特别是 2012 年下半年以后，煤炭产业出现“量价齐跌”的局面②。煤炭产业高速增长过程中所积累的问题诸如大量投资所导致的产能过剩、产业集中度低、行业利润下滑的一系列问题，逐一暴露出来，迫使煤炭产业加速转型。

中国的煤炭需求已进入下降通道，随着煤炭清洁高效利用步伐加快，终端散煤利用逐步转为发电供热集中利用，终端煤炭需求和污染物排放将大幅下降，但煤炭去产能任务越往后推进难度越大。煤炭行业集中度偏低、落后产能多的特点决定了去产能总量任务完成后，还要持续推进结构性去产能、结构性优化产能。相关数据表明，“十二五”期间，中国共淘汰落后产能 5.5 亿吨，其中关闭产能 3.2 亿吨。进入“十三五”以后，2016—2017 年，由于党中央、国务院的高度重视，地方政府严格要求，环保执法

① 《中国煤炭工业协会召开 2013 年度中国煤炭工业改革发展情况通报会》，http：//www.coalchina.org.cn/detail/14/01/16/00000012/content.html。

② 王云等：《中国煤炭产业生命周期模型构建与发展阶段判定》，《资源科学》2015 年第 10 期。

力度加大以及煤炭行业自救等各方面的综合作用，实际去产能一直超出市场预期，这对煤价维持高位起到了一定作用。根据《煤炭工业发展“十三五”规划》去产能 8 亿吨的目标要求，由于前两年去产能力度较大（2016 年、2017 年两年去产能约 5.2 亿吨），2018—2020 年还需要去产能约 2.8 亿吨，年均不到 1 亿吨。随着环境保护意识的不断增强和去产能经验的不断积累，中国到 2020 年的去产能目标完全可能提前实现。

实际上，煤炭的去产能过程也是煤炭产业结构调整的过程，产业格局和产品结构同时在升级换代，逐渐实现优化。目前，中国的煤炭主产区已经开始逐渐从南方向北方优质煤炭产区转移。根据《煤炭工业发展“十三五”规划》的目标要求，未来中国煤炭发展的总体布局是压缩东部、限制中部和东北、优化西部。预计未来，内蒙古、新疆、陕西和山西北部将成为中国煤炭产业中长期发展的核心增长区域，新增的优质产能将大部分来自这些省区。

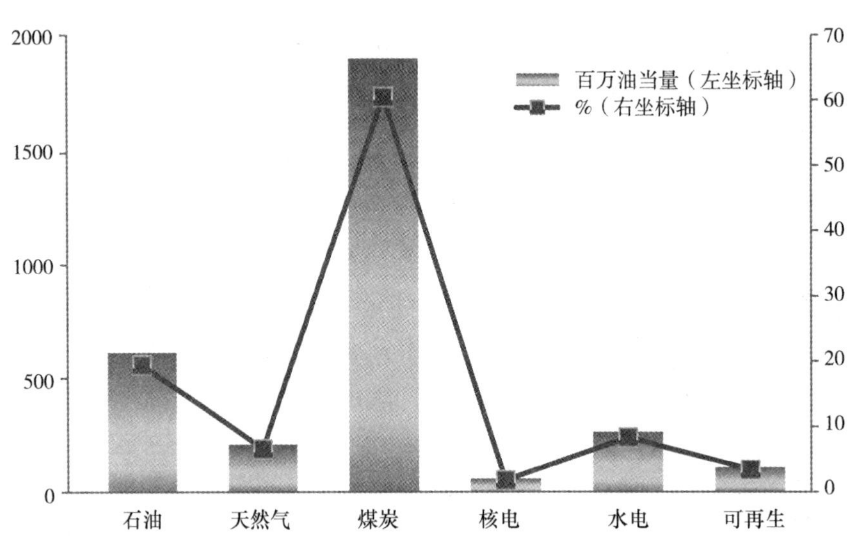

图 3－3　2017 年中国主要能源消费情况

资料来源：BP 世界能源统计 2018。

2018 年，国家发改委、财政部等 12 部委联合发布《关于进一步推进煤炭企业兼并重组转型升级的意见》，鼓励煤炭企业开展横向、纵向重组，以扩大规模，提高质量。到 2020 年，争取在全国形成若干个具有较强国际竞争力的亿吨级特大型煤炭企业集团，发展和培育一批现代煤炭企业集团①，以引导有效产能向优势企业和地区集中，提高中国煤炭企业的效率和现代化水平。

三　中国煤炭需求展望

随着能源转型的深入，对化石能源的替代成为必然趋势。尽管目前化石能源的价格处于相对低位，但事实表明，近年较低的化石能源价格并没有对太阳能和风能在电力领域的应用产生影响。同时，化石能源领域新的减排技术成本较高，比如燃煤和烧天然气的发电厂如果配置碳捕捉和储存系统②。这为可再生能源的替代提供了竞争的机会。全球 40% 的电力生产需要依靠煤炭，即使未来煤炭由于供过于求而价格仍处低位，不会对可再生能源在电力的应用方面产生根本威胁，但可能会减缓可再生能源使用的速度从而延长煤炭替代的时间。

随着经济进入新常态，中国的煤炭需求将会持续下降。在现行政策条件下，中国煤炭需求将在 2020 年左右基本进入高峰平台，在 2025 年左右达到峰值（约 30 亿吨标准煤），如果政策更加严厉，那么在 2019 年左右就可能达到峰值（约 27 亿吨标

---

① 于孟林：《这次重组不一样，一批大而强的煤企呼之欲出》，《中国能源报》2018 年 1 月 10 日。

② IEA, *Energy Climate and Change*, *World Energy Outlook Special Report*, 2015.

准煤)①。到 2020 年煤炭在中国能源消费中的比例要下降到 60% 以下，2030 年将可能降至 52%，甚至低于 50%。随着经济的发展和人口的增长，能源消费的总量仍在提高，这就意味着中国煤炭的替代与能源增长同时进行，能源结构中“去煤”的过程将相对复杂与漫长。数据显示，如果未来能源消费增长为零，那么大约 10% 的清洁能源发展可以替代 1% 的煤炭。如果能源平均增长速度为 1%，那么就需要 20% 的清洁能源发展，才能替代掉 1% 的煤炭。因此，煤炭替代事实上没有想象的那么简单，能否被替代更多取决于能源消费总量和替代能源的发展情况。

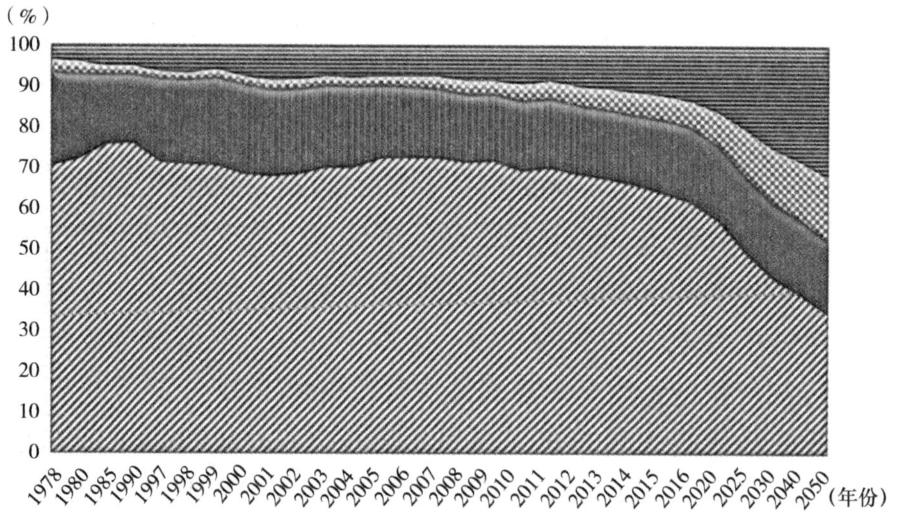

图 3-4 1978—2050 年中国能源消费变化及预测

资料来源：《世界能源中国展望》课题组（2016）和国家统计局。

① 《世界能源中国展望》课题组：《世界能源中国展望 2015—2016》，中国社会科学出版社 2016 年版。

煤炭的替代主要发生在发电领域。其实从 2006 年开始，伴随着技术改进和国家对环境保护和节能降耗要求的日趋严格，中国原有的以煤电、水电为主，其他类型电源作为有效补充的电源结构逐渐发生了较大变化。虽然有煤电项目开工建设，但煤电装机容量所占比例逐渐降低，清洁能源，特别是非可再生能源装机容量开始大幅增长。2017 年，中国新增煤电装机 3855 万千瓦，比 2016 年减少 142 万千瓦，煤电发电量占总发电量比重为 64.5%，比上年降低 1.0 个百分点。2006—2017 年，中国煤电（含燃煤热电）装机容量所占比例下降了 15% 左右，降至历史最低水平。

从未来的发展来看，石油和天然气发电由于成本较高，加上中国主要依靠进口，因此不会大面积采用。而水电经过了十多年的高速发展，剩余可开发利用的水力资源逐渐减少，预计今后的建设规模将会逐步下降，其在能源消费中的占比将会稳中略有上升，对未来煤炭替代的潜力不大。在发电领域，煤炭替代潜力较大的则是核电、风电、光伏发电和生物质发电。其中风电和光伏发电量需要翻倍才能完成清洁能源消费占全部消费 15%—20% 的目标。预计在“十三五”或未来很长一段时间内，中国的清洁能源需求量难以大幅度提高，要实现光伏和风电消费量翻倍难度大、成本高。因此，煤炭的替代不是简单的一增一减，需要与非化石能源协调发展，还要处理好油气替代煤炭及非化石能源替代化石能源的关系，能源集中供应大系统和分布式微系统的关系以及清洁低碳发展和国家竞争力的关系等问题，共同促进煤炭的替代，优化能源结构。

根据我们的预测，未来煤电在消费中的比例会逐步减少；石油、天然气和水电的消费稳中略增或维持；以风电、太阳能发电和生物质发电为主的可再生能源保持快速的增长，成为能源消费结构调整的主角。预计在最理想的政策、技术及“美丽中国”战略主导下，到 2050 年，中国煤炭消费有望减至 15.56

亿吨。占能源消费的比重只有34%，所减少的煤电消费将主要由核能、生物质发电、风电和太阳能光伏发电所替代，其占能源消费的比例将由2020年的15.9%增加到2050年的31.9%。

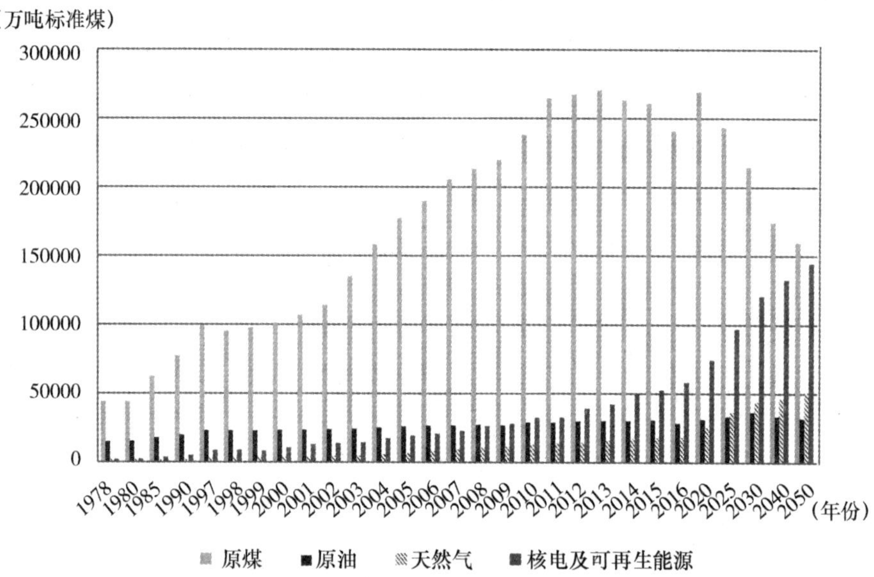

图3-5 1978—2050年中国能源生产变化情况及预测

资料来源：《世界能源中国展望》课题组（2016）和国家统计局。

从能源供给方面看，也表现出相似的情况。在最理想的政策、技术及“美丽中国”战略主导下，2050年煤炭生产将降到16.0亿吨，占能源生产的41.3%，而核电和可再生能源这些清洁能源所占比例上升到37.3%。

四　中国煤炭市场发展的趋势

（一）煤炭转型步伐加快

根据《能源发展战略行动计划（2014—2020年）》及中央对煤炭去产能的整体要求，以开源、节流、减排为重点，确保能源安全供应，转变能源发展方式。调整优化能源结构，创新能源体制机制，着力提高能源效率，严格控制能源消费过快增长，着力发展清洁能源，推进能源绿色发展，着力推动科技进步，切实提高能源产业核心竞争力。在这个战略的整体框架中，煤炭转型处于非常重要的位置，应当按照安全、绿色、集约、高效的原则，加快发展煤炭转型步伐，履行中国在《巴黎协定》中的自主贡献承诺，进一步减少碳排放量。通过开发利用其他化石能源（尤其是天然气）和非化石能源来降低煤炭消费比重。

（二）煤炭的清洁利用将成为煤炭转型的重要途径

当前，世界主要经济体都在进行能源转型。尽管可再生能源以其具有无污染和可再生的特性而颇受重视，但从能源利用的技术经济性来看，可再生能源短期内难以与油、气、煤等主流能源等量齐观，在可预计的未来很难成为一次能源消费的主体，煤炭仍将占能源供应的主导地位。这意味着煤炭的清洁生产与高效利用在未来的煤炭转型中将发挥巨大作用，是未来一段时间煤炭转型的重中之重。这就要求未来中国要重点开发和推广应用洁净煤技术，支持超超临界发电技术、整体煤气化联合循环（IGCC）发电技术、碳捕集、利用与封存（CCUS）技术的研发、推广示范和应用，探索煤炭清洁高效利用的有效途径。

（三）可再生能源发展助推煤炭转型

尽管煤炭在中国的能源结构中居于主导地位，但随着国际社会对碳排放的日益重视，在积极推进煤炭清洁利用的同时，逐步减少煤炭使用量已成为大势所趋。随着未来中国对煤炭依赖程度的逐渐降低，可再生能源将逐步替代煤炭承担起能源供给的重任。

（四）煤炭产业链将进一步延伸

未来，中国将大力发展煤炭转化利用技术，积极稳妥地推动煤炭深加工产业，支持资金雄厚并掌握具有自主知识产权先进技术的企业开展煤制油、煤制天然气等示范工程建设，利用先进技术开发煤基能源化工产品。煤化工是中国煤炭产业转型升级的有效手段，不仅可以实现煤炭资源的低碳化、清洁化利用，部分产品还可以实现对石油的替代。通过推进现代煤化工产业化发展，促进煤炭产品由燃料向原料与燃料并重转变，减少煤炭库存，延长产业链，提高产业的效益。

第四章　电力市场发展状况及趋势*

电力在经济社会中的作用正在逐步增大，世界各国期望能够提供负担得起和可靠的电力资源，以实现电力的可持续发展。同时，电力技术也会对包括可再生能源、天然气、煤炭和核能以及大多数能源技术产生影响，在全球能源体系中扮演着关键的角色。

一　全球电力生产和消费现状

随着现代化进程的不断深入，电气化程度逐步提高。全球的电力产量从1985年的9866.3太瓦时增加到2017年的25551.3太瓦时。中国和美国是世界上电力产量最高的国家。2017年，中国电力产量为6495.1太瓦时，比2016年增加6.2%。美国产量为4281.8太瓦时，比2016年减少1.3%。二者分别占全球电力产量的25.4%和16.8%。排名位于其后的是印度、俄罗斯和日本，分别生产了1497.0太瓦时、1091.2太瓦时和1020.0太瓦时的电量（见图4－1）。

（一）电力产量增长的潜力主要来源于发展中国家

从图4－2可以看出，以经合组织（OECD）为主的发达国

---

* 执笔人：魏蔚。

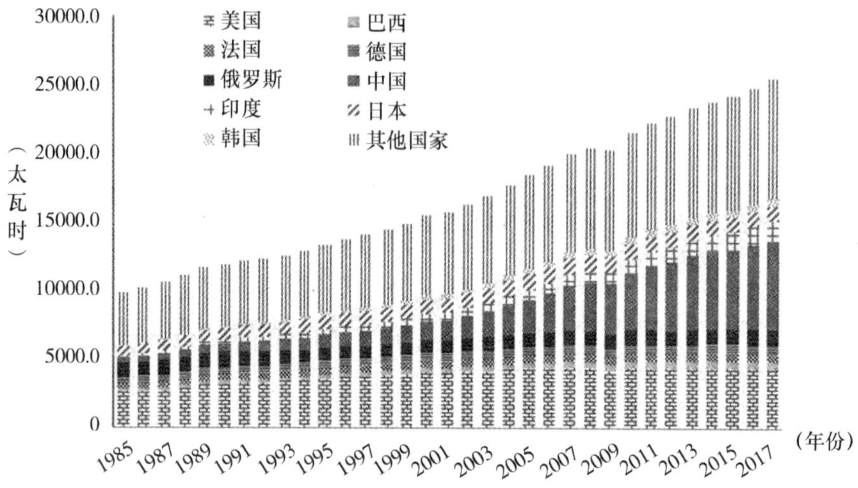

图 4－1　1985—2017 年全球电力生产情况

资料来源：*BP Statistical Review of World Energy*，June 2018。

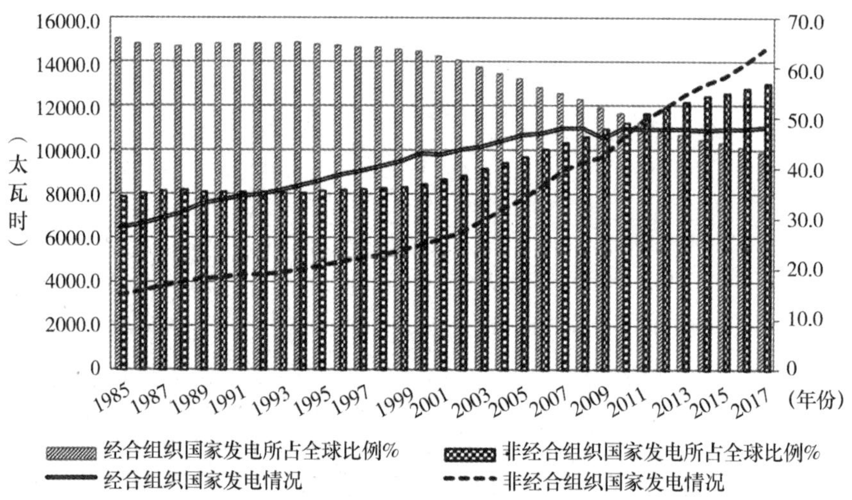

表 4－2　1985—2017 年经合组织和非经合组织电力生产变化

资料来源：*BP Statistical Review of World Energy*，June 2018。

家已经全部实现电气化，其电力需求相对稳定，电力产量处于高位平台期，近些年电力生产基本保持不变。全球的电力生产主要来自于以中国、印度、巴西等新兴市场国家电力产量的大幅增加。从 2011 年开始，发展中国家的发电量所占比重已经超过了经合组织，成为电力增长的主要来源。

（二）发达国家的电力生产向可再生转移

2017 年，OECD 国家净发电量 10540.9 太瓦时，比 2016 年略增 0.8%。其中，地热能、太阳能、风能等可再生能源发电量 1030.3 太瓦时，比 2016 年增加 147.2 太瓦时，增长 16.7%，创近十年最大增幅。水力发电总量为 1464.6 太瓦时，只比 2016 年增加 6.9 太瓦时，微增 0.5%。由于具有开发潜力的水电已开发，在过去的 15 年中，经合组织国家的水电装机容量几乎都变化不大。发电量主要取决于降水的多寡。2017 年，经合组织通过燃烧化石能源和生物质的发电量为 6188 太瓦时，比 2016 年下降 59.6 太瓦时，下降 1%，亚洲/大洋洲和欧洲的增幅分别为 0.3% 和 4.9%，但美洲下降 4.6%。由于日本核电未恢复到福岛核事故前的水平，加上以德国为首的许多经合组织国家放弃

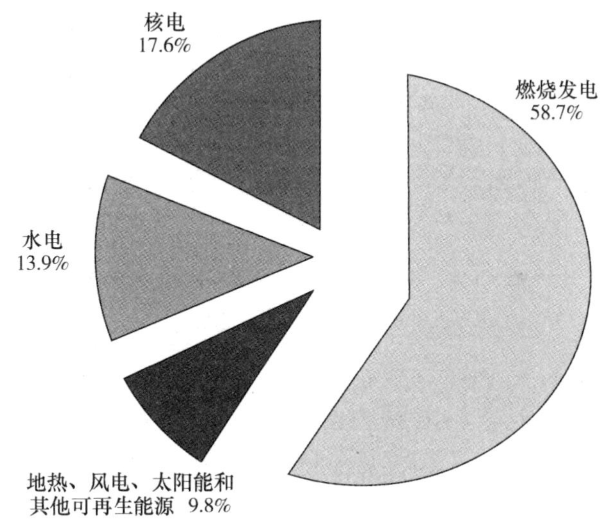

图 4-3 2017 年经合组织国家发电来源及所占比例

资料来源：IEA，*Electrictity Information*：*Overview*，2017。

了核电，使得核电发电量逐年下降。2017 年核电发电量合计为 1856. 1 太瓦时，比 2016 年减少 15. 5 太瓦时，下降 0. 8%。

总体来看，2017 年经合组织国家非燃烧发电的可再生能源占比从 2016 年的 22. 4% 增加到 23. 7%，燃烧发电的占比则下降到 58. 7%，水电和核电则分别占 13. 9% 和 17. 6%。由于自然资源禀赋及发展方式的各异，OECD 各国的电力发展不相一致。目前，欧洲是可再生能源发展最好的地区，亚洲/太平洋（主要指日本、韩国、澳大利亚）和美洲地区（主要指美国、加拿大、墨西哥）的经合组织成员国电力替代步伐需要加快。

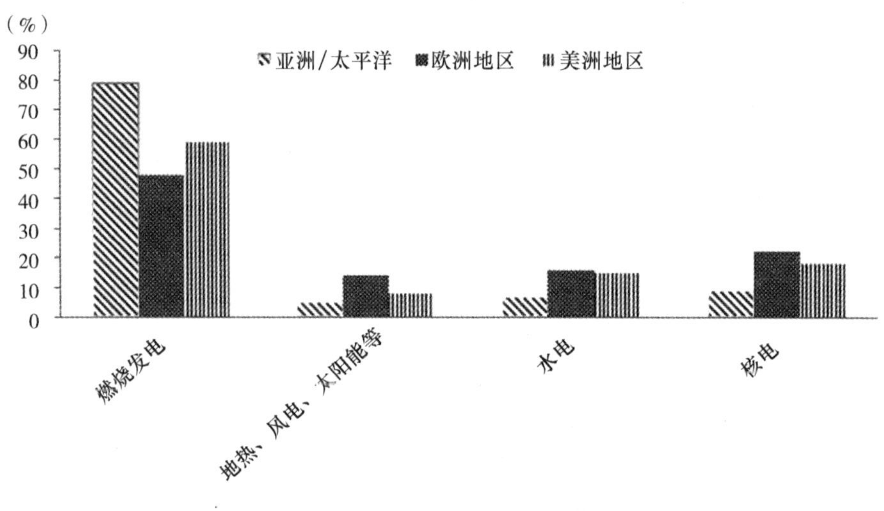

图 4-4　2017 年经合组织国电力生产比较

资料来源：*Electricity Information*：*Overview*，2017。

（三）发达国家和发展中国家电力消费各异

自 2008 年以来，伴随着电力系统的效率提升、建筑领域的新标准以及产业中电力应用技术能力的提升，经合组织的许多国家的电力需求一直处于相对平稳状态。从而，电力需求与国内生产总值增长脱钩在发达国家已经可以实现。未来驱动其电力需求增加的因素主要包括那些会导致温室气体排放大幅度减少的电力的应用，比如运输电气化和建筑的加热和制冷带来的电力需求的增加，但不确定性因素会影响到未来的需求。总体看，发达国家的电力增长相对平缓①。

电力消费主要集中在产业、交通、居民用电、商业和公共服务用电等方面。由于经济发展的水平不同，发达国家和发展中国家的电力消费呈现出不同的特点。发达国家的产业用电、居民用电和公共服务用电所占比例几乎相同，消费相对均衡。1974 年以来，经合组织国家的居民及商业和公共服务用电持续增长，二者所占终端电力消费的比例从 1974 年的 48.4% 增加到 2015 年的 63.0%。尽管产业领域的用电量也在增加，从 1974 年的 1874 太瓦时增加到 2015 年的 2970 太瓦时，但其在全部电力消费中比重则从 1974 年的 48.7% 减少到 2015 年的 31.6%。这主要得益于经合组织国家经济结构的转型和能源效率的提高。1974 年以来，这些国家耗能的制造加工业发展速度放缓，降低了电力的消费。发展中国家则正相反，随着工业化进程的加快，其对电力的消费需求大幅增加。1974—2015 年，发展中国家的电力消费年均增速达到 5.1%，电力消费占全球的比例从 27.1% 增加到 53.5%。其中，中国、印度、俄罗斯和巴西的电力消费占发展中国家电力消费总量的 66.3%。发展中国家的产业用电规模较大，占 51%，而商业和公共服务用电的所占比例偏少。

表 4－1　OECD 国家和非 OECD 国家的电力消费情况比较　单位：%

	产业	居民	商业和公共服务	交通	其他
OECD 国家	31.6	31.1	31.9	1.1	4.3
非 OECD 国家	51	23	14	3	9

资料来源：IEA，*Electricity Information：Overview*，2017。

① IEA，*Re-powering Markets：Market Design and Regulation during the Transition to Low-carbon Power Systems*，Paris，2016.

（四）电力贸易主要集中在欧美发达地区

电力可以在各国需求波动、经济结构差异、峰谷不同及负荷变化等情况下进行跨国交易。鉴于电力的特殊性，电力贸易一般是在临近国家和地区间进行。根据 COMTRADE 的数据，2017 年全球电力出口为 669 太瓦时，价值 218 亿美元，电力进口 570 亿太瓦时，价值 222 亿美元①。

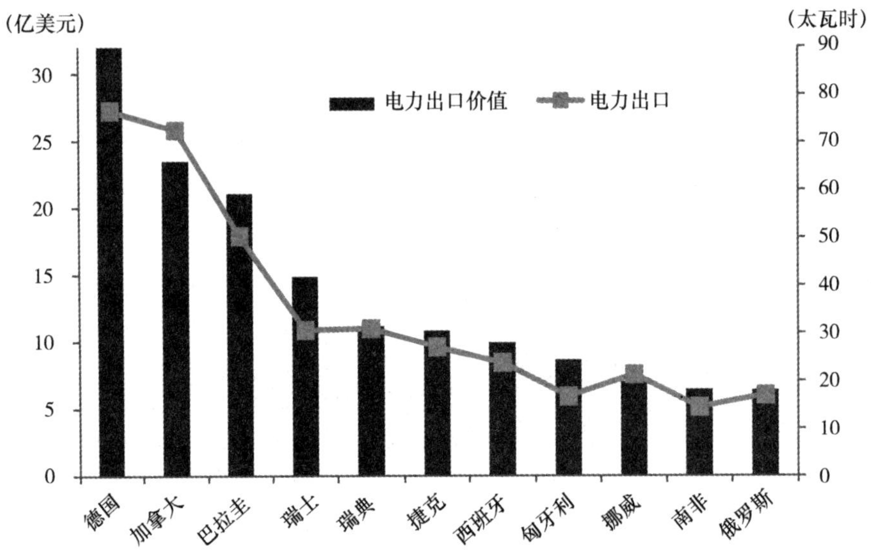

图 4－5　2017 年主要电力出口国家情况

资料来源：UN COMTRADE。

从图 4－5 的数据可以看出，全球电力出口主要集中在欧盟、北美、拉美等地区。尤其是欧盟地区，在全球电力出口主要国家中占据了大部分份额，这主要得益于欧盟地区发达的电

① 之所以产生一定的误差，主要是中国香港和克罗地亚等主要电力进口地区只有进口美元计价价值，没有电力数量，其次是各国和地区的统计定义不同，线路的损耗也无法准确的确定，但总体电力的进出口基本会保持平衡。

力交易平台和覆盖范围较广的跨国电网输送系统。德国是全球电力出口最大的国家，2017 年出口电力 76.62 太瓦时，价值 32.05 亿美元①；其次是加拿大，出口 72.56 太瓦时，价值 23.49 亿美元；排名第三的是巴拉圭，出口 50.31 太瓦时，价值 21.05 亿美元。俄罗斯的电力主要出口原独联体国家，不仅得益于地理位置上的相近，更重要的是苏联时期建立的电网可以使电力输送更加便捷。瑞典出口电力在 2017 年出现反弹回稳的趋势，主要得益于其水电和核能的逐步恢复。

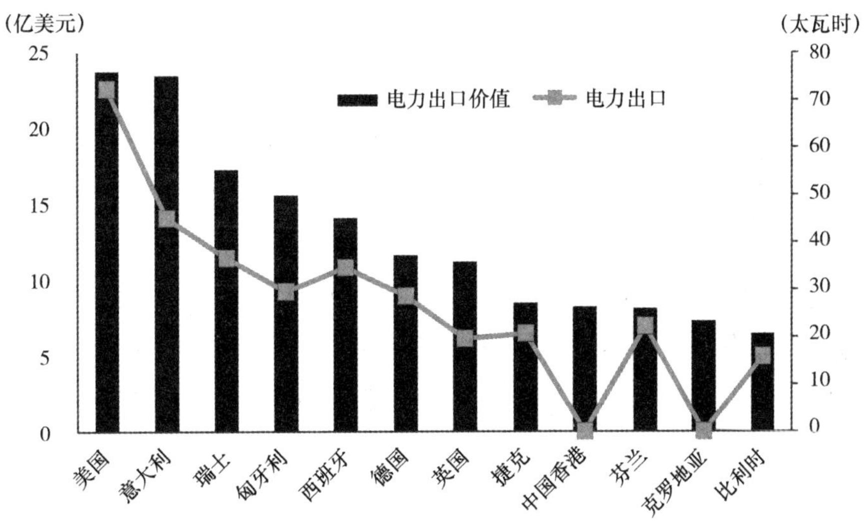

图 4-6　2017 年主要电力进口国家情况

从电力进口的情况看，美国是世界上最大的电力进口国，2017 年进口电力 72.44 太瓦时，价值 23.75 亿美元，主要从加拿大进口。意大利则是全球第二大的电力进口国，进口电力达

① 从以往数据看，法国一直是电力贸易的大国，电力出口一直位居欧盟前列，仅次于德国。但 COMTRADE 的电力贸易数据缺少法国的数据。根据 OECD 和 IEA 的数据，法国 2017 年的电力出口 61 太瓦时，进口 22 太瓦时，电力净出口为 39 太瓦时。

到45.04太瓦时，价值23.49亿美元。第三位的是瑞士，电力进口36.60太瓦时，价值17.28亿美元。除中国香港外，电力进口经济体主要分布在欧洲国家，其中意大利、西班牙、瑞士和波兰的进口依赖度较高。

（五）电力投资略有下降

2016年，全球电力投资小幅下降1%，降至7180亿美元，但电力行业首次超过化石燃料供应行业，成为能源投资最大的行业，尤其是在电网领域的投资增长部分抵消了发电领域投资的下滑。包括电网在内的低碳领域在能源供给投资总额中所占份额同比增长12个百分点，达到43%。其中，新投产的可再生电力装机投资额为2970亿美元，是最大的电力投资领域。由于人们日益重视空气污染，使得燃煤电厂投资出现大幅下降，新投产装机减少近20吉瓦。燃气电力投资基本保持稳定，但其中近一半投资集中在天然气资源丰富的北美、中东和北非地区。核电投资仍未恢复，尽管2016年投产10吉瓦核电装机，达到近15年来的新高，但建设项目比过去10年的均值低60%①。

电网和储能投资继续保持稳定增长势头。2016年该领域的投资达到创纪录的2770亿美元，其中30%来源于中国的配电系统投资。印度和东南亚国家的电网处于快速扩建阶段，投资额占全球的15%。美国和欧洲分别占总投资的17%和13%，主要用于置换老化的输配电资产。

参考IEA的预测②，我们判断，2018—2019年，全球电力产量预计增加2%，达到26062太瓦时，可再生能源占比会有所提升。中国、印度和东南亚国家用电量需求持续增加，电力消费结构逐步向可再生电力转变。

---

① IEA, *World Energy Investment 2017*, Paris, July 2017.

② IEA, *World Energy Outlook 2017*, Paris, 2017.

二　电力市场的发展趋势

目前，全球的电力部门正在发生重大变化，数字化和自动化技术对电力系统的规划和运行有巨大的影响。同时，监管的日益规范、消费者行为的改变、新的竞争力量的进入、应对气候变化的脱碳努力、可再生能源发电以及分布式能源的增长等市场力量，会影响全球电力的发展进程。为了应对这一变化，整个电力系统需要在创新方法、体制改革和技术适应性等方面做出努力。

（一）数字化程度将不断提高

IEA 的分析表明，数字化有可能每年节省约 800 亿美元或大约 5% 的年总发电成本。这可以通过降低操作和维护成本、改善发电厂和网络效率、减少计划外停机和停机时间以及延长资产的操作寿命来实现。这方面的一个例子是使用无人机以低廉的成本监控绵延几千公里分布在崎岖地形上的输电线①，提高了电力的使用效率和电网的普及率。智能电网和智能计量的应用一直推动着电力的发展。欧盟颁布了智能电网和智能计量的发展目标，到 2020 年用智能电表取代至少 80% 的电表。这种智能计量和智能电网的推出可以使欧盟的碳排放量减少 9%。

（二）未来电力投资和装机容量持续增长

全球电力需求在 1990—2016 年翻了一番，超过了其他燃料，并将在未来 25 年内将以全部能源需求两倍的速度增长。这种增长的绝大部分将发生在中国和印度为主的发展中经济

① IEA, *Digitalization & Energy*, Paris, October 2017.

体。预计中国在未来20年将增加相当于目前美国全部的电力系统发电能力。印度则是全球增长速度最快的电力市场，电力需求每年增长5%以上，2025年有望实现全面的电力供应。

根据相关预测①，2018年，全球可再生能源装机容量预计增长9.7%，其中新增太阳能装机有望突破100吉瓦，风电装机容量将新增59吉瓦。尽管世界多个国家在削减甚至关闭燃煤电厂，但由于发展中国家对煤电的需求仍在增加，预计煤炭发电量将继续增长，但增幅不大，仅为0.8%，天然气发电由于成本下降及部分地区天然气供应充足，将增长1.7%。以风电和太阳能光伏为代表的可再生能源的快速发展，推动全球资本对电力投资规模将在2017—2021年有望达到2.2万亿美元，增加发电量的年均投入预计可达4000亿美元，主要原因在于电池储能规模扩大、并购活动的激增以及能源创业的分裂式增长。2021年，风电投资约5537亿美元，太阳能投资将达6034亿美元。太阳能将成为继煤炭、天然气和水电之后的第四大发电来源。在此期间，全球对水电和生物质能的投资将稳定在770.6亿美元和233亿美元。核电由于在中国、东欧及中东的大力推进，其投资在2018年有望达到257亿美元，但由于各国政策的变化及民众态度的不确定性，未来核电投资前景仍不明朗。

国际能源署在《世界能源展望2017》中预测，到2040年，全球电力部门总投资约为19.3万亿美元，几乎占能源投资总数的一半，其中可再生能源投资要占到2/3的份额。2016年可再生能源的补贴达1400亿美元，主要是通过上网定价的方式实施，2030年将会形成以拍卖制为主导，以更具竞争性的方式支持可再生能源的发展，全球太阳能和风能单位产出的平均补贴

① 参见《2017—2021全球新增电力投资规模将达2.2万亿美元》，http：//www.sohu.com/a/233421647_609294。

将分别降低70%和40%。

（三）减少电力贫困是未来发展的主要目标

国际能源署的研究表明，全球尚未使用电力的人数从2000年的17亿减少至2016年的10.6亿，这主要是通过电网的扩展和化石燃料的使用（其中45%是煤炭）实现的。同时，可再生能源也发挥了很好的作用（占34%）。大部分无电的人口分布在亚洲和撒哈拉以南非洲地区，这些地区是未来电力生产和消费增加的主要市场。

表4-2 **发展中国家的电气化水平**

	电气化率（%）						未通电人口（百万）
	2000年	2005年	2010年	2016年	2016年（城市）	2016年（农村）	2016年
世界	73	76	82	86	96	73	1060
发展中国家	64	69	76	86	94	70	1060
亚洲	67	74	83	89	97	81	439
非洲	34	39	43	52	77	32	588
中南美洲	87	91	94	97	98	86	17
中东	91	80	91	93	98	79	17

资料来源：IEA，*Energy Access Outlook：From Poverty to Prosperity 2017*，World Energy Outlook Special Report，Paris，2017。

根据国际能源署对各个国家政策、投资和技术的分析，在新政策情景下，2030年全球电气化率预计达到92%，其中亚洲发展中国家和拉丁美洲为99%，中东为95%，非洲为64%。这意味着，有6.74亿人（占世界人口的8%）无法用电，其中90%分布在农村地区。这些新增电力的60%将会通过可再生能源发电，主要是太阳能和水电。电网的扩展将会占新增电力服务的一半，但在农村地区，2/3 将会是分布性的电力系统发挥作用，这是最具成本效益的解决方案。要达到这些目标，目前至 2030 年，年均投资成本为 240 亿美元，占全球年均能源投资的 1.5%。IEA 的地理空间分析表明，成本最低的分布式能源和电网的扩张是获得电力最为有效的办法。同时，可再生电力的比重会逐步上升。

表 4－3　　未来无法获得电力的地区和人口的变化　　单位：百万，%

					新政策情景	
	2000 年		2016 年		2030 年	
世界	1672	27	1060	14	674	8
非洲	532	66	588	48	602	36
亚洲	1059	33	439	11	54	1
中北美	56	13	17	7	4	1
中东	15	9	17	7	14	5

资料来源：IEA, *Energy Access Outlook: From Poverty to Prosperity 2017*, World Energy Outlook Special Report, Paris, 2017。

（四）集中供电向分布式供电转变

全球电力供应正处于一个重大转型期，化石燃料维持了百年的集中式可调度的发电模式，随着风电和太阳能光伏逐步成为最便宜的电力来源，而向分布式的供电模式转移，这为低碳化提供了新的机会。随着电力需求和供应的变化，电力行业的新商业模式正在逐步形成。未来产业用电会因为效率的提高、高耗能产业的转型而减少，公共和商业用电会相应增加。在交通领域，随着电动汽车和智能化交通的普及，用电量会增加。未来电力应用有望逐步形成产业领域、居民家庭用电和公共及商业领域三分天下的均衡发展格局，交通领域电力应用占比会有所上升。

（五）全球电力来源继续清洁化

国际能源署预测，在新政策情景下，2040 年全球电力需求将增加 60%，其中超过 85% 的增长集中在发展中经济体，75% 的电力需求集中在电机系统、电器、制冷及信息通信技术领域。由于能源效率提高和产业结构的变化，全球经济增长和电力需求之间的关联有越来越弱化的趋势。

2016 年，全球新增可再生电力的装机容量已经超过了化石能源电力新增装机容量，这意味着全球电力供给清洁化是大势所趋，可再生电力将遍布全球各地。太阳能光伏发电潜力最大，预计到 2025 年，太阳能光伏装机容量将超过风能，到 2040 年将超过水电。2030 年，全球天然气发电装机容量将超过煤炭。煤炭产能虽能继续增长，但比过去慢得多，而且越来越集中在亚洲地区。核电的发展无法恢复以前的高速度，在电力供应中的份额相对稳定。2040 年，全球电力供应增长主要来自风能与天然气（各占 23%）和太阳能光伏（20%）。从地区来看，中国将成为全球可再生电力、核电等发展的领导者，风能在 2030 年之后成为欧盟的主要电力来源，美国的低价天然气将成为主导的发电燃料。2040 年，印度的煤炭份额将下降一半，太阳能光伏发电量将提升 100 倍，风力则提升 9 倍。

根据国际能源署对未来电力发展的现行政策情景预测，结合对目前电力生产和消费现状分析，我们预计从目前到 2030 年，全球发电量持续攀升，发达经济体发电量相对稳定，发展中经济体发电量大幅增加，其中工业化进程和减少电力贫困是电力增加的主要推动力。在电力生产中，以太阳能光伏和风电为主的可再生电力，是增长最快的电力来源，水电的增速会慢于这两者。在化石能源中，石油和煤炭发电占比持续下降，期间天然气发电将会起到很好的过渡作用。核电的发展前景不明朗，发电占比维持相对稳定。

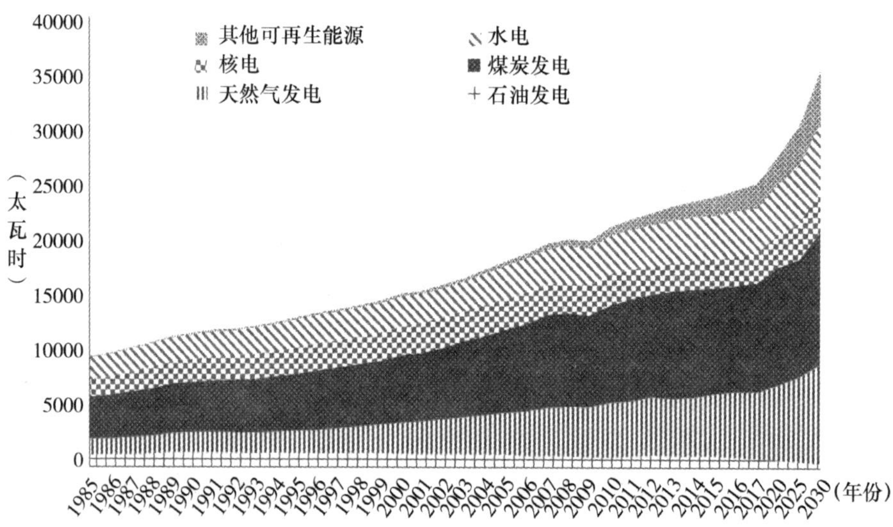

图 4－7　1985—2030 年各种能源发电变化及预测

三　中国电力转型的状况及目标

减少煤电，重点发展清洁电力是未来中国电力发展的主要方向。水电、核电、风电、太阳能光伏、生物质发电和地热发电，将会逐步替代煤电，不断提升中国电力的清洁化水平。中国已经颁布了相关各清洁电力的行动计划和“十三五”发展规划，制订了 2020 年清洁电力的发展目标。

（一）水电

在“十三五”期间，水电将保持合理建设规模：全国新开工常规水电和抽水蓄能电站各 6000 万千瓦，共计 1.2 亿千瓦；新增投产水电 6000 万千瓦，2020 年水电总装机达到 3.8 亿千瓦，其中常规水电 3.4 亿千瓦，抽水蓄能 4000 万千瓦。水电年发电量 1.25 万亿千瓦时，折合标煤约 4 亿吨，在非化石能源消费中的比重维持在 50% 以上。“西电东送”能力不断扩大，2020 年水电送电规模达到 1 亿千瓦。据初步预算，“十三五”期间，水电建设投资需求约 5000 亿元，其中大中型常规水电约

3500 亿元，小水电 500 亿元，抽水蓄能 1000 亿元。期间可以累计提供约 5.6 万亿千瓦时的清洁电力，相当于节约 17.5 亿吨标煤，减排二氧化碳 45 亿吨，二氧化硫 1300 万吨，氮氧化物 1350 万吨。水电将至少拉动 5000 万吨水泥、600 万吨钢筋、230 万吨钢材的生产。此外，电站建设对改善当地基础设施建设、拉动就业、促进城镇化发展都具有积极作用。

IEA 的预测则认为，到 2040 年，在现行政策下，中国常规水电装机容量将达到 3.9 亿千瓦，抽水蓄能 2 亿千瓦。2050 年常规水电装机容量将达到 4 亿千瓦，抽水蓄能 3 亿千瓦，发电量份额为 19% 左右。IEA 认为，未来中国水电的重点是抽水蓄能。中国未来水电的布局主要以西部地区的川、滇、藏为重点，以水电基地重大项目为主，全面推进大型水电能源基地建设，其中包括推进怒江水电规划，研究建立西藏水电开发协调机制，促进藏东南水电基地开发，落实水电消纳电力市场和输电方案等，而东中部地区则主要是合理开发剩余水能资源。

（二）核电

根据中国《核电中长期发展规划（2011—2020 年）》及《能源发展战略行动计划（2014—2020 年）》等公开文件表述，到 2020 年，核电装机容量要达到 5800 万千瓦，在建 3000 万千瓦规模，发电占比从目前的 2% 提升至 4%。要完成 8800 万千瓦的既定目标，预计“十三五”期间每年要开工 5—6 台机组。预计 2030 年核电装机规模达 1.2 亿—1.5 亿千瓦，核电发电量占比提升至 8%—10%，作为一种具有稳定的基荷能力的清洁能源，在高安全标准监控下，核电将是提升非化石能源发电占比的重要力量。

根据国际能源署的现有政策情景预测，中国核电将进入快速发展期。2040 年中国核电的装机容量将达到 1.65 亿千瓦，发电 1287 太瓦时，占全部发电量的 11.2%。2050 年装机容量有可能达到1.8亿千瓦，发电1404太瓦时，占全部发电量的11.6%。但鉴于核电的发展规模、速度、布局、环境、技术等仍存在一定的争议，对民众来讲是比较敏感的话题。从国际大型电力工程的发展过程来看，尽管公众理解工程带来的益处，但不可避免的会产生“邻避效应”问题，即这个工程很好，但“不要建在我家后院”。鉴于这一考虑，与IEA的预测相比，笔者认为核电的发展速度不宜过快，未来核电发展规模和速度应该适当控制，要有清晰的长期规划，决策要更加慎重和注重民意。核电生产由于其快速、稳定和易消纳，更多的是作为基荷和调峰而加以使用，同时还要和其他可再生能源相协调，提高能源的利用效率。笔者的测算显示，未来核电占全部发电的10%左右是一个相对合适的比例。

（三）风电

风电是未来可再生能源对煤炭的替代中发挥重要作用的清洁电力。近几年中国风电发展势头强劲。新增装机容量和累计并网装机容量均创历史新高，已经占全部发电装机容量的9.2%和全部发电量的4.8%。到2020年，中国风电装机容量将达到2亿千瓦。值得注意的是，随着技术进步、生产成本和融资成本的不断降低，可再生能源与化石能源发电成本比较已经发生了明显的变化，风电成为新型发电形式中成本最低的选择。2014年国家发改委能源研究所推出了《中国风电发展路线图2050》，该路线图设定了两种中国风电发展情景。在基本情景下，到2020年、2030年和2050年，风电装机容量将分别达到2亿、4亿和10亿千瓦；在积极情景下，风电装机容量将分别达到3亿、12亿和20亿千瓦，成为中国的五大电源之一，到2050年两种情景可分别满足17%和30%以上的电力需求。随着风电和电力系统以及其他能源技术的进步，实现路线图中提出的目标，在资源、产业、电力系统支撑等方面不存在不可逾越的障碍。

未来风电布局的重点是：2020年前，积极有序开发陆上风电，开展近海风电示范；2021—2030年，陆上、近海风电并重发展，并开展远海风电示范；2031—2050年，实现在东中西部陆上风电和近远海风电的全面发展。

在基本情景下，到2050年，风电累计投资12万亿元（2010年价）；在积极情景下，累计投资24.5万亿元（2010年价）。随着风电技术进步和开发规模扩大以及煤电成本的增加，未来风电的竞争力将进一步加强，预计在2020年前后中国陆地风电成本将达到与煤电持平的水平。2030年以后，全面建成适应新能源的电力市场机制，储能、智能电网以及其他先进电力系统技术得到普遍应用，将从根本上解决风电的并网和消纳问题①。

（四）太阳能光伏

到2020年，中国太阳能光伏发电装机容量将达到1.6亿千瓦，年发电量达到1700亿千瓦时，年度总投资额约2000亿元。其中，光伏发电总装机容量达到1.5亿千瓦，地面电站8000万千瓦，分布式7000万千瓦。分布式光伏发电规模显著扩大，形成西北部大型集中式电站和中东部分部式光伏发电系统并举的发展格局，并力争光伏发电2020年实现用户侧平价上网。到2030年太阳能发电总装机容量达到4亿千瓦，这将使中国太阳能光伏发电产业达到国际领先水平。从目前看，这一目标偏高。IEA预测在现有条件下，2030年中国太阳能光伏发电装机容量为2.5亿千瓦，2040年为4亿千瓦，2050年为4.5亿千瓦。而《世界能源中国展望》预测在理想的生态能源新战略情景下，

① 国家发展和改革委员会能源研究所：《中国风电发展路线图2050》，http://www.cnrec.org.cn/go/AttachmentDownload.aspx?id={db55f7f2-28bc-4a51-bfe3-cf2bcdbb0271}。

2030 年中国太阳能光伏发电装机容量为 3.5 亿千瓦，2040 年为 4.3 亿千瓦，2050 年达到 5.5 亿千瓦，大约占发电量的 12%—13%。

太阳能利用的另一个重要组成部分是聚光太阳能发电，笔者预测在现行政策条件下，2020 年装机容量将达到 2700 万千瓦，2025 年达到 5600 万千瓦，2030 年达到 7900 万千瓦，占全部发电量的 1% 左右。如果政策等各方面支持力度大，那么在 2030 年装机容量有望突破 1 亿千瓦①。

（五）生物质发电

中国生物质资源较丰富，可折合标准煤约 5.4 亿吨。随着有机废弃物的增加和边际土地的开发利用，估计到 2050 年中国生物质资源最高可达 14 亿吨标准煤，其中可供清洁能源化利用的生物质能资源潜力达 8.9 亿吨标准煤。除了现有相当于 2.8 亿吨标准煤的有机废弃物外，新增各类有机废弃物资源约合 2.7 亿吨标准煤。现有低产林地增产潜力约 1.37 亿吨标准煤，新开发边际土地的生物质能资源生产潜力约 2 亿吨标准煤②。国家发改委在 2007 年制定的可再生能源中长期发展规划中指出，中国生物质发电装机容量要从 2010 年的 550 万千瓦增长到 2020 年的 3000 万千瓦。尽管生物质发电潜力巨大，但与风电、太阳能光伏发电相比，发展缓慢，总装机容量从 2010 年的 550 万千瓦，仅增加到 2017 年的 1488 万千瓦。究其原因在于：其一，生物质发电原料成本高、消耗大。保证燃料供应是生物质发电项目正常运行的前提，但秸秆及相关原材料的收购半径较小这一特点决定了其燃料收储的困难；其二，资金来源渠道少、投融资模

---

① 《世界能源中国展望》课题组：《世界能源中国展望 2015—2016》，中国社会科学出版社 2016 年版。

② 赵振宇等：《我国生物质发电产业 SWOT 分析》，《可再生能源》2012 年第 1 期。

式单一。与常规发电项目相比较，生物质发电项目的资金密集度低，不适合大企业投资，而民间投资渠道并未畅通；其三，缺乏核心技术，关键设备依赖进口。中国国产的生物质发电设备尚存在锅炉适应能力低、原料输送机性能差、原料水分测量机械落后等问题；其四，电厂位置过于集中造成燃料供应困难。生物质发电产业得到国家政策的鼓励，生物质发电厂项目数量增长较快，但电厂规划距离太近，各电厂相互竞争本来就供应不足的燃料，更是“雪上加霜”。

尽管存在一些问题，未来我们还是看好生物质发电在煤炭替代中的作用。预计在现行政策下，到 2020 年生物质发电装机容量将达到 1.08 亿千瓦，2025 年将达到 1.45 亿千瓦，2030 年将达到 2.13 亿千瓦。将占全部发电量的 2% 左右。如果政策支持和资金到位，那么到 2030 年生物质发电装机容量可达 3.33 亿千瓦，发电量占到 4% 左右。

（六）地热能

中国地热能资源储量大，分布广，主要以中低温地热资源为主，浅层地热能资源量相当于 95 亿吨标准煤，年可利用量约 3.5 亿吨标准煤。常规地热能资源量相当于 8530 亿吨标准煤，年可利用量 6.4 亿吨标准煤，增强型地热能理论资源量 860 万亿吨标准煤，数量相当可观。

目前中国地热能的开发尚未大规模进行，全球也是如此，仅有菲律宾、墨西哥及北欧等少数几个国家地热能开发较多。未来地热能发电在煤炭替代中的作用很小，更多的是作为一种技术或资源储备，等到技术、资金、环境等各种条件成熟时可再进行开发。

四　中国电力市场存在的问题及发展思路

从能源替代历史发展的进程来看，煤炭的转型和替代是一个相对长期的过程，不可能一蹴而就。从笔者的预计来看，在现行政策下，2017—2030年，总发电量将从6420太瓦时，增加到10630太瓦时，煤炭的发电量将从4140太瓦时增加到5885太瓦时，所占比例从目前的64.5%降到55%左右。按照这一比例可以估算出大约1500太瓦时的发电量需要核电及可再生能源替代①。理论上看，这些替代需要增加大约1.5亿千瓦的装机容量，分摊到核电、水电、风电、太阳能光伏发电和生物质发电上，按照中国未来的装机容量发展情况，完成替代问题不大。但这仅是在理论上存在可能，如果变成现实，还需要做大量的工作。因为在可再生能源的发展过程中，有许多问题需要解决，才能真正完成对煤炭的替代。

（一）存在问题

随着产业规模的不断扩大，中国核电及可再生能源开发面临的诸多问题和障碍逐渐显现，成为制约中国新能源产业规模化的瓶颈。

在核电方面，长期来看中国全社会电力需求量呈增长趋势，而增长率呈下降趋势。在中国经济发展进入新常态的发展阶段，电力过剩已成必然，核电作为清洁能源之一，其发展必须与可再生能源的发展相协调。风电、太阳能等可再生能源电力的逐步全额收购优先上网，挤压了核电的发展空间。核电作为主要基荷电源，其发展规模会相应受到阻碍。加之核电站选址要求严格，且沿海厂址接近饱和，内陆厂址往往处于人口密集区，存在巨大争议。尽管政策支持，但现实发展遭遇选址瓶颈。

对可再生能源而言，其一，高成本仍是产业市场竞争力较弱的重要影响因素，尽管技术进步使得风电、太阳能光伏等可

---

① 《世界能源中国展望》课题组：《世界能源中国展望2015—2016》，中国社会科学出版社2016年版。

再生能源的生产和安装成本不断下降，但在未考虑化石能源污染等负外部性的情况下，与化石能源相比，成本不具有竞争力。其二，核心技术缺乏。自主创新能力较弱影响了产业的持续发展，无论是风电、太阳能光伏还是生物质发电，核心技术往往由国外公司控制，关键零部件依赖国外进口，加之制造和配套能力不完善，尽管中国可再生能源装机容量列世界第一，但由于缺乏核心技术往往受制于人。其三，政出多门，行业管理松散，缺乏严格的标准体系建设和长期的发展规划，政策措施常常由于产业发展面临问题的倒逼之下匆匆出台，碎片化严重，无法真正解决问题。其四，对发展可再生能源的战略性尚未达成普遍共识，各地各自为战，没有一个统一的布局，有些项目并没有建在最适宜的地区，且重复建设严重，造成效率的降低和浪费。其五，由于相当部分的光伏及风电设备出口国外，贸易保护主义的盛行使中国的产品不断遭到双反调查，严重影响了可再生能源海外市场的开拓，面临形势异常严重。其六，目前可再生能源发展面临的最大瓶颈是并网难，造成弃风、弃光、弃水现象，这严重影响了投资的积极性，阻碍了可再生能源替代的进行。尽管经过这两年的治理整顿，弃水、弃风、弃光现象得到有效缓解，2017 年水电利用率达到 96%，弃风、弃光率分别下降到了 12% 和 6%，但是东北地区及内蒙古、新疆等地弃风率偏高，新疆、甘肃的弃光率超过 20%，严重制约了可再生能源的健康发展。

（二）发展思路

1. 核电注重国内国外两个市场

中国核电建设或将进入快速发展时期，启动项目建设和加快核电“走出去”已成为政策基调。发展思路为：发展巩固国内市场，积极拓展海外市场。对内要严格按照审批程序，审批进度应参照未来中国电力需求总量，审慎抉择。同时要警惕核电发展过热造成产能过剩，适当减少国内核电建设规模。对外加快开拓国际市场步伐，形成良好的国际业绩和口碑。从世界核电发展趋势来看，世界核电市场空间广阔，发达国家与发展中国家，有核国家和无核国家，均对核电有需求。核电技术强国在加紧制定核电技术出口战略，进行战略布局和国际市场开发。中国提出的“一带一路”倡议，为建立区域核能合作组织，与沿线国家开展核电合作与交流，建立和平利用核能的平台与机制提供了良好的机遇，是中国核电“走出去”的重要突破口。

2. 可再生能源发展要控规模、调比重、优结构

一是严格控制电源新开工规模和投产规模。充分考虑中国经济新常态下的电力需求增速趋缓的变化趋势，确定开工规模，避免造成发电能力过剩，取消不具备核准条件的煤电项目，坚持高标准的环保要求，防控风险。二是提高调峰电源比重。加快抽水蓄能等调峰电源建设，将部分有条件的煤电机组改造为调峰机组（并建立相应调峰辅助服务电价机制），提升电力系统综合调峰能力，既能提高可再生能源发电消纳能力，又能提升高参数大容量煤电机组运行效率，从而提高全行业乃至全社会资产利用效率和效益。三是酌情开工水电和核电项目。相比风电和太阳能发电，水电和核电不仅同样具有良好绿色低碳性能，还有发电成本相对较低和发电容量效用高的比较优势，对拉动和稳定经济增长、促进电力结构绿色转型和低碳发展、保障电力中长期安全经济供应具有重要作用。四是加快清洁能源基地外送电通道建设以及城乡配电网建设改造。一方面可以扩大西部清洁能源在东中部的消纳市场，另一方面，配电网升级建设改造，可以满足人民生活的电能替代需求，兼顾电动汽车、充电桩以及分布式能源快速发展的接入要求①。

---

① 国家电网公司和中电联：《2016 年度全国电力供需形势分析预测报告》，http：//www. sgcc. com. cn/xwzx/nyzx/2016/02/331920. shtml。

3. **重点解决“弃水”“弃风”“弃光”问题**

可再生能源发展实现与电力系统相互适应和对接非常重要。在实现大比例接纳可再生能源发电的同时确保电力系统安全稳定运行并控制成本，是全球电力发展的共同难题。关于可再生能源发电并网与消纳，国内外已经达成的基本共识是：一个特定电力系统（电网）接纳变动性可再生能源的能力，主要取决于该系统的电源可调节能力。一个特定地区的可再生能源资源的开发规模，主要取决于其所在电网的覆盖范围。电力建设发展具有较长的周期性和路径依赖，要加快解决电力系统运行中存在的突出问题，从行业全局来统筹协调已建发电设施的合理运行问题，具体思路可以是：一是建设跨区跨省通道，扩大可再生能源发电消纳市场。二是优化系统调度运行，提高跨省区输电通道利用效率，在更大范围内解决弃水弃风弃光问题。三是建立系统调峰调频等辅助服务补偿机制或辅助服务市场，调动各类机组参与辅助服务市场的积极性。在调度计划管理方面，要求按节能调度办法优先调度可再生能源，制定科学调度运行规则，将风电、太阳能等纳入年度方式统筹，纳入月度和日前平衡①。四是加快实施电能替代，采取灵活电价机制等手段挖掘需求侧潜力，实现电力增供扩销，千方百计提高消纳可再生能源发电能力。更重要的是要转变思路，从化石能源那种大型化集中式发电模式转向分布式、非核心化的可再生能源发电模式，在有条件的地区特别是东部发达地区，推广分布式可再生能源和离网可再生能源。

4. **推动与周边国家的电网互联互通**

积极响应国家号召，推动电力走出去。一是统筹利用国内国际两种资源、两个市场，加强与“一带一路”周边和沿线国

① 蒋莉萍：《中国光伏——2014 及未来发展》，《电气时代》2015 年第 1 期。

家及地区的电力合作，促进特高压输电以及核电、火电、水电“走出去”，带动相关装备、技术、标准和管理“走出去”。二是加快中国能源互联网建设，积极推动中国与周边国家的电网互联互通。三是积极参与全球能源治理，主动参与相关国际标准制定，加强能源电力信息统计能力建设和电力信息交流。

第五章　清洁能源发展现状及展望*

向低碳经济转型是人类经济社会发展中的一次重要转变，将对全球可持续发展产生积极而深远的影响。为了应对全球气候变化，世界主要经济体正在逐步调整能源结构，大幅增加对节能、环保和减排的政策支持力度，推动节能环保、清洁能源和低碳技术等领域的技术创新与产业发展，积极发展以光伏太阳能为代表的可再生能源和核能等清洁能源，不断优化能源结构，改善生态环境，促进经济社会的可持续发展。

一　光伏太阳能发展现状及展望

（一）全球光伏市场基本情况

1. 全球市场规模继续扩大

自2010年以来，全球光伏装机容量迅速增加。21世纪可再生能源政策网络（the Renewable Energy Policy Network for the 21st Century）提供的数据显示①，全球光伏累计装机容量从2010年的40吉瓦增加到2017年的402吉瓦，六年时间增长了九倍多。2017年全球的总装机容量较上年增加了98吉瓦，增幅为29%。

---

* 本章执笔人：万军。

① REN21（the Renewable Energy Policy Network for the 21st Century），*Renewables 2018*，*Global Status Report*，2018.

从2017年国别情况来看，中国的累计光伏装机容量为131.1吉瓦，遥遥领先于其他国家，美国近年来光伏应用发展迅速，以总装机容量51.5吉瓦的规模超过了日本，日本以49.8吉瓦的总规模名列全球第三，老牌光伏大国德国则以42.4吉瓦的规模屈居第四。

从2017年各国的新增装机规模来看，中国依然是全球第一，新增装机容量为53.1吉瓦，占到了当年全球新增装机容量的54%；美国的光伏装机增长势头也十分迅猛，新增装机10.6吉瓦，中美两国的新增装机就占到了当年全球的64.8%。日本的新增装机为7吉瓦，名列全球第四。受补贴持续下降的影响，昔日全球光伏龙头德国的光伏装机增长缓慢，2017年仅增加了1.7吉瓦。发展中国家表现出了巨大的潜力，印度新增装机容量9.1吉瓦，几乎以翻番的速度在增加，占到了当年全球新增装机容量的9.3%，新增装机规模名列全球第三。

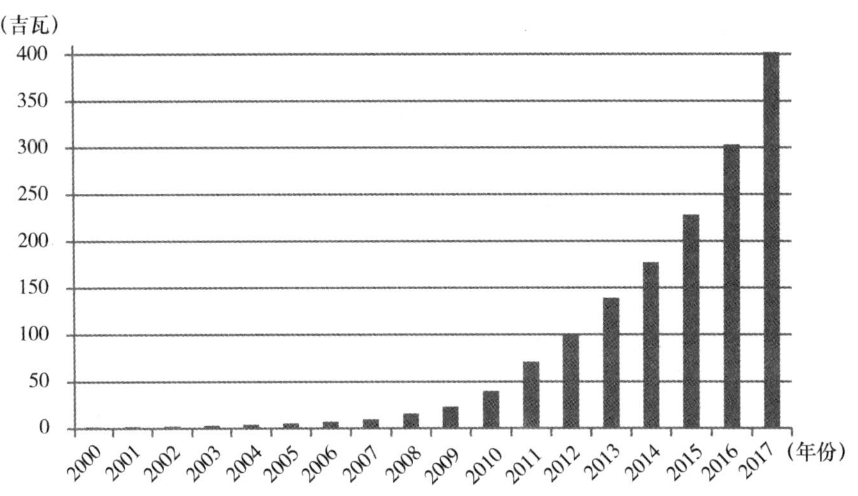

图5-1　2000年以来全球光伏装机容量的变化

资料来源：REN21、Wind资讯。

2. **发达国家光伏增长趋缓，发展中国家潜力巨大**

欧洲曾经是全球光伏应用的引领者。进入新世纪以来，在欧洲国家的拉动下，全球的光伏太阳能应用呈现爆炸性的增长。在很长一段时间里，欧洲新增和累计太阳能装机容量一直遥遥领先于其他地区，在 2013 年以前，欧洲国家在全球累计光伏装机中的占比连续多年都在 70% 以上。此后，由于受到欧洲各国政府下调上网电价、降低补贴政策的影响，欧洲太阳能市场的装机增速明显趋缓。从 2017 年欧洲各国新增装机量上看，德国增加最多，为 1.7 吉瓦；英国和法国次之，均为 0.9 吉瓦；意大利和西班牙的增量分别只有 0.4 吉瓦和 0.1 吉瓦。除德国外，其他欧洲国家均未超过 1 吉瓦，增速与上年基本持平。但从累计光伏装机容量来看，位列全球装机容量前十名的国家中有一半位于欧洲，其中，德国仅次于中国、美国和日本，位居全球第四，意大利、英国、法国和西班牙也位居全球第五至十名之列。从光伏太阳能应用的广度和深度来看，欧洲在全球仍处于领先地位，但随着中国、美国、日本、印度等国光伏太阳能市场规模的不断扩大，欧洲自 2000 年以来在全球光伏市场中占统治地位的时代已经结束，2017 年欧洲 28 国在全球累计光伏装机中的占比下降到 27%，全球光伏市场正在进入一个更加多元化的时代。

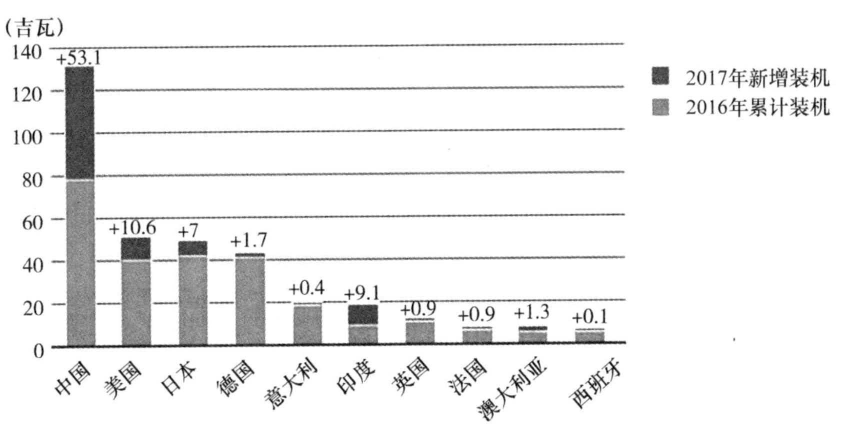

图 5－2　2017 年全球光伏累计装机容量前十名国家

资料来源：REN21，*Renewables 2018*，Global Status Report，2018。

美国和日本在2010年以后曾经出现过一轮光伏产业大跃进，双双进入了全球累计装机的前三名，但近年来两国光伏装机的增速都在放缓。美国近年来光伏装机容量增长很快，这在一定程度上得益于对光伏装机的联邦投资税收抵免政策。美国的光伏新增装机在2010年前后曾经出现过井喷式的增长，但此后增速趋于下降。由于联邦投资税收抵免政策的有效期截止到2016年，导致这一年美国出现了一轮光伏抢装热潮。2017年美国新增光伏装机容量为10.6吉瓦，增速较上年有所放缓。受FIT政策的激励，2013年日本一度出现过光伏装机的热潮，当年新增装机6.9吉瓦，较上年增加106%。但从2014年开始增速明显放缓，2014—2016年的装机增速分别为69%、49%和25%。由于日本政府已经明确表示以后光伏上网补贴将进一步减少，2017年日本的新增装机增速继续趋缓，仅为16%。

在发达国家光伏发展的步伐开始放缓的同时，发展中国家光伏应用的前景却在不断显现。很多发展中国家都在积极推进工业化，这必然会导致能源需求大幅增长，以光伏太阳能为代表的新能源以其低碳、环保而受到越来越多发展中国家的重视。不少发展中国家日照资源丰富，拥有发展光伏太阳能的得天独厚的优势，光伏发展前景非常广阔。中国已成为全球光伏装机容量最大的国家，印度近年来光伏装机规模增加很快，2011年光伏装机容量还仅为0.5吉瓦，2016年就增加到18.2吉瓦，5年时间增加了35倍。印度在2014年、2015年、2016年和2017年新增装机增速分别为45%、59%、78%和100%，2017年印度的累计装机容量已达18.3吉瓦，在全球排名第六。目前巴西的光伏太阳能装机容量也突破了1吉瓦，跻身全球前30名之列。发展中国家将成为全球光伏新增装机持续增长的主要动力。

3. 技术创新层出不穷，发电成本逐步降低

在目前的技术条件下，太阳能转化为电能主要通过太阳能电池的转换来实现。近年来，光伏产业的技术创新和生产工艺进步很快，晶硅电池（单晶硅和多晶硅）、薄膜电池（硅基薄膜、铜铟镓硒薄膜、碲化镉薄膜）已经先后大规模商业化，聚光太阳能电池和有机太阳能电池也已经面世。组件转化效率是衡量光伏太阳能电池性能的关键指标。持续的技术进步不断提升着光伏电池的光电转换效率，目前量产的晶硅电池转换效率通常在 20% 左右、实验室转换效率最高能达到 25% 以上。晶硅电池是目前市场的主流产品，其中多晶硅电池的市场份额又大大高于单晶硅电池，但单晶硅电池的转化效率较高，在转换效率和成本等因素的共同作用下，预计未来单晶硅电池的市场份额还将不断提升。尽管晶硅电池是目前光伏产品和技术的主流，但 PERC、N 型单晶等新兴技术已经开始实现量产，光伏技术正在孕育着更大的突破。随着市场对高效电池关注度的不断提升，2018 年还将有更多的创新技术脱颖而出。

技术进步将进一步降低光伏发电的成本。国际可再生能源署（IRENA）于 2018 年年初发布的《可再生能源发电成本报告》指出，2010 年以来，除了水电和地热发电以外，其他各类可再生能源的发电成本都出现了明显的下降，其中光伏发电成本降低最为迅速。2010 年大型光伏电站的全球加权平均度电成本为 0.36 美元/千瓦时，而 2017 年这一成本降至 0.10 美元/千瓦时，较之于 2010 年下降 73%。报告预计，到 2020 年光伏发电将比化石能源发电更具价格竞争力①。

（二）中国光伏市场情况

1. 光伏发电市场规模继续扩大

2017 年中国光伏产业的市场容量、新增规模和经营业绩均超出预期。在一系列扶持政策的推动下，2013 年以来中国光伏

① IRENA（International Renewable Energy Agency），*Renewable Power Generation Costs in 2018.*

市场出现了爆炸性的增长，累计装机容量和新增装机容量连续多年位居世界第一。在此基础上，2017 年中国的光伏市场规模仍在持续扩大，根据国家能源局提供的数据①，2017 年各种可再生能源的新增装机规模不一，光伏发电的新增装机遥遥领先于水电、风电、生物质发电等其他可再生能源。2017 年光伏新增装机 53. 06 吉瓦，较 2016 年的新增装机 34. 2 吉瓦增加了 18. 86 吉瓦，同比增长55%，其中，光伏电站33. 62 吉瓦，同比增加11%；分布式光伏 19. 44 吉瓦，同比增长 370%。随着新增装机的快速增长，全国光伏发电累计装机容量也大幅提升，2017 年已达到 130 吉瓦，其中，光伏电站 100. 59 吉瓦，分布式光伏 29. 66 吉瓦。光伏装机的增加推动了光伏发电量的增长，2017 年全国光伏发电量为 1182 亿千瓦时，同比增长 78. 6%。

从新增装机的空间分布来看，中东部地区的增速明显快于西部地区。华东地区和华中地区新增装机分别为 14. 67 吉瓦和 10. 64 吉瓦，同比分别增加 170% 和 70%，两个地区合计占全国的 47. 7%。而历来的装机大户西北地区的新增装机只有 6. 22 吉瓦，同比下降 36%。

2. 分布式光伏成为市场发展的新亮点

分布式光伏装机的迅速增加，这是 2017 年光伏产业发展中最引人注目的现象。从产业特性来看，分布式应用是光伏应用的发展方向。近年来，尽管鼓励分布式应用的多项产业政策相继出台，但在很长一段时间里，大型地面电站仍然是光伏投资的主要方向。这主要是因为大型光伏电站比分布式光伏应用有着更成熟的商业模式。建设一座大型光伏电站，投资者可以预先根据光照情况、上网电价、投资规模等指标参数，计算出较为确定的投资回报率。由于大型光伏电站主要分布在西部地区，

---

① 《国家能源局新闻发布会介绍 2017 年度相关能源情况等》，http：//www. nea. gov. cn/2018 -01/24/c_ 136921015. htm。

尽管这些地区日照时间充足、可用土地资源丰富，但毕竟当地经济发展水平有限，不能充分消纳光伏电站所提供的充沛电力，导致弃光率高居不下。

虽然分布式光伏的度电补贴政策已经明朗，但由于诸多因素的影响，相关的商业模式并不成熟，特别是投资回报率不够清晰，多年来分布式光伏的发展一直不尽人意。虽然分布式发电政策利好频出，但由于屋顶产权分散、统筹规划不易等实际操作中的困难，特别是当前复杂的经济形势使企业的持续经营面临着严峻的挑战，而屋顶光伏应用的回报期通常按照 20 年来测算，如此长的回报期对中小企业来说是不现实的，大大影响了它们在企业厂房屋顶安装光伏发电设备的积极性。但近年来，随着东部地区工商业用电和家庭用电需求稳步上升，以自发自用为特征的分布式光伏的优势开始凸显，在政府政策的推动下，从 2016 年开始，分布式光伏的装机增速大幅提升，2016 年和 2017 年分布式光伏的新增装机分别为 4.26 吉瓦和 19.44 吉瓦，增速分别为 207% 和 370%。分布式光伏装机在光伏装机中的占比也从 2015 年的 14% 上升到 2017 年的 23%。由于分布式光伏装机的迅速增加，2017 年光伏新增装机表现出明显的从西部地区向中东部地区转移的趋势，浙江、山东、安徽三省的分布式光伏新增装机就占到了全国的 45.7%。

表 5－1　**2013 年以来中国光伏电站和分布式光伏发展情况**　单位：吉瓦

指标	并网容量：并网光伏电站	新增并网容量：并网光伏电站	并网容量：分布式光伏电站	新增并网容量：分布式光伏电站
2013 年	16.32	12.12	3.10	0.801
2014 年	23.38	7.06	4.67	1.569
2015 年	37.12	13.74	6.06	1.39
2016 年	67.10	29.98	10.32	4.26
2017 年	100.59	33.62	29.66	19.44

资料来源：国家能源局，Wind 资讯。

3. **光伏产能不断扩大，产品价格持续下降**

经过十余年的发展，中国已成为全球最大的光伏产品生产国。中国能够生产光伏全产业链的主要产品，包括产业链上游的多晶硅和硅片，以及产业链中下游的电池片和电池组件，并且产量均居全球第一。从工业与信息化部提供的数据来看①，2017 年中国多晶硅产量 24.2 万吨，较上年的 19.4 万吨增加了 4.8 万吨，同比增长 24.7%；硅片产量 87 吉瓦，较上年的 63 吉瓦增加了 24 吉瓦，同比增长 34.3%；光伏电池产量 68 吉瓦，较上年的 49 吉瓦增加了 19 吉瓦，同比增长 33.3%；光伏组件产量 76 吉瓦，较上年的 53 吉瓦增加了 23 吉瓦，同比增长 31.7%。中国生产的多晶硅、硅片、电池片和电池组件的产量都占据了全球的半壁江山，中国依旧保持着光伏产业世界工厂的地位。

中国光伏产业在扩大产能的同时，行业技术水平也在不断提升。量产的常规单晶和多晶电池的平均转换效率已经分别达到 20.5% 和 18.8%，采用 PERC 和黑硅技术等的平均转换效率则分别提升到 21.3% 和 19.2%。技术进步和装机规模的扩大又推动了产品成本的持续下降，中国技术领先企业的多晶硅生产成本已经下降到 6 万元/吨，电池组件的生产成本降至 2 元/瓦以下，光伏发电系统投资成本降至 5 元/瓦左右，资源较好地区的度电成本已经降至 0.5—0.7 元。成本快速下降使得在未来三年左右实现平价上网成为可能。

4. **产业补贴政策将会逐渐退出**

按照国家发改委公布的光伏电站电价新政，光伏政策调整方向已经非常明确——光伏产业仍将得到一如既往的支持，但补贴也将逐渐下调、直至最终取消。对于光伏这样的新兴产业

① 工业与信息化部：《2017 年我国光伏产业运行情况》，http：//www.miit.gov.cn/n1146290/n4388791/c6031974/content.html。

而言，在行业起步之初，普遍存在着技术变革剧烈、市场需求有待引导等问题，政府补贴对于产业成长大有裨益，可以帮助产业链不甚完善的新兴产业获得成长的机会。但经过多年的扶持，产业规模日益增长、上下游产业链基本成型、企业自生能力不断加强，继续提供优厚的补贴通常被认为不利于企业积极进取，因此，在行业发展进入快车道后，补贴减少将是不可逆的趋势。

（三）全球光伏发展展望

近年来，人类活动导致全球气候变暖的问题引起了国际社会的广泛关注。2013 年 9 月以来，政府间气候变化专门委员会（IPCC）陆续发布了气候变化报告第五次评估各工作组报告。报告指出，要想实现温控目标，就要实现对全球温室气体的大幅减排，在 2050 年要将温室气体排放减少到 2010 年水平的 40%—70%，到本世纪末减至近零①。2015 年年底在巴黎召开的联合国气候变化大会上，《联合国气候变化框架公约》的 197 个缔约方经过长时间的讨论，最终达成了《巴黎协定》，这是继 1992 年《联合国气候变化框架公约》、1997 年《京都议定书》后第三份关于气候变化的国际协议，也是《京都议定书》以来第二份具有约束力的国际协定。《巴黎协定》明确了全球共同应对气候变暖的长期目标是：把全球平均气温升幅控制在工业化前水平以上低于 2℃之内，并努力将气温升幅限制在工业化前水平以上 1.5℃之内。只有大力推广使用低碳能源，才可能实现上述目标。2010—2029 年，化石能源开采和发电领域的年投资量

① 张晓华、祁悦等：《IPCC 第五次评估报告第一工作组主要结论分析解读》，国家应对气候变化战略研究和国际合作中心网站，2013 年 10 月 12 日。张晓华、傅莎、祁悦：《IPCC 第五次评估第三工作组报告主要结论解读》，国家应对气候变化战略研究和国际合作中心网站，2014 年 7 月 2 日。

将下降20%（300亿美元左右），而可再生能源、核能等低碳能源领域的年投资规模将增加100%（1470亿美元左右）。这就要求发达国家和发展中国家将承担共同但有区别的责任，推动节能环保、新能源和低碳技术等领域的科技创新与发展，不断优化能源结构，大力发展清洁能源。

目前人类社会的能源消费结构是以消耗煤炭、石油、天然气等化石能源为主，在全球共同应对气候变暖的背景下，现行能源结构在未来将逐渐发生改变。作为既可再生又清洁的能源，太阳能利用有很大的发展前景。近年来，随着各国的政策鼓励和技术进步的推动，各国的光伏产业发展很快，光伏太阳能在能源结构中的地位不断提升。按照21世纪可再生能源政策网络提供的数据，2017年全球新增发电装机容量中有70%来自可再生能源，较上年的63%又有了大幅提升。可再生能源增长最快的领域是光伏发电。2017年光伏装机容量较上年增加了29%，全球累计光伏装机容量已达402吉瓦。未来光伏市场仍有巨大的发展空间。国际能源署IEA在《世界能源展望2017》中按照三种不同的情景对包括光伏在内的可再生能源发展进行了预测①。在现行政策情景下，即在只考虑主要能源生产国和消费国业已确定的能源政策，而不考虑相关国家近期倾向性的承诺、规划和可能的重大举措对中长期能源发展影响的情况下，2025年、2030年和2040年全球光伏太阳能的装机容量将分别达到807吉瓦、1027吉瓦和1416吉瓦，2040年在发电结构中的占比将达到12%，年均增长率为6.7%。从光伏发电来看，2025年、2030年和2040年全球光伏太阳能发电量分别为1096太瓦时、1460太瓦时和2192太瓦时，在电力消费结构中的占比将达到5%，年均增长率为8.6%。在新政策情景下，即考虑到各国所有与能源相关的现行战略与政策的贯彻

① IEA, *World Energy Outlook 2017*, November 2017.

执行，以及各国近期对未来发展的规划倾向、承诺和可能的重大措施实施结果对中长期能源发展的影响，则2025年、2030年和2040年全球光伏太阳能的装机容量将分别达到939吉瓦、1295吉瓦和2067吉瓦，2040年在发电结构中的占比将达到17%，年均增长率为8.4%。从光伏发电来看，2025年、2030年和2040年全球光伏太阳能发电量分别为1264太瓦时、1867太瓦时和3162太瓦时，在电力消费结构中的占比将达到8%，年均增长率为10.3%。在可持续发展情景下，即考虑到各国为实现联合国可持续发展目标中与能源相关的目标，就气候变化问题采取坚决行动、到2030年时实现普及现代能源、大幅减少空气污染等对中长期能源发展的影响，则2025年、2030年和2040年全球光伏太阳能的装机容量将分别达到1188吉瓦、1846吉瓦和3246吉瓦，2040年在发电结构中的占比将达到25%，年均增长率为10.4%。从光伏发电来看，2025年、2030年和2040年全球光伏太阳能发电量分别为1629太瓦时、2732太瓦时和5265太瓦时，在电力消费结构中的占比将达到15%，年均增长率为12.6%。

BP对光伏太阳能发电的前景也比较乐观。按照BP的预测①，在渐进转型情境下，即考虑到可再生能源补贴在20世纪20年代逐渐退出将对能源中长期发展的影响，2040年可再生能源将占到新增发电量的50%以上，年均增速达7.5%。随着技术进步和政府激励政策的发展，太阳能发电的增长速度在不断加快，装机容量和组件成本之间形成了良性循环，累计装机容量每增加一倍，组件成本将下降24%，促使发电成本进一步降低，也使得光伏发电更具成本竞争力。在推进可再生情境下，即考虑到政府对可再生能源的补贴价格持续到2040年对中长期能源发展的影响，2040年新增发电量中可再生能源占

① BP, *Energy Outlook 2018*, 2018.

比将达到90%以上，可再生能源在总电力来源中的占比也将超过40%。

尽管不同机构对太阳能等可再生能源未来发展潜力的具体预测值有所不同，但它们都认为，中国将对全球可再生能源尤其是光伏太阳能的发展起到巨大的推动作用。中国正在积极推动能源结构转型，并在可再生能源领域开展了大量投资，在全球可再生能源发展方面处于全球领先地位。IEA认为，在现行政策、新政策及可持续发展三种情景下，2040年中国可再生能源在发电装机容量中的占比将分别达到44%、57%和69%，其中光伏发电装机的占比将分别占到14%、22%和25%；2040年中国可再生能源在电力结构中的占比将分别达到29%、42%和60%，其中光伏发电的占比将分别占到5%、10%和14%。中国将占到世界新增太阳能光伏装机的1/3。BP也认为，随着中国光伏装机容量和发电量的迅速增长，将极大地推动可再生能源的应用，促进中国的能源转型。

二 全球核电发展格局及展望

核能是一种低排放、高效率的清洁能源，曾经被视为化石能源最有希望的替代者。如果将1954年苏联的奥布宁斯克核电站投入运营视作核能民用化的开始，那么核能发电的历史已逾六十年。但日本福岛核事故的发生，使人们对核电的安全性产生了疑虑，各国纷纷重新审视和调整本国的核能发展计划，全球核能发展一度进入低潮期。是继续发展核电还是逐渐放弃核电，成为各国能源政策不可回避的选择。随着巴黎协定的签订和实施，向低碳绿色经济转型已经成为各国面临的共同选择，核能以其突出的技术经济特征以及在低碳减排方面的积极作用，正在重新引起不少国家的重视。

（一）全球核电发展基本情况

1. 全球核电机组数量稳中有升

根据国际原子能机构提供的数据①，截止到2017年年底，全球处在运营状态的核电机组为448台②，总装机容量为391721兆瓦；59台核电机组正在建设之中，总装机容量为60460兆瓦；当年各国核电总发电量为2502.9太瓦时（Tw-h）。核电发电占全球发电总量的10.6%③。

近年来，在一些国家开工新建核电机组的同时，也有些核电机组因服役期太长等原因被关闭。2016年全球有10台新建核电机组实现并网发电，新增装机容量为9531兆瓦，而总装机容量为1405兆瓦的3座机组则被迫退役。

2. 拥有核电站的国家遍及五大洲

从核电站的空间分布来看，截至2017年年底已经拥有在运核电站的国家共有30个，全球五大洲均有核电站。从地区来看，欧洲地区有18个国家拥有在运核电机组，在五大洲中居首；亚洲、北美和拉美地区拥有在运核电机组的国家数分别为6个、2个、3个，非洲则只有南非一个国家拥有核电机组。从国家来看，截至2017年年底美国有99台核电机组仍在运营，是全球在运核电机组最多的国家，紧随其后的是法国，拥有58台。日本的可运核电机组共有42台，但福岛核事故后大部分被关闭。以金砖国家为代表的新兴经济体的核电建设虽然起步较晚，但发展很快。中国的目前在运核电机组数量已经高达39

---

① IAEA, Nuclear Power Reactors in the World, 2018 Edition. May 2018.

② 包括日本可运核电机组42台。

③ 核电发电在全球发电总量的占比为2016年数据，参见IAEA, Energy, *Electricity and Nuclear Power Estimates for the Period up to 2050*, 2017 Edition。

台，俄罗斯、印度、巴西和南非的在运核电机组数量分别为35台、22台、2台和2台。

进入21世纪以来，随着全球电力需求的持续增长，以及能源短缺和环境保护的双重挑战，核能作为一种清洁能源，又重新引起了各国的关注。不少国家纷纷提出了核电发展计划。截止到2017年年底，在16个国家共有59台核电机组正在建设之中，其中新兴经济体的在建核电机组数量明显高于发达国家。中国的在建机组数量为18台，遥遥领先于其他国家。俄罗斯和印度均以7台并列第二。

3. 核电在部分国家的电力来源中占有重要地位

作为一种重要的清洁能源，2017年核电发电量在年总发电量中占比超过30%的国家共计12个，全部都位于欧洲，其中法国是占比最高的国家，高达71.6%，紧随其后的是乌克兰（55.1%）、斯洛伐克（54%）、匈牙利（50%）和比利时（49.9%）。尽管美国的核电站数量名列全球第一，但2017年核电在美国总发电量中的比例仅为20%，这表明美国的电力来源较为多样化。

4. 压水堆是目前核电机组的主流堆型

自核电投入商业化至今，核电技术已经历了三代的演进，每一代技术更新都会带来安全性能的大幅提升。作为目前全球在运核电站的主流，第二代核电机组经过几十年的持续运营和不断完善，总体来说是非常安全的。按照国际原子能机构提供的数据，从目前全球在运核电机组的主要技术类型来看，全球在运的448个核电机组中有292个是压水堆（PWR），所占比重为65.2%，其总装机容量为274843兆瓦；沸水堆（BWR）为75个，装机容量为72941兆瓦；重水堆（PHWR）49个，轻水冷却石墨慢化堆（LWGR）15个，气冷堆（GCR）14个，快堆（FBR）3个。压水堆技术经过几十年的发展已经日趋成熟，成为目前核电反应堆的主流堆型。

表 5-2 2017 年年底全球核电概况

国家	在运核电机组		在建核电机组		2017 年核能发电	
	机组数量（台）	净装机容量（兆瓦）	机组数量（台）	净装机容量（兆瓦）	发电量（太瓦时）	占总发电量比重（%）
阿根廷	3	1633	1	25	5.7	4.5
亚美尼亚	1	375			2.4	32.5
孟加拉国			1	1080		
白俄罗斯			2	2220		
比利时	7	5918			40.2	49.9
巴西	2	1884	1	1340	14.9	2.7
保加利亚	2	1926			14.9	34.3
加拿大	19	13554			95.1	14.6
中国	39	34514	18	19016	232.8	3.9
捷克	6	3930			26.8	33.1
芬兰	4	2769	1	1600	21.6	33.2
法国	58	63130	1	1630	381.8	71.6
德国	7	9515			72.2	11.6
匈牙利	4	1889			15.2	50
印度	22	6255	7	4824	34.9	3.2
伊朗	1	915			6.4	2.2
日本	42	39752	2	2653	29.3	3.6
韩国	24	22494	4	5360	141.3	27.1
墨西哥	2	1552			10.6	6.0
荷兰	1	482			3.3	2.9
巴基斯坦	5	1318	2	2028	8.1	6.2
罗马尼亚	2	1300			10.6	17.7
俄罗斯	35	26142	7	5520	190.1	17.8
斯洛伐克	4	1814	2	880	14	54
斯洛文尼亚	1	688			6.0	39.1
南非	2	1860			15.1	6.7
西班牙	7	7121			55.6	21.2

续表

国家	在运核电机组		在建核电机组		2017 年核能发电	
	机组数量（台）	净装机容量（兆瓦）	机组数量（台）	净装机容量（兆瓦）	发电量（太瓦时）	占总发电量比重（%）
瑞典	8	8629			63.1	39.6
瑞士	5	3333			19.6	33.4
乌克兰	15	13107	2	2070	80.4	55.1
阿联酋			4	5380		
英国	15	8918			63.9	19.3
美国	99	99952	2	2234	805.6	20
全球（a）	448	391721	59	60460	2502.9	10.6

注：（a）全球总计中包括中国台湾以下数据：在运机组 6 台，总装机容量位 5052 兆瓦；在建机组 2 台，总装机容量为 2600 兆瓦；核电全年发电量为 21.6 太瓦时，在总发电量中占比为 9.3%。

资料来源：IAEA：*Nuclear Power Reactors in the World*，2018 Edition，May 2018。

（二）各国核电发展政策的变化

1. 美国对发展核能仍然持积极的态度

美国是世界上核电机组最多、核电装机容量和核发电能力最大的国家。根据国际原子能机构提供的数据，截至 2017 年年底，美国正在运营的商用核电机组共 99 座，当年美国核电发电量为 805.6 太瓦时，在总发电量中所占比重为 20%。美国在 20 世纪六七十年代曾出现过一轮核电站建设的高潮。但三里岛核电站发生事故之后，自 20 世纪八十年代以来，美国一直未曾批准新建核电站。近年来，美国对核电的态度有了新的变化。奥巴马政府曾在 2014 年 5 月发布的《全方位能源战略：通往经济可持续增长之路》中提出，应鼓励包括核能在内的各种清洁能源的发展。与奥巴马倾向于发展新能源的战略不同，特朗普政府更重视充分利用化石能源的潜力，甚至为此不惜退出巴黎协定。由于美国的核能商用体系相当成熟，因此，继续发展核能也成为特朗普政府综合能源战略的组成部分。

针对历次核事故所暴露出的安全隐患，美国提出了“先进轻水堆型用户要求”文件，对核电机组的安全性提出了更高的要求，设定了更高的标准，从而推动了针对如何预防和缓解严重事故的深入研究，在此基础上设计出了AP 1000等第三代核电机组。第三代核电机组采用了非能动的安全体系，其安全性要大大强于第二代核电机组，这为美国重启核电建设提供了安全保障。为了促进经济复苏和改善就业，2012年美国核管制委员会批准了采用AP 1000技术的沃格特勒（Vogtle）核电站3号、4号机组的建造和运营联合许可证，这是美国34年来首次批准新建核电机组。由于该项目耗资大、工期长，自开工以来一直处在争议之中。2017年9月，美国能源部向该项目提供了37亿美元的有条件的贷款担保，为项目的继续进行提供了资金保障。但由于该项目建设成本已经大大超出预算，并且承建方西屋电气公司濒于破产，这个美国目前唯一的在建核电项目的前景仍值得关注。

2. 欧洲各国对待核电的态度出现明显分化

欧洲也是全球核能应用的重镇，但近年来一些国家却在去核化的道路上渐行渐远。德国在弃核问题上态度坚决。核电在德国的电源结构中一直占有重要的位置，2011年德国还拥有17台核电机组，核电贡献了总发电量中的将近1/4。但在福岛核电站事故发生后，德国政府宣布2022年前关闭国内所有的核电站。目前德国国内运营的核电机组已经减少到了7台，核电在电力消费结构中的比重也下降到了11.6%。比利时等国也纷纷准备告别核电。另一个核能大国法国对弃核则是态度犹豫。法国是目前全球核能依赖度最高的国家，2017年核电占全国电力供应的比例高达71.6%。在欧洲一些国家纷纷宣布逐步放弃核电的背景下，一直坚定拥核的法国也不得不调整核电政策，希望减少对核电的依赖。2015年法国颁布的《能源转型法》规定，到2025年，核能占法国能源结构的比重将从当时的75%左右下降至50%。但即便如此，届时核电仍将是法国最大的电力来源。

但欧洲也有不少国家对发展核电态度积极。作为最早设计建造核电站的国家，俄罗斯一直大力推动核电发展。2014 年，俄联邦能源部发布的《2035 年前俄罗斯能源战略草案》提出，要将核电在电力构成中的比重从当前的 16% 增加到 2035 年的 22%—23%。俄罗斯还积极开拓海外核电市场，希望以此改变过度依赖石油天然气的单一出口模式。英国也开始积极发展核电。随着北海油气资源趋于枯竭，英国不得不加快向低碳经济转型的步伐。核电作为一种重要的清洁能源，在英国的电力供应中发挥了重要作用，核电占到总发电量的 19.3%。但目前正在运行的核电站日益老化，在 2030 年左右都将到期退役，这对英国未来的电力供应将产生严重影响。因此，近年来英国对发展核电态度积极。2017 年 11 月 27 日，英国商业、能源和工业战略部发布的《工业战略：建设适应未来的英国》白皮书（*Industrial Strategy: Building a Britain Fit for the Future*）明确指出，核能是英国能源结构的重要组成部分，发展核能部门对于提高生产力、推动经济增长具有重要意义。英国政府批准了中英法三方合作的欣克利角 C 项目，这是英国近 20 年来建设的首座核电站。由于电力短缺已经成为影响东欧国家经济发展的制约因素，迫使这些国家积极推动核电站建设，以缓解电力供给的不足，目前白俄罗斯、乌克兰、斯洛伐克等国正在新建 6 台核电机组。对于曾经坚定主张弃核的瑞士、瑞典等国来说，由于核电站退役和放射性废弃物管理的成本过于高昂，近年来在核电问题上的立场也开始有所缓和。

3. 日本的核电政策面临着巨大的挑战

日本是一个资源能源都非常贫乏的国家，核电在日本的能源结构中占有非常重要的地位。日本在 2010 年制定的《能源战略计划》中还雄心勃勃地提出，要将核电占比从 2010 年的 26% 提高到 2030 年的 45%。但福岛核电站泄漏事故不仅沉重打击了日本核电产业，也在很大程度上影响了决策者和公众对核电未来前景的看法。当时执政的民主党政府迫于国内压力，一度要求提供了日本发电总量近1/3的所有核电机组全部停运。由于夏季用电高峰时期电力供应不足，日本曾在2012年7月重启大饭核电站3、4号机组，但2013年9月再次关停。核电站全部停止运营会导致电力供应短缺，推动供电价格上升，进而推升生产成本，因此日本产业界一直坚决反对“零核电”政策，要求重启核电，迫使安倍政府不得不重新调整能源规划。在2014年4月日本发布的《第四次能源基本计划》中，虽然提出应当尽量减少对核能的依赖程度，但仍然强调核能是重要的基荷电源，2030年核电发电量仍应占总发电量的20%—22%。

在产业部门的压力下，安倍政府在2015年以后先后重新启动了五座核电机组，分别是位于鹿儿岛县的九州电力公司（Kyushu）川内核电站1、2号机组、位于福井县的关西电力公司（Kansai）高滨核电站3、4号机组以及位于爱媛县的四国电力公司（Shikoku）伊方核电站3号机组。2017年年底，福井县政府同意再度重启关西电力公司大饭核电站的2座反应堆。但产业界对核电站重启的速度仍不满意，认为加快重启核电对日本的经济增长、能源成本和低碳环保都会产生重要的影响。按照2017年7月底日本能源经济研究所（IEEJ）发布的《日本2018财年经济和能源展望》报告估计，较之于目前仅有5台核电机组运行的情况，如果在2018年年底之前能够再重启5台机组，将使得日本的国内生产总值增加5000亿日元、化石燃料进口支出减少5000亿日元、二氧化碳排放量降低2.7%①。但日本民间反核组织影响巨大，对核电重启工作构成了很大制约，使其进展非常缓慢，导致日本电力供应结构中的核电占比已经

① エネ研が2018年度の需給見通しを発表、「原子力再稼働のペースは3Eの改善を左右」，http://www.jaif.or.jp/170728-1/。

从2010年的29.2%下降到了2017年的3.6%。

4. **发展中国家对核能的兴趣不减**

尽管发达国家发展核电的步伐有所放缓，但发展中国家对于核电利用则普遍热情很高。核能作为一种技术成熟的低碳能源，在基本不增加碳排放的前提下，能够在一定程度上满足发展中国家快速增长的电力需求。中国作为最大的发展中国家，近年来在核电领域取得了长足的进展。根据中国核能行业协会提供的数据，截至2017年12月31日，中国已有37台核电机组投入商业运行，运行装机容量达到35807.16兆瓦；在建核电机组数量世界第一；2017年核能发电量为2474.69亿千瓦时，约占全国总发电量的3.94%，同比增长约17.55%①。按照《十三五规划纲要》，到“十三五”末，中国核电运行装机容量将达到5800万千瓦，在建机组达到3000万千瓦以上，机组总数将达到世界第二。在装机容量不断增加的同时，中国的核电技术也跃上了新台阶，以“华龙一号”为代表第三代核电技术已成为推进实施“中国制造2025”的标志之一。按照2016年9月底英国政府与法国电力公司、中广核签署的英国新建核电项目一揽子合作协议，英国布拉德维尔B项目（BRB项目）将采用“华龙一号”，这表明中国具有自主知识产权的核电技术已经开始进入发达国家核电市场。

印度一直致力于成为全球核电大国。随着印度经济的快速增长，电力短缺和环境污染问题日益突出，发展核电已成为印度能源政策的重要选项。按照前总理辛格于2009年宣布的核电发展规划，2050年印度的核发电能力将达到4.7亿千瓦，较当时的核发电能力扩大12倍，核电将占整个电力供给的25%。在现任总理莫迪的积极推动下，印度与法国、美国、日本、俄罗斯等核电

① 中国核能行业协会网站：《2017年1—12月全国核电运行情况》，http://www.china-nea.cn/html/2018-01/39914.html。

大国签署了一系列核电合作协议。2017 年印度运营的核电机组有 22 台，核电总发电量为 34.9 太瓦时，核电在国内电力供给中的比重仅为 3.2%，未来还有很大的发展空间。此外，在东南亚、南亚、非洲、拉美等地区，也有不少国家对发展核电表现了浓厚的兴趣。即使在石油资源十分丰富的中东地区，阿联酋、沙特阿拉伯等国家为了推动能源供给的多元化，也开始涉足核电建设。发展中国家正在成为全球核电发展的主战场。

表 5－3　**部分国家的核能政策**

国家	核能政策
美国	2014 年 5 月，美国白宫发布的《全方位能源战略：通往经济可持续增长之路》提出，美国实行全方位能源战略，鼓励包括核能在内的各种清洁能源的发展
法国	2015 年法国颁布的《能源转型法》提出，核能占法国能源结构比重将从目前的 75% 左右下降至 2025 年的 50%
德国	德国将于 2022 年前关闭国内所有的核电站
英国	2008 年 1 月，英国发布《直面能源挑战：核电白皮书》，肯定核电在英国未来能源结构的地位。2016 年 9 月，英国政府批准了中英法三方合作的欣克利角 C 项目，这是英国近 20 年来建设的首座核电站
日本	2014 年 4 月，日本发布的《第四次能源基本计划》认为，核能仍然是重要的基荷电源。目前国内绝大多数核反应堆仍处于停运状态，日本政府试图重启核电站，但迫于民众压力，重启工作进展缓慢
韩国	按照《第二期国家能源基本计划案（2013—2035 年）》，核电在能源结构中所占比例将从 26.4% 提升到 2035 年的 29%
俄罗斯	俄联邦能源部在 2014 年发布的《2035 年前俄罗斯能源战略草案》提出，要将核电在电力构成中的比重从当前的 16% 增加到 2035 年的 22%—23%。俄罗斯一直积极开发海外核电市场
中国	按照《十三五规划纲要》，到“十三五”末，我国核电运行装机容量将达到 5800 万千瓦，在建机组达到 3000 万千瓦以上
印度	2009 年宣布的核能发展计划显示，到 2050 年印度的核发电能力将达到 4.7 亿千瓦，占整个电力供给的 25%
巴西	2015 年 4 月，巴西矿业与能源部部长表示，巴西 2030 年将建成 4 台新核电机组
南非	南非是目前非洲唯一拥有核电的国家。按照《2010—2030 年南非综合资源计划》，南非将在 2030 年前建成装机容量 9600 MW 的核电。但 2016 年 11 月公布的能源产业新计划草案指出，新的核电发展计划将推迟到 2037 年之后

资料来源：媒体报道，世界核能协会 WNA（the World Nuclear Association）网站。

（三）世界核能发展展望

尽管福岛核事故给全球核电产业发展造成了很大的冲击，但作为一种低排放的清洁能源，核能在未来全球能源结构中仍然会拥有一席之地。自《巴黎协定》签署以来，发达国家和发展中国家都在为实现减排目标履行着共同而有区别的责任，积极推动能源结构的转型，减少高排放的化石能源的使用。核能作为一种低排放的清洁能源，依然得到了不少国家特别是发展中国家的重视。既要推动经济的快速发展，又要实现所承担的低碳减排目标，能够全天候提供清洁能源的核能就成为很多发展中国家能源利用清单中的重要选项。按照国际能源署 IEA 的预测①，在现行政策和新政策情境下，核能发展较为平稳，但在可持续发展情景中，核能将得到较快发展。在现行政策的情境下，核电发电量将从 2015 年的 2591 太瓦时增加到 2025 年的 3218 太瓦时和 2040 年的 3825 太瓦时，2040 年核电将占电力供应的 9%，核能发电年增长率为 1.6%；核电装机将从 2015 年的 404 吉瓦增加到 2025 年的 450 吉瓦和 2040 年的 513 吉瓦，年均增速为 0.9%；在新政策情境下，2025 年和 2040 年核电发电量将分别达到 3217 太瓦时和 3844 太瓦时，2040 年核电将占电力供应的 10%，核能发电年增长率为 1.6%；核电装机将增加到 2025 年的 448 吉瓦和 2040 年的 516 吉瓦，年均增速为 0.9%；但在可持续发展情景中，由于核能得到更多的重视，核电发电量的预测值要高于前两种情境，2025 年、2030 年和 2040 年核能发电量将分别达到 3531 太瓦时、4295 太瓦时和 5345 太瓦时，核能发电年增长率为 3%，增速较前两种情景要快近一倍；2040 年核电将占电力供应的 15%。核电装机也将增加到 2025 年的 491 吉瓦和 2040 年的 720 吉瓦，年均增速为 2.3%，增速较前两

① IEA, *World Energy Outlook 2017*, November 2017.

种情景要高出 1.5 倍。

按照国际原子能机构的预测①，在低发展情境下，即当前影响核电的政策、市场、技术等情况不变的情况下，全球核电装机容量将会有所下降，2030 年和 2040 年的装机容量将分别下降到 345 吉瓦和 332 吉瓦，较目前的装机容量将分别下降 12% 和 15%，核电装机容量在总电力装机容量中的比重也将从 2016 年的 5.86% 分别下降到 3.52% 和 2.88%，这意味着全球核电的扩张将会放缓。但随着发展中国家的核电发展，2050 年左右全球核电装机容量将增加到 382 吉瓦，基本恢复到目前水平。尽管核电装机容量有所下降，但核能发电基本保持稳定，2030 年、2040 年和 2050 年核能发电量分别为 2684 太瓦时、2634 太瓦时和 3079 太瓦时，较 2016 年分别增长 8%、6% 和 24%，核能发电在总电力结构中的占比也分别为 7.76%、6.22% 和 5.99%。而在高发展情境下，2030 年和 2040 年世界核电装机容量将达到 554 吉瓦和 717 吉瓦，比目前水平分别增加 42% 和 83%，2050 年将达到 874 吉瓦，较目前增加 124%。核电装机容量在总电力装机容量中的比重也将逐渐上升，从 2030 年的 5.63% 增加到 2040 年的 6.22% 和 2050 年的 6.77%。核能发电量也将出现加快增长，2030 年、2040 年和 2050 年将分别比 2016 年增加 73%、130% 和 184%，核能发电在总电力结构中的占比也将分别达到 12.4%、13.43% 和 13.7%，较 2016 年出现明显上升。

随着一些国家老化的核反应堆陆续退役，以及部分发达国家宣布逐渐退出核电，发展中国家将成为全球核能发展的主要推动力量。尤其是中国在未来全球核电发展中将起到关键作用。按照国际原子能机构提供的数据，2017 年全球在建核电站共计 59 座，其中有 18 座在中国，占全球在建核电站的 31%。

---

① IAEA, *Energy, Electricity and Nuclear Power Estimates for the Period up to 2050*, September 2017.

根据 IEA 的预测[①]，在现行政策、新政策和可持续发展三种情境下，2030 年中国的核电装机容量分别为 105 吉瓦、111 吉瓦和 149 吉瓦，核能发电量分别为 784 太瓦时、835 太瓦时和 1104 太瓦时，较 2015 年都有着大幅增加。到 2040 年，三种情境下核能发电在电力结构中的占比将分别为 9%、11% 和 17%。尽管 IEA 并不看好核电的发展前景，但 IEA 仍然认为，中国将会积极发展核电并成为全球核电建设的领军国家，到 2030 年时中国会超越美国，成为全球核能发电量最大的国家。

① IEA, *World Energy Outlook 2017*, November 2017.

第六章　海洋能开发与利用现状及展望*

地球表面约 2/3 的面积被海洋覆盖，浩渺的海洋在一系列物理、化学的作用下，蕴蓄着大量的海洋能。与陆地上的能源资源开发程度相比，人类对海洋能的勘探、开发和利用还处于初级阶段。随着陆地上可开采资源量的快速缩减以及生态环境的约束性逐步加强，未来海洋能的开发和利用对于人类社会的可持续发展意义重大。

一　世界海洋能开发利用现状

（一）海洋能定义及研究综述

1. 海洋能的定义

目前学术界和产业界尚无权威的关于海洋能的定义，广为使用的是广义和狭义两种界定方式。广义的海洋能是指海洋中存在的能源，包含海洋中蕴藏的能源和海洋中产生的能源。曾恒一、史丹等认为，海洋能包含海洋石油、海洋天然气、天然气水合物（可燃冰）①、海洋可再生能源（狭义的海洋能源）

---

* 本章执笔人：张春宇、李芳。

① 对于可燃冰是否为可再生能源，科学界仍然存在争议。国家发展改革委、国家能源局印发的《能源发展“十三五”规划》，将可燃冰列入天然气中进行规划，据此，本章将可燃冰相关内容归类于海洋非可再生能源中进行阐述。

等。狭义的海洋能是指由海洋滋生、海水运动产生的能量，包括潮汐能、波浪能、盐差能、海（潮）流能、温差能、海洋生物能等。也有学者认为，更广义的海洋能还应包括海洋表面的风能和太阳能。国家海洋标准计量中心的王宝森、国家海洋技术中心的王项南等学者都持这一观点。从能量形式来看，潮汐能、潮流能和波浪能是机械能，温差能属于热能，盐差能则是化学能。狭义的海洋能也有“海洋新能源”“海洋可再生能源”等称谓，这些称谓主要与海洋非可再生能源（石油、天然气、可燃冰等）相区分。

国家海洋局发布的《海洋可再生能源发展“十三五”规划》中明确指出，海洋可再生能源包括海洋潮汐能、潮流能、波浪能、温差能、盐差能、生物质能和海岛可再生能源等。基于此政策文件，本章所论及的海洋能概念，既包括海洋石油、天然气、可燃冰等不可再生资源，也包括风能、潮汐能等可再生资源。

2. 国内外研究综述

随着人们对海洋能的关注度不断提高，国内外关于海洋能的研究成果也越来越多。2014 年以来，世界能源领域出现了两个显著的变量因素：一是油气价格大幅下跌，在新一轮低价水平上寻求均衡，油企盈利水平明显下滑，给高投入、高风险、长周期的海洋能（特别是海洋油气）开发带来了更大的压力；二是以《巴黎协定》为代表，全球对气候、环境变化的重视程度日益提高，使得海洋可再生能源的开发热情高涨。能源领域的学者们立足新背景，更广泛和深入的探讨海洋能的开发和利用问题。

在海洋油气资源方面，有关低油价下的海上油气资源开发的新技术、效率、环境影响等问题的研究不断增多。李怀印、党学博①指出，世界海上油气勘探开发正在走向更深、更远、更

① 李怀印、党学博：《世界深水油气田水下技术应用研究》，《石油机械》2016 年第 10 期。

恶劣的环境条件，而低油价的长时间延续使更多的海上油气项目难以达到经济极限，急需依靠技术进步降低成本、提升开发效果。在油气公司迫切的需求与工程技术公司强大的研发投入的双重作用下，水下技术必将得到快速发展。在海洋油气开发的效率方面，Tuong-Van Nguyen 等①对海上油气作业平台的七种能源效率措施进行了评估，结果发现，这些措施有助于将油气作业平台节能和碳减排的水平提升 15%—20% 不等。T. S. Grimsrud 等②指出，当前油气公司不但面临着低油价及提高效率的挑战，还面临着减排的压力。为了提高企业的环境绩效、维护股东权益、增强管控全球环境风险的能力，提出了一种三步走的综合性方案，以便同时监测向大气和海洋排放的污染，识别潜在的环境影响与风险。除海洋油气资源外，可燃冰因其储量大、开发利用潜力可观，成为世界诸多国家能源战略的重要关切，越来越多的专家学者开始从技术、成本、环境影响等方面对可燃冰的开发和利用进行探讨。

在海洋可再生能源方面，有关海洋可再生能源开发和利用现状、产业发展的政策环境等问题的研究大量涌现。麻常雷等③指出，过去两年，国际海洋能技术在潮流能、波浪能、温差能等方面取得了一系列重要的进展，国际潮流能技术正迈向商业化应用阶段；国际波浪能技术基本处于示范运行阶段，可靠性、

---

① Tuong-Van Nguyen, Mari Voldsund, Peter Breuhaus, Brian Elmegaard, "Energy efficiency measures for offshore oil and gas platforms", Energy, Volume 117, Part 2, 15 December 2016.

② T. S. Grimsrud, Ø Endresen, T. R. Nissen-Lie, O. W. Brude, T. Jensen, "A Cost-Efficient Approach To Reducing Environmental Impact: Cost-Efficient Improvements to Environmental KPIs for Offshore Oil and Gas", Offshore Mediterranean Conference and Exhibition, 29 - 31 March, Ravenna, Italy. 2017.

③ 麻常雷、夏登文、王萌、张多：《国际海洋能技术进展综述》，《海洋技术学报》2017 年第 4 期。

生存性等关键技术仍是制约波浪能技术发展的瓶颈；而国际温差能技术仍处于核心技术突破阶段，其冷水管技术、平台水管接口技术、热力循环技术以及整体集成技术等方面仍存在一定问题。关于中国的海洋能技术发展，史宏达、王传崑①研究指出，当前中国尚不具备大规模开发潮汐能的条件，温差能与盐差能由于发展基础较弱，也尚未达到实用化阶段。波浪与潮流能成为中国当前海洋能开发的主流。海洋能开发的技术难度高、资金投入大，离不开政府政策的引导与扶持。Johnn Andersson 等②对瑞典海洋能发展历程的考察发现，在制约技术创新的诸多因素中，政策导向的透明度是一个重要因素。相比于海洋能政策相对完备的西方国家，中国的海洋能政策发展滞后。许丹等③的研究发现，中国海洋能政策包含在可再生能源政策体系之中，截至目前，关于海洋能的政策体系还远不够完善。Yen-Chiang Chang 等④也认为，目前中国海洋可再生能源的开发与利用没有明确的法律基础和法律保障。中国政府还没有为海洋可再生能源的大规模开发提供制度性支持，这导致中国海洋能产业发展缓慢。为更好地促进海洋可再生能源的开发和利用，中国政府应该优化行政管理体制，加强税收等金融监管，注重可持续发展，形成相对完善的促进和保障体系。

---

① 史宏达、王传崑：《我国海洋能技术的进展与展望》，《太阳能》2017 年第 3 期。

② Johnn Andersson, Eugenia Perez Vico, Linus Hammard, Björn A. Sandén, "The critical role of informed political direction for advancing technology: The case of Swedish marine energy", Energy Policy, Volume 101, February 2017, pp. 52 – 64.

③ 许丹、刘崇明、王欣、朱永强、杨名舟：《海洋可再生能源政策研究》，《绿色科技》2015 年第 8 期。

④ Yen-Chiang Chang, Nannan Wang, "Legal system for the development of marine renewable energy in China", Renewable and Sustainable Energy Reviews, Volume 75, August 2017.

总体来看，近年来有关海洋能的研究成果都或多或少的考虑到了油气价格变动及气候、环境变化的因素，但是，将海洋中传统的油气资源与海洋可再生能源纳入到同一框架下进行研究的文献尚不多见。在中国下决心加大海洋能源资源开发力度的背景下，十分有必要将海洋中的各类能源统一在一个框架体系内开展相关研究，一方面有助于得到创新性的研究成果，另一方面有助于实现统筹规划，以促进海洋能的全面、可持续开发。

（二）海洋油气及可燃冰的开发和利用状况

1. 海洋油气

海洋油气的勘探开发是陆地油气勘探开发的延续，其发展经历了一个由浅水到深海、由简易到复杂的长期过程。近年来全球获得的重大油气勘探发现中，近 50% 来自深水。[①] 海上油气开发的历史并不长，但发展迅速。美国是世界上最早开始海上石油钻探和开采的国家，始于 1887 年，1920 年首次发现海上油田（加利福尼亚海岸的亨廷滩油田），1947 年实现商业化开采。20 世纪 50 年代以前，世界上仅有美国、委内瑞拉、苏联等少数几个国家开采海上石油资源，50 年代以后才实现了更大范围的海上勘探和开发；1963 年，全球从事海上油气勘探和开发的国家已经增加到了 42 个。20 世纪 60 年代，世界海洋油气产量约为 100 万桶/天，到 2005 年已经增长至约 2500 万桶/天；2012 年，海洋油气产值已占世界海洋经济总产值的 60%。

从资源储量来看，海洋石油资源累计探明储量约 400 亿吨，约占全球石油资源量的 34%。值得注意的是，海洋石油的探明率较低，仅 30% 左右，仍处于勘探早期阶段，未来不排除实现

---

① 一般而言，水深小于 500 米为浅海，大于 500 米为深海，1500 米以上为超深海。

勘探储量爆发式增长的可能。从资源的地理分布来看，大陆架海域的油气资源约占全球总资源量的60%，是油气资源富集的地区；另外，大陆坡深水、超深水域的油气资源约占全球资源量的30%，潜力也十分可观。从海上石油勘探开发的区域分布来看，目前基本上形成了三湾、两海、两湖的格局。“三湾”系指波斯湾、墨西哥湾和几内亚湾，“两海”系指北海和南海，“两湖”则系指里海和马拉开波湖。

从海洋石油产量来看，北海海域的石油产量及增速曾一直高居各海域之首，但由于长期大量开采，2000年达到峰值产量3.2亿吨后，产量逐渐下降。与这一下降趋势相反，墨西哥湾、巴西、几内亚湾等海域的石油产量则以年均5%的速度快速增长，其中，墨西哥湾的产出成绩最惹人注目，未来数年有赶超北海、成为世界最大产油海域的趋势。除了上述区域外，波斯湾的石油产量也相当大，虽然增长缓慢，但其年产量基本保持在2.1亿—2.3亿吨的较大规模水平。在世界海洋石油产量中，北海海域的石油产量及其增长速度一直居各海域之首，2000年产量达到峰值的3.2亿吨，之后逐渐下降。波斯湾海上石油产量增长缓慢，年产量保持在2.1亿—2.3亿吨，墨西哥湾、巴西、几内亚湾等海域的海上石油产量增长较快，年均增长超过5%，墨西哥湾可能在未来数年超过北海，成为世界最大的产油海域。

值得一提的是，近年来，转向深水已经成为海洋油气开发领域的另一个明显趋势。最直接的表现就是全球深水油气勘探开发投资占海洋油气勘探开发投资比例不断提升以及深水钻井作业的持续升温。未来几年，墨西哥湾、巴西和几内亚湾的深水油气勘探开发的投资前景被普遍看好，并会引来大量投资；同时，亚洲地区的海上油气勘探开发投资增幅也有望达到20%。预计未来几年，墨西哥湾、巴西和几内亚湾这三个世界主要深水油气勘探开发区域的投资将会显著增加，亚洲地区的海上油气勘探开发投资增幅也有望达到20%。

2. 可燃冰

可燃冰的学名为天然气水合物（Natural Gas Hydrate），是分布于深海沉积物或陆域的永久冻土中，由天然气与水在高温低压条件下形成的类冰状的结晶物质，是一种公认的清洁能源。20 世纪 30 年代，可燃冰第一次在远东地区的天然气输送管道内被发现；对其进行勘探则始于 20 世纪 60 年代末，美国、英国、德国和加拿大率先对可燃冰进行了系统研究；但直到 20 世纪 70 年代初，苏联学者才最早论证了地壳中可能存在可燃冰生成带，并可形成大型的商业性气田，而后在陆地冻土带首先发现了第一个具有商业开采价值的可燃冰气田——麦索亚哈气田。20 世纪 80 年代以来，世界多国都对可燃冰调查勘探和研究方面给予了高度重视，并从能源储备战略角度考虑，制定了长远发展规划和实施计划，形成了全球可燃冰研究热潮。截至 2007 年，美国、日本、印度、中国、韩国先后通过国家级研发计划开采到水合物实物样品，确认了可燃冰的矿藏分布。

据估计，全球可燃冰的总资源量约 2100 万亿立方米，相当于已探明和使用过的煤、石油和天然气总资源量的两倍，可以满足人类相当长时间的使用需求。可燃冰分布广泛，在大洋与大陆上均有分布。从其主地理分布来看，在大西洋海域，主要分布在墨西哥湾、加勒比海、南美东北陆缘、非洲西部陆缘以及美国的布莱克海台等区域；在西太平洋，主要分布区域为白令海、鄂霍次克海、千岛海沟、冲绳海槽、日本海、四国海槽、日本南海海槽、苏拉威西海和新西兰北部海域等区域；在东太平洋海域，主要分布区域为中美洲海槽、加利福尼亚滨外和秘鲁海槽等；其他的分布区域还包括但不限于印度洋的阿曼海湾、南极地区的罗斯海和威德尔海，以及北极地区的巴伦支海和波弗特海，以及大陆内部的黑海和里海等地区。

可燃冰储量如此巨大，但截至目前，全球尚无任何一个国家实现了可燃冰的商业化开采。一方面，可燃冰勘测、开采、运输的技术难度很高，尚难以实现经济性开发利用。全球可燃冰研发活跃的国家主要有中国、美国、日本、加拿大、韩国和印度等，然而，美国、加拿大曾在陆地上进行的试采并未产生理想的效果。日本2013年在南海海槽的试采则因出砂问题而失败。2017年4月，日本在同一海域进行第二次试采，再次因出砂问题而中止产气。中国于2017年5月在南海神狐海域试开采成功，但是距离商业化开采仍有较长距离。另一方面，可燃冰开发利用可能引发的生态环境问题也备受关注。可燃冰的甲烷成分能够产生10倍于二氧化碳的温室效应气体，再加之全球海底可燃冰中甲烷总量数千倍于大气中的甲烷量，如若甲烷不慎泄露，后果不堪设想。此外，可燃冰提取后，可能导致海底沉积物的物理性质发生变化，使海底软化而造成海底滑坡、毁坏海底工程设施等不良影响。因此，各国在开采可燃冰的日程设计上不得不慎之又慎。

（三）海洋能的开发和利用

1. 潮汐能

潮汐能是指因月球和太阳引力的变化引起的海水周期性的涨落而产生的势能。潮汐能发电技术的研究始于欧洲，距今已有百年历史，是海洋能开发利用中最为成熟的技术。根据世界能源会议《1992年能源资源调查报告书》，全世界潮汐能可开发量为10亿—11亿千瓦，年发电量约12400亿千瓦时。

1921年，德国建造了世界上第一座实验性小型潮汐电站——布苏姆潮汐电站。1967年，法国投入巨资建成朗斯潮汐电站，装机容量24万千瓦，年发电量为5.44×108千瓦时，这是世界上第一个商业性潮汐电站，开启了人类利用海洋能的新时代。1984年，加拿大建成安纳波利斯潮汐电站，总装机容量19万千瓦，安装了当时世界上单机容量最大的贯流式水轮发电机组，年发电量约45亿千瓦时。韩国于2011年建成了世界最大的潮汐电站——始话潮汐能发电站，装机容量25.4万千瓦，于2011年8月投产运行，年均发电量接近5亿千瓦时。目前，俄罗斯、加拿大、英国和韩国正计划建设超大型潮汐电站，预计到2030年，世界潮汐电站的年发电总量将达到6×10^{10}千瓦时。

2. **波浪能**

波浪能是指由于太阳能的不均匀分布导致空气流动，进而在海面产生的短周期波所储存的势能和动能。波浪能技术主要包括振荡水柱式、振荡浮子式和越浪式等，先后经历了装置发明、实验室试验等阶段；目前已基本进入了实海况示范试验阶段，但尚未具备商业化运行条件。

法国人吉拉德父子最初于1799年提出了波能装置专利。20世纪60年代，日本成功研制了航标灯用波浪能发电装置，这是世界首例波浪能利用商业化产品。自20世纪70年代第一次石油危机发生以来，波浪能开发引起了世界范围内的高度重视，许多海洋大国积极开展相关研究，其中英国、美国、日本和挪威等国家的研究走在了前列。80年代，各国又相继建成了20余个波浪能转换装置，其中最具代表性的是由日本、美国、英国、加拿大和爱尔兰共同建造的“海明”号波能发电船，总装机容量1259千瓦，可向岸边输送电力。进入21世纪，波浪能的研究和开发取得了快速发展。英国发明了目前世界上装机容量最大的波能发电装置，将其命名“海蛇”（Pelanmis）。在葡萄牙北部海岸，这种装置已经投入商业化运行，并且以实现500千瓦电力为建设目标，力争满足35万个家庭的用电需求。除此以外，小功率的波浪能发电技术也取得了一定成果，其中，西班牙Mutriku电站、澳大利亚CETO电站是典型代表。这些成果为波浪能技术的深入发展提供了经验。

3. **潮流能**

潮流能是指流动的海水所具有的动能，主要指海底水道和海峡中由于潮汐导致的有规律的海水流动。全球范围内的潮流能理论估算储量为500—1000吉瓦，主要集中在群岛地区的海峡、水道以及海湾的狭窄入口处。国际上对于潮流能的研究始于20世纪70年代，近年来潮流能技术发展迅速，发电装置基本完成了全比例样机实际海况测试，单台机组最大功率已经超过1兆瓦，已经进入了商业化运行阶段。

美国是世界上最早开展潮流能技术研究的国家。1973年，美国科学家莫顿首先提出了“科里奥利”系统，开启了潮流能开发的实质性进程。1974年，美国在佛罗里达海流中试验运行了小型伞式水轮机；1985年，在墨西哥湾海域和纽约市东河吊桥分别试验了2千瓦和20千瓦的潮流发电装置；2002年，启动了RITE工程，计划历时10年安装30台水下潮流发电机组，输送电力10兆瓦。英国是目前世界上潮流能发电技术最先进的国家。20世纪90年代初，英国在欧盟的资助下开始了潮流能发电技术的相关研究；1994年，在苏格兰近海试验了水下风车式水平轴潮流发电装置；分别于2003年和2008年投入运营了300千瓦的Sea Flow型潮流能发电机组和1.2兆瓦的Sea Gen型潮流能发电机组；2016年，英国在设得兰群岛Bluemull海峡布放了首台Nova M－100涡轮机组，成为英国海域最早实现商业化并网发电的潮流能机组。

4. 海上风能

风能是由于太阳辐射导致地球表面受热不均，并因其大气层中压力分布不均，从而使空气沿水平方向流动所形成的动能。与陆地风能相比，海上风能具备资源丰富、产能大、不占土地、环境影响相对较小等优势，这使得海上风能具备大规模发展的可能。风力发电已经成为现代风能资源开发利用的主要方式，除此以外，海上风能还广泛应用于船舶助航、提水、灌溉、风力致热等工程。

近些年，得益于大型风机投资成本下降，海上风电取得了迅速发展的成绩，2011—2015年的近五年时间里，在全球实现了年均30%的装机增速。无论是从装机容量来看，还是从产业发展来看，欧洲都是世界海上风电发展的中心，但其占全球的比重也在逐渐下降，北美洲、亚洲正在成为全球海上风电发展的新兴市场。截至2016年，全球14个国家或地区的海上风电装机量达到14384兆瓦，其中欧洲的十个国家占全世界总装机的88%（约12631兆瓦）。英国是最大的海上风电国家，装机能力占世界的36%；其次是德国，占世界的29%；中国超越丹麦成为世界第三大海上风电装机大国，占世界的12%；丹麦占世界的8.8%；其他重要的风电装机国家还依次包括芬兰、爱尔兰、西班牙、日本、韩国、美国和挪威等。另外，得益于产业成熟度的不断提高、技术和管理的进步、投资者信心的提升、新一代6—8兆瓦级大风机（Vestas公司的更高功率的V-164型9兆瓦级风机）的引入和应用等因素，离岸风电价格在欧洲多地出现大幅下降，有些地区甚至低于在岸风电价格。不难看出，未来几年海上风电发展将继续保持良好势头。

5. 温差能和盐差能

温差能是指蕴藏在表层温海水和底层冷海水之间的热能，是蕴藏量最大的海洋能。按现有技术水平预估，可以转换为电力的温差能约有10000太瓦时/年（TWH/a）。印度、日本、韩国、美国等国家比较重视发展海洋温差能技术，并取得了一定成果，但尚未达到商业化水平。2012年，印度在米尼科伊岛（Minicoy）建造了日产淡水约100吨的温差能海水制淡示范电站。2013年，日本在冲绳岛建成50千瓦温差能电站。2013年，韩国建成20千瓦温差能试验电站。2015年，美国在夏威夷启动了100千瓦闭式循环海洋温差能转换装置，这是美国首个并网的温差能电站，能够满足该州120户家庭年用电需求。

盐差能是指海水和淡水之间或两种含盐浓度不同的海水之间的化学电位差能，其理论蕴藏量约为1650太瓦时/年。1973

年，以色列科学家洛布首先试验了浓差能发电装置。随后，日本、美国、瑞典、荷兰、挪威等国相继开展了研究工作，但仍处于理论基础研究和实验阶段。2009 年，挪威建成了全球首个 10 千瓦盐差能示范装置。2013 年，荷兰和日本合作建设了 50 千瓦基于反向电渗析原理的盐差能示范电站。

二　海洋能发展的国际经验

英国、美国、日本等发达国家在海洋能的开发和利用上走在世界前列。这些国家的海洋资源丰富，海洋油气开采、海洋能开发和利用技术成熟，在发展的过程中积累了很多成功经验，值得学习和借鉴。

（一）英国海洋能开发和利用的经验

英国是传统海洋强国，海洋能技术成熟、基础设施健全、发展理念先进、政策相对完备，是全球海洋能开发和利用的领跑者。其中，政府推动、市场竞争及国际合作是英国开发和利用海洋能的成功经验。

1. 政府是海洋能开发和利用的重要推动者

英国先后于 1990 年制定了《海洋科技发展战略》，2002 年实施了《可再生能源义务法令》，2010 年、2011 年连续发布了《海洋能源行动计划 2010》和《英国海洋能源规划》，通过实施这些战略性规划和法规，将海洋能产业发展提升到了国家战略的高度。同时，针对海洋能开发风险大、成本高、投资回收慢等问题，英国政府持续为相关机构提供各类资金支持。

2. 营造开放、竞争的市场环境

英国政府实施了“引进海洋能领域具有世界先进技术的外国企业，重振制造业”的战略，陆续引入了一批有实力的外资企业。在风电产业领域，英国给予了外资充分的准入机会，使得外资企业能够公平参与英国风电市场。德国西门子公司和丹麦维斯特公司几乎占领了英国电力市场份额的 90% 就是最好的例证。另外，通过公平的竞争环境，多国公司参与到英国的风电开发中，比如，美国通用公司在英国设立风力发电涡轮工厂、中国南通中远船舶钢结构有限公司参与英国海上风能开发等，使得英国风电市场主体也不断多元化。竞争性市场建设和市场结构优化，不仅发挥了实力雄厚的大型企业的辐射带动作用，还激发了中小型企业的创新变革能力，形成了企业优势互补的局面。

3. 全面开展国际技术合作

英国不断加大与世界海洋能强国之间的国际合作。比如：在能源互联方面，与欧洲其他国家合作建造海底电缆，实现北海海上风电资源的共享；在开发合作方面，同加拿大共同开发芬迪湾海洋能项目；在技术研究方面，也同美国、澳大利亚等国开展了技术合作研究。广泛的国际合作为英国搭建了良好的海洋能开发领域的交流平台，不仅可以承接更多国外的先进技术，还可以通过输出本国优势技术获得更多的资源，这为英国海洋能的开发和利用提供了广阔的空间。

（二）美国海洋能开发和利用的经验

针对海洋能产业的管理机制和法律规章，美国已经建立起较为完善的制度体系，并且，非常重视海洋能开发与利用的统筹管理。

1. 设立专门的海洋资源管理机构

美国矿产管理处是美国海洋能源的管理机构，其职责是管理沿海区域内近岸的可再生能源。2005 年修订的外大陆架（Outer Continental Shelf，OCS）法案，授予美国矿产管理处多项权利，包括享有向外大陆架上签订契约、从事除石油和天然气以外的能源生产、运输等权利。通过立法为行政机构管理海洋能提供了法律依据，使其职责范围更加明确，体现了“权由法定”的原则。另外，美国非常重视海洋能开发造成的环境影响，由国家海洋与大气局行使海洋资源开发和环境保护等职能，保障海洋能开发和利用的可持续性。

2. 出台系列相关法规与发展规划

为了保障海洋资源得到合理利用，美国政府于1972年颁布了《海岸带管理法》和《海洋保护、研究和自然保护区法》。另外，2010年，美国政府发布了《美国海洋水动力可再生能源技术路线图》，系统地阐述了未来20年海洋新能源产业的发展路径和方案；计划到2030年，用于商业的海洋能装机容量达23吉瓦。另外，美国十分注重长期规划的制定，规划制定过程公开公正，引入了公众参与和监督制度，提高了海洋资源开发项目的透明度。

3. 给予财政金融支持

为鼓励海洋能的开发和利用，美国通过生产税抵免和加速折旧，吸引开发者投资；通过公共效益基金制度，为可再生能源研发、可再生能源设备安置进行激励或奖励，并向相关企业提供贷款。该基金主要来源是按照零售电力价格直接提取相应比例（1%—3%）的资金以及部分企业的专门捐款。

职责明确的管理机构、较全面的政策规划以及配套的财政金融支持，形成了较为完善的统筹管理体制机制，为美国高质量、高效率的开发和利用海洋能提供了坚实的保障。

（三）日本海洋能开发和利用的经验

日本国土面积狭小，能源资源匮乏，油气等能源基本依赖进口。作为海洋国家，向海洋要能源是日本实现能源安全的重大国家战略，试图通过加强技术研发和技术输出，来保障本国的能源需求。

1. 依靠技术输出换取油气进口

日本在海洋能领域的科学研发十分活跃，技术水平较高，在全球海洋能市场竞争中表现出一定的优势。凭借技术研发优势和技术输出战略，日本形成了以海洋油气技术开发为主，加强与其他产油国战略合作的特色海洋油气产业模式。日本通过输出海洋油气开发技术，换取石油进口，在一定程度上弥补了国内资源的匮乏。

2. **重视培育研发能力**

日本在海洋能开发和利用方面起步较早，注重科研投入。20 世纪 50 年代，日本先后成立了海洋科学技术中心和海洋深层水利用研究会，主要从事与海洋相关的科学技术研究。1993 年，日本实施了“新阳光计划”，进一步推动温差发电研究工作，1993—2020 年，对包括海洋能在内的新能源研究与开发投入 150 亿美元。2013 年，日本通过了《海洋基本计划》，提出加强海洋能开发的重点是运用尖端技术，并将可燃冰视为未来日本的“国产能源”。得益于全国上下的高度重视和持续的研发投入，日本已经进入可燃冰试开采阶段，在全球处于领先地位。同时，日本也非常重视海洋专业人才的储备，很多日本大学都设立了海洋相关专业和学部，并建立了多家研究所，培养了大批海洋专业人才。可燃冰、海上风力发电和近海稀土开采是未来日本海洋能研究、开发和利用的重点。

从英国、美国和日本等几个海洋能开发和利用领先国家的发展经验来看，强大的研发能力、政府的大力支持与推进、市场的开放和结构优化以及广泛的国际合作等是海洋能产业发展的重要举措，这些举措为中国发展海洋能产业提供了可资借鉴的经验。

三　中国海洋能开发和利用的进展

中国是海洋大国，拥有 3.2 万多千米的海岸线（包括岛屿岸线）和 300 万平方公里的海洋国土，海洋能资源总量近 30 亿千瓦，开发潜力巨大。“十二五”时期，中国海洋能开发和利用取得了显著的进步，但是受限于经济发展水平和技术水平，中国对海洋资源的开发和利用仍显滞后，除了油气、波浪能、潮汐能、海上风能获得一定的开发和利用外，其他种类海洋能的开发和利用尚处于研究和试验阶段，亟须进一步深化发展。

（一）海洋油气及可燃冰开发和利用进展

1. 海洋油气

中国的海洋石油勘探始于20世纪60年代，1982年国务院发布《中华人民共和国对外合作开采海洋石油资源条例》后，海洋石油工业率先全方位对外开放。在对外合作中，中国的海洋石油工业迅速壮大。中国海洋石油总公司（中海油）是中国海上油气勘探开发的主体，中国石油化工集团公司（中石化）和中国石油天然气集团公司（中石油）为两家辅助公司。过去5年，中海油国内外油气年产量超过1亿吨，国内累计生产原油2.1亿吨，成为全球第三、中国最大的LNG（液化天然气）贸易商。目前，中国的海洋石油工业体系已经趋于完整，并且海洋石油勘探开发技术及其相关的工程技术也逐步在世界领先。得益于技术进步，中国的海洋石油生产已经位居世界大国行列。

渤海海上石油开采是中国海洋石油开发最重要的阵地。1967年，我国海上第一口探井“海一井”出油，拉开了渤海油田生产史的序幕。目前，渤海油田仍是中国最大的海上油气田，至2015年年初，已经连续五年超额完成3000万方（渤海油田1方约合0.925吨）产量目标，占中国海洋油气产量的一半以上。2016年第四次石油资源评价结果显示，中国海洋石油资源量和天然气资源量在全国石油资源总量中的占比分别为24%和27%。其中，南海作为世界四大海洋油气聚集区之一，油气资源极为丰富，有“第二个波斯湾”的称号。南海油气资源储量“以气为主，以油为辅”，其中70%蕴藏于深水区。从目前已发现的油气田规模来看，油田一般为中小型，而多数气田规模巨大。未来南海共同开发的实现，将使中国油气增储上升到一个更高点，成为中国实现能源安全和经济安全的最重要的依仗。

2. **可燃冰**

近年来，中国海洋能领域取得的重大突破之一是可燃冰的试开采。2017 年 5 月 18 日，中国在南海神狐海域成功试采可燃冰，成为世界上首个在海域连续稳定产气的国家。中国成功实现试开采目标，刷新了世界可燃冰开采技术的记录，中国开始引领世界可燃冰开采技术的进步。中国的可燃冰资源主要分布南海和东海海域、青藏高原冻土区，地质资源量约为 102×10^{12} 立方米，比常规天然气地质资源量多约 400×10^{8} 吨标准煤，具有大规模发展的潜力，也具备成为未来主流清洁能源的资源基础。然而，鉴于可燃冰开采的经济性和安全性，海域可燃冰试采成功只是万里长征迈出的关键一步，距离商业化开采仍然有很长的路要走。

（二）中国海洋能开发和利用进展

中国关于海洋能开发和利用的研究始于20 世纪50 年代，最初只是针对潮汐能的开发进行研究。从 1986 年开始，海洋能调查的范围拓展到沿岸的波浪能、潮流能资源。国家海洋局于 2004 年组织了“我国近海海洋综合调查与评价”专项（“908 专项”），首次对中国近海海域的海洋能资源进行了全面普查。中国近海岸潜在的海洋能资源量约 15.8×10^{8} 千瓦，其中，技术可开发量高达 6.5×10^{8} 千瓦。中国海洋能开发从“十二五”时期才逐步取得实质性进展，潮汐能、波浪能、潮流能、海洋风能领域均取得了一定的成绩（见表 6 - 1），但温差能、海洋生物质能、盐差能等的开发利用尚处于起步阶段。

表 6 - 1 中国近海海洋可再生能源资源统计表

序号	能源	潜在量 理论装机容量/ × 10^4 千瓦	技术可开发量 装机容量/ × 10^4 千瓦
1	潮汐能	19286	2283
2	潮流能	833	166
3	波浪能	1600	1471
4	温差能	36713	2570
5	盐差能	11309	1131
6	海洋风能	88300	57034
合计		158041	64655

资料来源：国家海洋技术中心编著：《中国海洋能技术进展 2014》，海洋出版社 2014 年版，第 14—15 页。

注：（1）潮汐能统计范围包括中国 10m 等深线以浅海域的潜在量和技术可开发量；（2）潮流能统计范围包括中国近海主要水道的潜在量和技术可开发量；（3）波浪能统计范围包括中国近海岸 20km 一带潜在量和技术可开发量；（4）温差能统计范围包括中国南海区域表层与深层海水温差≧ 18 ℃水体蕴藏的能量；（5）盐差能统计范围包括中国主要河口潜在的和技术可开发的资源量；（6）海洋风能统计范围包括中国近海 50m 等深线以浅海域的潜在量和技术可开发量。以上统计，均不含台湾省。

1. **潮汐能**

中国的潮汐能资源主要集中在东海沿岸，最富集的区域位于浙江、福建沿海。在中国所有海洋能的开发和利用中，潮汐能技术最为成熟，基本实现了商业化运行。20 世纪 50 年代，中国就开始兴建 50 余座潮汐电站。但受技术能力和规划水平的限制，大部分潮汐电站因选址不当、设备落后或通航矛盾等原因停止了运行；截至 2014 年，仅有浙江的江厦和海山潮汐电站仍在运行。其中，江厦潮汐电站是中国第一座潮汐能双向发电站，装机规模位居世界第 4 位。截至 2017 年 1 月，江厦潮汐电站 1 号机组已累计发电 245 万千瓦时。进入 21 世纪的第二个十年，中国先后开展了健跳、乳山口等多个潮汐电站的可行性研究，有可能加快推进潮汐电站建设进程。

2. **波浪能**

中国蕴含波浪能资源的区域被划分为丰富区、较为丰富区、可利用区及贫乏区四个级别。其中，福建南部、广东东北部、海南西南部及台湾大部分沿海区域的资源蕴藏量最大，为资源丰富区。与国际水平相比，中国的波浪能研究、开发和利用的起步较晚，始于20世纪70年代，80年代后步入快速发展轨道。虽然波浪能技术仍处于示范试验阶段，但也取得了一系列发明专利和科研成果。比如，在波浪能发电导航灯标方面的技术，中国达到了国际领先水平，并已向海外出口；另外，在发电装备的研发与试验方面，中国也取得了一定进展，截至2017年2月，由中海工业有限公司和中国科学院联合研制的100千瓦鹰式波浪能发电装置工程样机累计发电已经超过3万千瓦时。

3. **潮流能**

中国的潮流能分布相对集中，其中，约一半以上的潮流能（潜在量）集中在杭州湾口和舟山群岛海域。从20世纪80年代末开始，历经三十余年的开发与技术研究，中国主要的潮流能发电技术已全面进入海试阶段。特别是近年来，潮流能发电技术研发成绩喜人，相继有十余项潮流能发电试验装置的研发获得成功。2010年，浙江大学研制了60千瓦半直驱水平轴潮流发电系统，获得八项国家发明专利，海试累计运行时间超过一年，与海洋风能建立了多能互补系统；2016年，浙江舟山联合动能新能源开发有限公司研建的LHD林东潮流能发电项目总功率达3.4兆瓦，首批安装的4台机组1兆瓦模块并网发电。至同年年底，实现累计发电17万度。在世界兆瓦级潮流能并网发电的里程碑中，中国成为第三个实现技术突破的国家，正式跻身世界先进水平。

4. **海洋风能**

中国的陆上风能资源技术可开发量约2.5×10^{8}千瓦，海洋风能储量是陆上风能资源的3倍左右。但沿海地区的海洋风能分布很不均匀，其中海洋风能年发电能力最强的是山东省，其次是江苏、广东、辽宁和福建。中国海上风电产业起步较晚，2009年以前尚无海上风力发电厂，直到2010年，首座海上风力发电厂

“东海大桥风电场”方建成使用；2013 年，中国海上风力发电已建成的项目容量达到 42.86 万千瓦。近几年，天津、河北、辽宁、江苏、浙江、福建、广东、海南等省市先后重点建设了 44 个海上风电项目，不断加大对海上风电开发的支持力度。2016 年，中国海上风电装机容量达 1627 兆瓦，《能源发展“十三五”规划》提出的目标是 2020 年实现海上风电装机 5 吉瓦。

5. **其他海洋能资源**

中国的温差能、海洋生物质能、盐差能等都尚处于实验室原理试验阶段，在海洋能专项资金和国家政策的支持下，正在开展一系列探索性的研究和试验。比如，2012 年，国家海洋局第一海洋研究所研究员刘伟民率领团队成功研制出 15 千瓦温差能发电装置；海洋微藻生物柴油规模化制备技术已获得两项实用新型专利；中国海洋大学启动的“盐差能发电技术研究与试验”项目正在推进中。

表 6－2 **中国海洋能主要电站情况**

电站类型	站名	所在省份	建成及运行情况	装机容量/千瓦（kW）
潮汐电站	江夏潮汐电站	浙江	1980 年首台机组并网发电，正在运行	初始装机 3200kW，2007 年扩容至 3900kW，2012 年 1 号机组扩容单机容量由 500kW 增至 700kW
	海山潮汐电站	浙江	1975 年建成，正在运行	初始装机容量 250kW，目前正在增容 2×250kW
	健跳潮汐示范电站	浙江	完成可行性研究	2×10^4kW
	乳山口 4×10^4kW 潮汐电站	山东	完成可行性研究	4×10^4kW
	八尺门万千瓦级潮汐电站	福建	完成可行性研究	预计装机月 3.6×10^4kW
	马銮湾万千瓦级潮汐电站	福建	完成可行性研究	2.4×10^4kW
	瓯飞潮汐电站	浙江	完成可行性研究	45.1×10^4kW

续表

电站类型	站名	所在省份	建成及运行情况	装机容量/千瓦（kW）
波浪能电站	大管岛多能互补示范电站	山东	2011 年 9 月波浪能开始发电，2012 年 12 月因维修停止运行	总装机功率为 105kW（波浪能 30kW、风能 60kW、太阳能 15kW），每天能淡化海水 5 吨
	大万山岛多能互补示范电站	广东	2013 年 4 月波浪能发电装置成功试运行	电站总装机容量 500kW，其中波浪能装置 300kW，风机 200kW
	嵊山岛多能互补示范电站	浙江	2015 年 7 月通过验收	电站由 300kW 波浪能装置，25kW 太阳能热发电系统、150kW 风机、100kW 生物质能发电装置以及海水淡化装置组成
	大万山岛波浪能独立电力系统示范工程	广东	2014 年完成工程样机总调试，正准备海试	不详
潮流能电站	斋堂岛多能互补示范电站	山东	200kW 漂浮式水平轴潮流能装置和 200kW 固定式水平轴潮流能装置分别于 2013 年 8 月和 2013 年 11 月进行海试	电站总装机容量 500kW，由 300kW 潮流能装置、150kW 风机以及 50kW 太阳能发电系统组成
	2 × 300kW 海洋能独立电力系统示范工程	浙江	2013 年 12 月起，开展海试	2 × 300kW
	舟山岱山海域潮流能并网电力示范工程	浙江	2016 年，首批安装的 4 台机组并网发电	1×10^3kW
海洋风能	东海大桥风电场	上海	2010 年正式建成，我国首座海上风力发电厂	1.02×10^5kW
	2009—2016，海上风电装机规模增长迅速，截至 2016 年，海上风电装机容量达到 1627 兆瓦，我国超越丹麦成为第三大海上风电装机国家			
其他能源	温差能、海洋生物质能、盐差能等的开发利用尚处于起步阶段			

资料来源：笔者根据国家海洋技术中心编著《中国海洋能技术进展 2014》，海洋出版社 2014 年版及相关期刊、新闻资料等整理。

总体来看，中国的潮汐能技术实现了商业化的开发利用，波浪能、潮流能技术进入了示范应用和商业化开发的阶段，温差能和盐差能技术研究也取得了阶段性成果。随着海洋能相关规划及政策的不断完善，“十三五”时期中国的海洋能开发和利用将不断取得新的突破。

（三）中国海洋能规划与政策进展

1. 海洋油气领域

基于油气资源对国民经济发展的重要性，海洋油气开发在中国能源规划中一直处于重要的战略地位，相关的政策和规划一直在不断完善，为海洋油气开发迈向世界先进水平提供了政策保障。

在“十二五”取得的一系列海洋能领域重大成果的基础上，“十三五”时期，中国仍将继续加大对海洋能的勘探和开发力度。《能源发展“十三五”规划》中指出，要加强海上石油基地开发，积极稳妥推进深水石油勘探开发；在推进鄂尔多斯、四川、塔里木气区持续增产的同时，加大海上气区勘探开发力度，积极开展可燃冰勘探，优选一批勘探远景目标区。规划还指出，要建设一批包含1500米以下深海油气开发、大型超大型海上风电、多能互补分布式发电、海岛微网、深层高温干热岩发电、海洋潮汐发电、可燃冰探采在内的示范工程。中国的油气体制改革也在持续进展中，2017年5月，中共中央、国务院印发的《关于深化石油天然气体制改革的若干意见》，有助于进一步理顺油气领域的企业、市场、政府之间的关系，促进油气市场的健康发展。

2. 海洋能领域

随着能源结构调整步伐的加快，以及对海洋经济开发力度的增强，中国对海洋能开发和利用的重视程度得到不断提升。进入21世纪以来，中国先后出台了一系列推动海洋能开发和利用的政策文件，从制度保障、财政支持等多个角度，促进可再生能源的开发。2006 年，《中华人民共和国可再生能源法》开始实施，仅仅时隔三年后，再次进行了修订。《中华人民共和国可再生能源法》第一章总则对可再生能源范围的界定中指出，可再生能源是包括海洋能在内的非化石能源，为海洋能的开发奠定了政策基础和制度保障。2009 年的《中华人民共和国可再生能源法（修正案）》不仅对 2006 年的部分条款进行了修改，也对原有内容进行了细化，同时也陆续出台了相关配套政策法规。2008 年，《全国科技兴海规划纲要（2008—2015 年）》进一步明确了发展海洋事业的指导思想、基本原则，并且指出要重点推进海洋可再生资源利用技术产业化，开展潮汐能、波浪能、海流能等创新和转化应用。以上这些是推动海洋能技术创新应用的较早且较为明确的规划。

2010 年起，中国逐步加大对海洋能开发和利用的支持力度，相关的战略规划密集出台，资金支持措施相继到位。2011 年、2013 年，国家海洋局联合相关部门先后印发《国家“十二五”海洋科学和技术发展规划纲要》《海洋可再生能源发展纲要（2013—2016）》，为更好的开发和利用海洋能提供了重要的政策支持和制度保障。2016 年至今，国务院及国家相关部委相继发布了《海洋可再生能源发展“十三五”规划》《可再生能源发展“十三五”规划》《“十三五”国家科技创新规划》和《“十三五”国家战略性新兴产业发展规划》等一系列国家战略规划，极大地推动了海洋能产业发展及技术自主创新。

在资金支持方面。2010 年 5 月，财政部和国家海洋局制定了《海洋可再生能源专项资金管理办法》，设立了海洋可再生能源专项资金，为海洋可再生资源的开发提供了有力的财政支持。截至 2017 年 4 月底，海洋可再生能源专项资金实际支持了 103 个项目，实际投入经费总额近 10 亿元人民币，已有 62 个专项项目完成了验收。此外，国家高技术研究发展计划（“863 计划”）、国家科技支撑计划、国家自然科学基金、中国可再生能源规模化发展项目等也都为中国海洋能技术研发与示范系统建设提供了支持。

四 中国海洋能开发和利用面临的主要问题

虽然近年来中国的海洋能开发和利用取得了显著的成绩，但与国际先进水平相比，还存在着相当程度的差距，海洋能开发和利用仍然任重道远，目前主要面临的问题有如下几个。

（一）外部环境复杂多变，海洋能开发面临多重考验

1. 低油价加大了海上油气开发风险

2014年以来，国际油价持续走低；OPEC产油国减产协议迟迟难以实现；伊朗重返国际石油市场以及美国页岩气革命，加剧了全球油气供大于求的态势。油气行业利润水平大幅缩水，中海油净利润自2014—2016年连续三年下跌了595亿元以上，保生存、谋发展将是未来一段时间内海上油气企业的主要目标。持续低迷的市场形势，增加了油气企业进行海洋油气勘探和开发的资金压力和经济性风险，降低了勘探开发的意愿。

2. 海权争端增添了海洋能开发的不确定性

东海、南海海域是中国海洋能富集区域，同时也是近年来海权争端频发的区域。在东海海域，中日因钓鱼岛及附属岛屿主权归属问题发生摩擦。2012年，日本“购岛”事件使中日关系跌入冰点。近年来，安倍政府的“军事大国化”行为，让中日关系由维持了多年的“政冷经热”状态陷入了“政冷经凉”的局面，东海海域的海洋能开发安全环境不断恶化。在南海海域，中国与越南、菲律宾等国存在海权争端，域外大国美国、日本频频插手南海事务，导致中国提倡的“搁置争议，共同开发”受阻。尽管近年来南海争端有所缓解，但中国开发南海海

洋能的形势不容乐观。有资料显示，在中国南沙海域，外国的油井已超过 1000 口，每年开采石油超过 5000 万吨；南海西缘，特别是南缘的大陆架及相邻的上陆坡，已经完全被菲律宾、越南、马来西亚、文莱四国抢占。

（二）政策环境不完善，政府推动作用仍需加强

1. 缺乏针对海洋能的具体化和精细化的政策体系

《海洋可再生能源发展“十三五”规划》虽将海洋能开发和利用提高到了国家战略高度，但这种整体性战略规划的内容以宏观概括居多，与相对完善的陆上光伏、风能、生物质能等可再生能源规划相比，针对海洋能分领域的具体化、精细化布局的相关政策措施依然缺乏。中国沿海省市也缺乏针对自身海洋能禀赋的统筹规划及配套政策，难以形成差异化、互补性的发展。另外，在资金支持方面，中国仍然以海洋可再生能源专项资金、国家高技术研究发展计划（“863 计划”）、国家自然科学基金等财政资金支持方式为主，社会资本发挥作用的渠道尚未形成。

2. 海洋能法律制度尚不健全

目前，中国缺少针对海洋能开发和利用的专门法规。现有法律制度无论是在法律规范方面，还是在管理体制方面，都体现了较为明显的行政管制特征，并且还存在立法内容笼统、可操作性不强、责权不清、市场参与不足、社会监管缺失等问题。

（三）技术水平成熟度不高，研发与创新能力亟待提升

1. 技术提升难度较大

在中国的海洋能技术中，只有潮汐能技术相对成熟，其他的海洋能技术都处于示范试验阶段或理论研究阶段，海洋能开发和利用技术还有很大的提升空间。国内建设的海洋能电站或示范试验项目，还有很多核心设备或核心技术依赖进口；比如，

中国装机规模位列世界第三的海上风能发电站，风机的多项核心技术仍需从欧洲引进。国内已建海洋能电站对海洋环境的适应能力也有待提升，比如，中国曾经建设的50余座潮汐电站，大部分因设备简陋、海水腐蚀等原因，在运行一段时间后就停办或废弃。另外，高昂的成本也是阻碍海洋能开发和利用的重要因素。以江厦电站为例，由于建设资金投入较大，潮汐能具有波动性和间歇性特征，发电机组利用率不高，间接抬高了潮汐发电成本，江厦电站的上网电价定为2.58元/度，竞争力低于光伏、风电。此外，并网技术、储能技术方面的落后也限制着海洋能开发和利用的范围。

2. 技术和管理人才稀缺

目前，中国尚缺乏海洋能领域的领军企业和领军人物，在国内尚未形成一支专业化、规模化的海洋能科研队伍。高校、研究院所等海洋能研究机构分散，技术上的沟通交流不足。人才培养机制不完善，相关高校院所的海洋能学科建设不健全，缺少海洋能专项实验室，对世界海洋能前沿科技的教学研究滞后，基础性专业人才储备严重不足。

（四）产业链条尚未形成，市场结构有待优化

1. 尚未形成完整的产业链

国内海洋能，特别是海洋可再生能源产业缺少成熟的关键设备、配套设备；海上施工、并网等设备；缺少装备制造企业；海洋能产业中的上中下游、大中小企业的合作不紧密，没有形成研发、制造、销售的完整产业链条，海洋能产业化进程较慢。由于产业链条不完整，海洋能开发利用对上下游产业的带动能力也难以有效发挥。

2. 市场结构有待优化

由于海洋能开发存在风险高、成本大、投资回收慢等特点，国内大多数的海洋能研究和开发由大型国有企业和高等院校科

研院所来承担，中小企业特别是民间资本进入有限。虽然这些国企、院校实力雄厚，抗风险能力较强，但少数市场参与主体长期对市场的寡头式垄断，导致整个行业创新动力不足。中国海洋能产业缺乏市场竞争，市场发展的灵活性、创新性不强，限制了发展。另外，中国海洋能产业企业尚未充分参与到国际技术交流与合作中，对于构建多层次、宽领域、高水平的合作格局，仍需进行更多的探索与尝试。

五 促进中国海洋能开发和利用的政策建议

“十三五”时期是蓝色经济大发展、海洋能大开发的重要战略机遇期，全球正在兴起新一轮的海洋开发浪潮，世界各国都在全力角逐新的技术制高点。为争取国际竞争优势，保障能源安全和经济安全，中国必须采取有效措施，进一步促进海洋能的有效开发和利用。

（一）积极应对外部环境的挑战

加强对国际形势的分析与研判，积极应对油价长期低位徘徊的现状，提升中国海洋能产业的抗压和抗风险能力。坚定不移地拓展深海油气开发，控制开发成本，加快南海油气开发进程。维护国家海洋能权益，在东海争端问题上，强化对钓鱼岛及附属岛屿的有效控制，排除日方对中国专属经济区海域正常油气勘探开发工作的干扰。同时，通过中国—东盟自贸区、“一带一路”倡议等国际合作机制和平台，加强与东南亚国家的合作与交流，增进互信，减少摩擦。

（二）进一步发挥政府的支持力度

强化政府对海洋能的战略规划、技术开发、资金筹措、法规政策制定等重大问题的指导和协调。优化顶层设计，制定出台海洋能分领域的专项发展规划，实现海洋能各领域能源开发的精准化布局。充分发挥海洋能专项资金和国家科技计划等国家财政资金支撑引领作用。进一步扩大拓宽融资渠道，探索应用PPP模式引入社会资本，通过资源互换、优惠政策等吸引外资进入。加快完善专门的海洋能配套规章制度，鼓励沿海省份因地制宜地制定地方性法规。

（三）努力提升开发技术水平

加快壮大研发力量，建立完善的海洋专业人才培养和引进体系，加大高层次人才引进力度，推动高校、研究院所的海洋能专家队伍建设，加强对海洋能关键技术、配套设备等方面的研发力度，积极引进国外先进技术并加以消化、吸收和转化，不断提升中国自主创新能力。通过扩大海洋能示范工程规模推动海洋能开发和利用，优先发展已有一定基础和优势的潮汐电站建设项目，发挥引领带动作用。进一步推进潮流能、波浪能、温差能和盐差能等其他海洋能研发试验进程，争取早日实现商业化应用。

（四）持续优化海洋能产业市场结构

加强统筹规划，抓紧制定促进海洋能产业发展的指导意见。引导高校及科研院所推动海洋能技术成果应用转化，加快形成涵盖设计、制造、施工、运维等全链条的海洋能产业链。健全竞争性市场机制，支持中小型创新企业，尤其是优质民营企业参与海洋能的开发和利用，形成实力雄厚的大型企业和中小型创新企业优势互补、共同发展的良好局面。

（五）不断深化海洋能领域的国际合作

积极参与海洋能领域的国际事务，提升我国在海洋能领域中的国际影响力和发言权。推进海洋能技术的“引进来”和

“走出去”，鼓励国内企业、科研机构与国外研发团队、跨国公司开展多方位的合作，联合开展技术研究项目，联合承揽海洋能工程项目。围绕“一带一路”倡议的实施，加强与“21 世纪海上丝绸之路”倡议参与国的海洋能领域的沟通交流与务实合作，实现海洋能开发和利用的“共商、共建、共享”。

附 I

全球能源革命的演变方向与中国对策*

当前，新一轮全球能源革命已初露端倪。最明显的标志是通过新能源技术与信息技术的融合，逐步用清洁能源替代化石能源，形成煤、油、气、核、新能源、可再生能源多轮驱动的能源供应体系。在能源消费环节不断扩大电气化应用，提高能源效率，把人类社会推进到以高效、清洁、低碳、智能为主要特征的能源新时代。为了更好地应对新一轮能源革命带来的变化，在新一轮能源改革中，中国要从全球资源优化和保障中国能源供给的更高视角，对中国的能源转型进行战略安排，国内层面在煤炭清洁利用的基础上，加快天然气市场发展，进一步完善可再生能源激励机制；国际层面依托“一带一路”倡议深化国际能源合作、推动各国能源战略对接和全球能源互联网建设，并在进程中加强对新的能源安全风险的监控和防范。

一 全球能源供给和需求正在发生变革

在供给方面，美国的页岩革命极大地提高了非常规石油和天然气的产量，对全球能源供给产生重大影响。以欧盟为主的发达国家通过实施低碳发展战略，减少了对化石能源的消费，

---

* 执笔人：魏蔚。

尽管化石能源仍占全球能源消费的大部分，但比例开始下降。

（一）页岩革命使石油、天然气供给大幅增加

水平井和水力压裂技术的成功突破，使美国页岩气和致密油产量大幅飙升。2008—2017 年，美国原油产量从平均 500 万桶/天增加到 970 万桶/天，天然气产量由 60 亿立方米/天增加到 73.6 亿立方米/天，预计到 21 世纪中叶，美国的油气产量仍会增加，将超过其 20 世纪 70 年代的产量高峰，并在 2022 年左右成为能源净出口国，这对全球能源市场造成了极大的冲击。如今，页岩革命仍在全球范围内持续发酵，许多有页岩资源的国家在计划开采，页岩油气的产量的增加，有望成为油气供给新的增长点。

（二）发达国家的化石能源消费或已到峰值

进入 21 世纪的前十几年，由于新兴经济体的经济快速发展扩大了对煤炭的需求，全球煤炭生产和消费迅猛增长。煤炭生产由 2000 年的 23.3 亿吨油当量，增加到 2013 年的 40 亿吨油当量，煤炭消费则由 2000 年的 23.8 亿吨油当量猛增到 2014 年的 38.9 亿吨油当量。从历史数据看，发达国家的煤炭生产和消费在 20 世纪 90 年代已经达到峰值，此后一直处于下降过程。发达国家的石油消费在本世纪初也进入高位平台，不再出现大幅增长。以中国和印度为代表的新兴经济体将成为未来能源增长的主要市场。同时，新兴经济体在化石能源消费逐年增长的同时，也开始向清洁能源转型，有助于化石能源消费高峰提前到来。

（三）全球各地先后制定清洁能源发展目标促进能源转型

欧盟为保持其在能源转型及气候政策中的全球领先地位，不断更新其能源转型短期和长期目标。加强与其他气候变化积极参与者之间的对话，特别是加强与中国的对话。欧盟将发布

《低碳经济路线图2050》和能源运输白皮书。欧盟制定的2030年行动目标包括：减少温室气体排放量至少相当于1990年的40%；可再生能源消费占27%；能源效率至少提高27%。增加液化天然气进口，保证能源安全。美国由于特朗普政府鼓励化石能源开发，对其气候变化政策和可再生能源发展有短期影响，但美国各州仍然在制定清洁能源发展计划，致力于提高能源效率，并加大可再生能源投资。

可再生能源成本大幅下降，给了印度和非洲这些国家发展可再生能源的良机。印度已经放弃扩大煤电规模，转而发展可再生能源发电。其颁布的《国家太阳能计划》目标是到2022年，太阳能光伏装机容量达到100吉瓦，其中40%为屋顶太阳能。尽管非洲的首要问题是保证能源供给和得到支付得起的能源，但积极发展太阳能光伏、风电、微电网、储能等清洁能源技术将提高其城乡的电气化水平。中东地区虽然石油储量巨大，但也大力发展可再生能源。沙特阿拉伯发布《2030年愿景》，制定目标到2023年太阳能和风能的装机容量至少达到10吉瓦，2030年30%的电力来自可再生能源，实现能源供给多样化。

二　新一轮能源革命未来发展方向

新一轮能源革命发展目标清晰，是一个煤炭、石油、天然气消费依次减少，新能源和可再生能源比例大幅上升的替代过程。替代过程中电气化程度将不断提高，能源效率在减少能源消费中起着关键作用。同时，作为相对清洁的化石能源，天然气在新一轮能源革命中作为过渡能源的作用愈加突出。

（一）能源供应中清洁能源比例大幅提高，形成多能共举格局

目前全球的能源供应结构85.5%为化石能源，其中石油占

33.3%，天然气占24.1%，煤炭占28.1%。新一轮能源革命促使可再生能源迅速增长，使能源供应结构发生巨变。国际上相关预测数据显示，到2050年，全球一次能源供应将只有129亿吨标准油，化石能源占能源供应的比例为51.9%，其中煤炭、石油和天然气等化石能源所占比例分别为7.9%、18.8%和25.2%。非化石能源占比将高达48.1%，其中太阳能光伏占13.5%，风电占13.7%，生物质能占10.9%，水电和核电分别占4.7%和4.3%。

（二）天然气的过渡能源作用逐渐显现

天然气传统上主要用于发电、供热及工业应用。美国页岩革命促使天然气增长高于石油和煤炭，未来20—30年天然气年均增长有望超过1.6%，其中页岩气年均增长5.2%，将占天然气总产量的1/4，占天然气增长量的60%。根据预测，2019年天然气消费将超过煤炭，2034年，天然气将超过石油成为占比最大的单一能源来源。天然气产量的激增也促进了液化天然气和压缩天然气贸易量大幅增加，美国、澳大利亚等国液化天然气出口能力显著提升，未来有望形成以美国亨利中心为基准的全球天然气市场。由于天然气排放比石油和煤炭相对清洁，有望在很长一段时间内作为新一轮能源革命中的过渡能源使用。随着新一轮能源革命的进程不断深入，能源效率逐步提升，天然气发电会逐步减少，最终只是作为可再生能源发电的备用电力使用。

（三）电气化程度不断提高

电气化程度继续提升，未来全球能源增量的2/3将用于电力行业，这些新增的电力60%将会通过可再生能源发电，主要是太阳能光伏和风电。到21世纪中叶，可再生能源提供的电力将超过化石能源发电，逐步实现可再生能源的电力替代。同时，智能电网系统能够更好地满足清洁能源大规模、高比例接入的需要，逐步推动交通、工业、商业、居民生活等领域的可再生电能替代。

（四）效率提高使经济发展与能源消费脱钩

能源系统的电气化水平提高和可再生能源在电力中的比例不断增加，有利于形成能源多供应环节之间的互联互通和协同发展，促使能源效率不断提高。能源效率的提高主要集中在交通、建筑和制造业领域。预计到21世纪中叶，由于发动机燃油效率改进和满足更加严格的排放要求，交通领域的效率提高最快，年均提高2.8%，其次是建筑领域，年均提高1.4%，制造业领域年均增长0.9%。能源强度（单位GDP所耗能源的改善效率）将会从2015年的1.4%提高到2.5%，能源效率提高近一倍。能源效率的提高使GDP增长的同时，能源消费增长下降，逐步实现经济发展与能源消费脱钩。

三 影响新一轮能源革命的主要因素

能源革命是一个长期的过程，政府对可再生能源激励政策的实施和退出、经济发展程度、技术的成熟程度以及碳价格等都有可能影响能源革命的进程。

第一，政府政策决定了能源革命的速度和方向。新能源和可再生能源在发展初期，技术不成熟，竞争力弱，需要政府制定相关政策予以扶持。但在政策实施过程中，如何避免诸如对可再生能源的补贴等引起的价格上涨、可再生电力无法全部及时消纳、基荷电力及峰谷电力如何解决等问题对可再生能源的发展至关重要，需要从技术、机制及思维方式转变等多方面予以解决。

第二，经济发展程度决定了能源革命的阶段。能源革命历来与产业革命和经济发展息息相关，经济发展程度也影响能源革命的进程。发达国家已经到达化石能源消费的峰值，正在追寻低排放、分布式能源体系，很早就开始了能源转型的步伐。大多数的发展中国家经济增长是第一要务，发展初期只能选择具有经济竞争力的化石能源，其能源转型的时间可能会滞后。

第三，技术的成熟是新一轮能源革命的核心。成熟的技术是支持能源革命的核心要素。不断减低的成本是太阳能光伏、风电大规模分布的基础。未来支持新一轮能源革命的技术很多。碳捕集和存储技术、新一代储能技术、氢能、核聚变等技术在未来一旦成熟并大规模推广，对新一轮能源革命将有着重要的推动作用。

第四，新一轮能源革命受碳价格影响。政府、学术界和民间社会都提倡通过碳交易来影响能源投资和消费决策，以便减少温室气体排放。但目前碳市场并不成熟，各国碳价格差距过大，碳市场价格过低会对能源革命的进程造成一定的影响。

四 中国的对策

新一轮能源革命初露端倪，可再生能源替代逐步展开。鉴于中国的资源禀赋，在未来很长时间内，煤炭依然是中国的主要能源，推进煤炭的清洁高效利用对中国的能源转型具有重要的意义。同时，还需要从完善可再生能源激励机制、加强国际合作、加大技术创新投入、建立互联互通的能源网络等方面促进中国的能源转型。

（一）大力推进煤炭清洁高效利用

基于中国富煤贫油少气的资源禀赋，在未来很长一段时间里，煤炭将是中国能源结构中不可或缺的重要一环。积极推动煤炭无害化开采、超超临界发电、整体煤气化燃料联合循环发电以及磁流体发电联合循环、二氧化碳捕集、利用与封存等技术的研发和推广，有利于促进煤炭清洁高效利用，实现燃煤发电的“近零排放”。

（二）进一步完善可再生能源激励机制

通过引进拍卖制、净计量以及财政刺激等国际上成熟的可再生能源激励机制促进可再生能源的发展。进一步完善已经实施的上网电价、绿色证书等机制。利用可再生能源分布式的特点，鼓励企业通过购买可再生能源指标、自我安装可再生能源设备发电、社区可再生能源发电等措施促进可再生能源的普及和推广。采用绿色债券等多种金融手段，通过社会资本的介入弥补可再生能源补贴的缺口。

（三）加大技术创新领域的投资

技术创新一直是能源革命中最活跃的因素和技术基础，将直接影响能源革命的进程，在新一轮能源革命中具有核心的作用。加大对未来影响新一轮能源革命的技术研发投入和技术推广力度，放宽准入限制，鼓励社会资本进入研发领域，加强知识产权保护，激发技术创新的积极性。

（四）加强国际合作，建立互联互通的能源网络

新一轮能源革命具有全球性，需要在全球范围内形成国际合作机制，促进世界各国共同行动。中国要通过多层次的国际能源合作对象、多渠道的国际能源合作方式、多领域的国际能源合作内容等方面深入推进国际能源合作：一是在能源地缘政治上，维护产油和输油地区的安全与稳定；二是能源技术上加强石油勘探技术、能源节约与增效以及与能源相关的环境保护技术合作；三是在“定价权”方面，加强与国际原油期货市场的合作，推动上海原油期货市场的完善，逐步提升中国原油期

货成为亚洲的定价基准；四是能源互联互通方面，对内突破体制障碍，建立国内分布式电网，保证可再生能源包括天然气发电等项目及时入网。对外依托“一带一路”倡议，加强各国能源战略的对接，形成多层次油气输配网络和全球能源互联网络，通过区域能源互联网试点建设，逐步拓展到全球层面的能源互联网建设，使中国经验逐步成为发展中国家的路线图。

附 II

世界原油市场形势与供应国行为*

一 世界原油市场形势与供应国产量政策

2014 年 6 月以来，受全球经济、原油需求、美国页岩气革命和 OPEC 的原油供给政策等多重因素的综合影响，世界原油市场走出了一波先剧烈下行后触底反弹的大幅震荡行情，原油现货价格（WTI 和 Brent 轻质原油的均价）先由 2014 年 6 月 111.1 美元/桶的高点，剧烈下跌至 2016 年 11 月的 27.5 美元/桶的阶段性低点，累计下跌幅度达 75.2%，后震荡反弹至 2018 年 1 月末的 68.4 美元/桶的阶段性高点，反弹了约 1.5 倍。2018 年前 2 个月，原油现货价格围绕着 64.3 美元/桶的水平波动。

一般而言，原油价格的波动主要受需求、供给、地缘政治、金融市场和美元汇率等因素的影响。在本轮油价的下跌反弹周期中，发挥主导作用的是供给需求两方面因素，而国际金融市场和美元汇率的波动以及地缘政治因素不足以对原油市场产生如此显著的影响。从供给因素角度看，美国页岩气革命和 OPEC 采取的相应对策是两个主导因素。从需求角度看，全球经济的周期波动及其引发的石油需求变动是主导因素。近年来可再生能源产业的快速发展在短期内尚不足以对石油需求产生明显

---

* 执笔人：王永中。

影响。

2009 年以来，美国页岩油革命对全球油气供应格局产生了显著影响，威胁了 OPEC 会员国的垄断地位。为打压美国页岩油行业的发展，维护其垄断地位和既有的市场份额，沙特等 OPEC 成员国利用其原油成本低的优势，在 2014 年发起了一场价格战，持续增加原油产量，以不断降低原油价格，逼迫美国页岩油生产商退出市场（页岩油的生产成本远远高于沙特石油）。这导致全球原油供给过剩。加之全球经济低迷和中国经济的显著放缓，对原油需求的增长量大幅减少，致使原油价格持续大幅下挫。然而，沙特发动的原油价格战并未取得预期的效果，美国页岩油厂商并未遭到明显的打击，而 OPEC 成员国的石油产业和财政收入却经受了严重的冲击。这体现在：一是美国页岩油提取技术快速进步，成本不断下降，原油价格大幅下跌虽导致一些钻井机暂停运转，但未对页岩油行业构成致命打击；二是原油价格下跌，导致 OPEC 成员国内部一些成本较高的油田项目，丧失商业开发的经济可行性；三是 OPEC 成员国的出口收入和财政收入高度依赖原油，价格战导致沙特的财政收入大幅下降，委内瑞拉更是陷入经济破产的境地。

在备受争议的价格战并未奏效的情形下，沙特等 OPEC 成员国被迫接受了美国页岩油厂商坐大的现实，联合同样备受低油价困扰的俄罗斯、哈萨克斯坦等非 OPEC 产油国，转而实施减产稳价的竞争策略。2016 年 12 月，来自 OPEC 和非 OPEC 的 24 个产油国的石油部长在维也纳达成一项历史性协议，宣布通过自愿调整的方式，将日原油产量在 2016 年 10 月日均产量的基础上削减 180 万桶，其中 OPEC 减产量为 120 万桶，俄罗斯减产 30 万桶，其他非 OPEC 国家减产 30 万桶，以加快全球原油市场供需平衡的进度。在减产协议中，除了利比亚和尼日利亚被豁免减产以及伊朗被允许少量增产外，OPEC 成员国综合减产后产量上限为 3250 万桶/日。该协议于 2017 年 1 月起执行，现顺延至2018年年底。这是2001年以来俄罗斯首次与OPEC达成减产协议。减产协议取得了良好的效果，国际原油价格应声上涨。同时，全球经济形势趋暖，助推了国际原油价格的强劲反弹。

值得指出的是，本轮原油减产协议之所以能取得良好绩效，一个重要的原因是减产协议得到了严格执行。根据OPEC/非OPEC产油国石油减产监督委员会（JMMC）公布的数据，2017年执行减产协议的月平均减产执行率达到了107%。除了利比亚和尼日利亚两个被豁免的国家外，其余11个OPEC产油国已经达到了减产目标，并在2017年超额完成了减产任务，减产执行率达到103%；非OPEC产油国的平均减产协议完成率也达到83%，10月减产执行率甚至超过110%。减产协议之所以得到严格执行，应与产油国近年来遭受低油价困扰和提高油价动机强烈密切相关。

二 OPEC、俄罗斯和美国的原油供应行为差异与博弈

美国页岩气革命改变了全球能源格局，对俄罗斯和OPEC等传统油气生产国的行为、决策和战略会产生显著影响。作为全球三大原油生产国，沙特领导的OPEC、俄罗斯和美国在石油领域的竞争与博弈，势必会对全球石油供给和国际原油价格产生深刻影响。OPEC成员国的原油产量占世界总产量的40%，原油出口量约占全球石油贸易总量的60%。从而，OPEC可通过调整原油产量来影响国际原油价格。

在原油生产行为方面，OPEC与美国、俄罗斯等非OPEC产油国的区别主要体现在以下几个方面。

首先，OPEC成员国的原油产量需要中央政府协调决定，而非OPEC国家的原油产量则由石油生产商根据成本收益独立做

出决定。在 OPEC 成员国，石油资源主要由国家石油公司持有，而在非 OPEC 国家，国际石油公司或私人投资者拥有大部分原油资产。国际石油公司和私人公司的主要目标是增加股东价值，并根据成本收益做出投资决策。国家石油公司除追求利润目标外，还有其他社会目标，如提供就业、基础设施等。

其次，非 OPEC 国家的石油生产者通常被认为是价格接受者。也就是说，它们对市场价格做出反应，而不是试图通过管理生产来影响价格，而 OPEC 成员国则有强烈动机通过调整产量来影响国际石油价格。从而，非 OPEC 国家的生产者倾向于生产或接近满负荷生产，几乎没有多余的生产能力。

最后，非 OPEC 的石油生产成本处于劣势，但引领技术进步。大部分成本较低的常规石油资源基本上分布于 OPEC 成员国，而非 OPEC 的石油资源主要分布于在勘探生产成本较高的地区，如深水近海等边缘地区，并追求油砂、页岩气等非传统资源。但是，非 OPEC 成员国的生产者经常领导开发新的生产技术，以降低油气生产成本。

为应对页岩油革命对全球石油供应和国际油价的冲击，OPEC 与俄罗斯联合达成减产协议，成功地推动了原油价格的稳定反弹。不过，俄罗斯和 OPEC 的利益诉求是不一致的。俄罗斯虽没有意愿加入 OPEC，但已成为 OPEC 的观察员国，这显然将促进俄罗斯与 OPEC 之间的交流与合作。OPEC 曾多次邀请俄罗斯在控制原油产量方面进行合作，但被俄罗斯拒绝了。体现在以下几个方面。

第一，OPEC 成立的一个重要目标，是会员国联合起来摆脱欧美发达国家对其能源资源的控制，行使对其能源资源的永久主权。尽管俄罗斯出口大量原油，但其国情与 OPEC 成员国存在着根本性差异。

第二，俄罗斯的石油产业已实现私有化。从技术上说，俄罗斯的石油公司确实不在俄罗斯政府的完全控制之下，不能按照 OPEC 会议的内容来要求企业增加或减少原油产量。

第三，最为重要的原因是，俄罗斯不愿意将其国家安全置于 OPEC 的控制之下。石油是俄罗斯的战略产业，其财政收入的 50% 来源于石油部门。而且，作为一个曾经超级大国，俄罗斯不愿意将其原油产量的决定权让渡于 OPEC。

第四，当 OPEC 决定削减产量配额时，俄罗斯难以立即停止生产。因为俄罗斯的许多大型油田均分布于寒带地区，要求原油生产不间断进行。

三　世界原油市场趋势

关于全球石油市场和油价的未来走势，目前学术界存在着明显分歧，主要有乐观、悲观两派代表性观点。乐观派观点认为，原油需求增长迅速，美国页岩油产量的大幅增长使得市场原油供应充足，但由于需求飙升以及工程中缺乏大型常规项目，市场将会很快吸收额外的供给。中国和印度的需求增长量将达 110 万桶/日，而 OPEC 的减产协议导致库存大幅下降。同时，炼化厂完成机器维修后将增加石油炼化的需求。并且，石油市场的再平衡已经实现，原油库存可能恢复至 5 年期的均值水平上，鉴于数据的滞后性，减产协议可能导致原油供给过度紧缩。当然，这一派观点的前提条件是全球经济和原油需求均以健康速度持续增长。

悲观派观点认为，美国帕米亚盆地（Permian Basin）石油产量的快速增长将导致原油价格大幅下跌，类似于 2014 年的情形。据 IEA 发布的 2018 年度 5 年期石油市场展望报告，不断增长的美国页岩气产量将分别在 2020 年、2023 年之前满足 80%、60% 的新增原油需求。另据 EIA 的估计，美国 2018 年 2 月份的原油产量达 1030 万桶/日，比上个月增长 23 万桶/日，并将美国 2018 年、2019 年的原油产量预测上调至 1070 万桶/日、1130 万桶/日。2018 年、2019 年的库存可能会分别上升 40 万桶/日、30 万桶/日。同时，巴西和加拿大的原油产量在快速增长，进一步压缩了 OPEC 和俄罗斯的原油增产空间。若要避免原油价格的再度大幅下跌，OPEC 和非 OPEC 的减产协议要延续到 2021 年，而不仅仅是 2018 年。该观点预测，美国页岩油的供应增加，将导致 Brent 原油价格降至 60 美元/桶以下。

总体上看，未来两年全球经济将持续向好，带动全球石油需求增长加速，再加上 OPEC 产油国减产协议期限延长，这都将有利于石油价格稳定在目前的水平上。但考虑到市场供给弹性空间较大，仍存在诸多不确定性，若减产协议提前中断，美国石油供给加速增长，特朗普政府贸易战导致经济增长率下滑，则市场供需局面可能恢复到减产前的状态，石油价格受挫下行，原油价格有可能下跌至 70 美元左右。石油供给若能得到良好的控制，则预计可以维持市场供需收紧局面，原油价格有望上涨至 80—90 美元。

附 III

国际油价的走势、影响与应对*

近来，在需求增长、OPEC 减产、美国制裁伊朗和委内瑞拉经济危机等因素的共同作用下，国际油价呈现快速上涨态势。鉴于支撑油价上涨因素难以在短期内改变，国际油价未来两年内仍可能维持上行走势，但在中长期将因供给增加需求放缓而回落。油价上涨将增加中国的原油进口成本，推高物价水平，削弱议价权，引发能源供应安全风险。中国对外应加强与亚洲油气进口国的合作，倡议构建亚洲能源合作机制，并借助中美油气贸易快速发展的契机，推进原油进口渠道多元化，对内鼓励页岩气和可燃冰的技术研发，大力发展光伏、风电和核电等清洁能源，降低对外原油依存度。

一　国际原油价格的上涨及其成因

当前，国际油价正处于本轮油价周期的上升阶段。近期，在原油需求强劲、OPEC 减产和地缘政治风险上升等因素的共同作用下，国际油价迎来了一波加速上涨行情。2018 年以来，布伦特原油连续六周上涨，累计上涨约 17.5%，5 月 17 日冲破 80 美元/桶的大关，达 80.18 美元/桶，创下自 2014 年 11 月以来的

---

* 执笔人：王永中、周伊敏、王雪婷。

阶段性新高。2018 年 4 月，布伦特原油现货均价为 72 美元/桶，月度环比上涨 9%，月度均价自 2014 年 11 月以来首次超越 70 美元/桶的水平。

国际油价的快速上涨主要由供需两端因素驱动。从需求端来看，全球经济复苏带动了原油需求的快速增长。目前，全球经济处于上行阶段，发达经济体和发展中新兴经济体实现了同步复苏，导致全球原油需求增长强劲。根据 IEA 的数据，2018 年第一季度，全球原油需求量达 9810 万桶/日，比 2017 年增长 30 万桶/日，供给短缺 20 万桶/日。2018 年第 4 季度和全年，原油需求量预计分别为 10050 万桶/日、9930 万桶/日，比 2017 年增长 270 万桶/日、150 万桶/日。

从供给端来看，原油减产协议、美国页岩油出口设施短缺、美国制裁伊朗和委内瑞拉经济形势恶化是阻碍全球原油供给增长的主导因素。第一，OPEC 与俄罗斯之间的减产协议发挥了重要作用，参与国保持了良好的减产执行率。2018 年 4 月，OPEC 成员国减产完成率达 162%，俄罗斯减产执行率达 95.2%。第二，美国页岩油存在着基础设施短缺难题，短期内难以解决。2017 年年底，美国可用管道容量剩余 16 万桶，仅为德州原油产量的 4%。此外，受航运设施的限制，美国向亚洲出口原油的运输成本较高。2019 年下半年，美国将新增三个运输油管，其原油输送瓶颈预计会有所缓解。第三，地缘政治风险上升为原油价格带来了大幅溢价。美国对伊朗经济制裁所引致的原油出口减少量，预计远超其 2012 年受制裁时 120 万桶/日的规模。最后，委内瑞拉局势恶化致使原油产量的大幅下降。2017 年 4 月，委内瑞拉的原油产量比减产协议目标产量低 55 万桶/日，下降额甚至超过沙特所承诺的总减产量。

二　国际原油价格未来走势分析

在当前油价快速上涨的背景下，许多机构均对原油价格走势做出了乐观的预测。据 EIA 今年 5 月的预测，2018 年布伦特原油现货均价为 71 美元/桶，比上月预测值上调了 7 美元/桶。高盛预计，布伦特油价在短期内继续上涨，2018 年年中将超过 82.5 美元/桶。英国 CMC 预测，原油价格今年将触及 90 美元/桶的水平。美银美林认为，全球原油库存的持续降低，将助推布伦特油价在 2019 年突破 100 美元/桶的关口。

从供需两端看，未来油价在短期内有继续上涨的动力，在中长期将会因支撑不足而回落。在短期内，减产协议的持续实行、美国制裁伊朗和委内瑞拉的经济危机，导致原油的供给下降和价格上涨，而前期原油投资不足和美国页岩油基础设施短缺，致使美国等非减产协议国的原油供给缺乏价格弹性，难以在短期内快速提高产量。在中长期内，高油价在刺激供给端产能的同时，将抑制需求端的原油消费，导致油价因支撑不足而回落。从供给角度看，技术进步将导致原油生产成本下降，而未来油价不可能长期背离成本区间而大幅增长。随着美国页岩油开采成本的持续下降和基础设施的不断完善，美国原油供应能力将显著增加。从需求角度看，油价上涨将导致全球经济增长趋缓，引致全球原油需求减少。油价高涨还将加速能源替代进程。若油价持续处于每桶 80—100 美元的高位，光伏和风电等新能源将获得大规模投资，对油价可能产生颠覆性影响。

三　油价上涨给中国带来的压力和风险

油价上涨对中国的能源安全和经济发展构成严重威胁，不仅导致原油进口成本增加，企业的能源成本上升，推高国内生产资料和消费品的价格，而且会削弱中国在油气领域议价权，增加海外油气投资难度，引发能源供应安全风险。

首先，油价上涨将引发输入型通货膨胀，不利于中国经济稳定发展。油价上涨将会导致国内成品油价格的上调，推动国内的生产资料和消费品价格上涨，产生输入型通货膨胀。同时，原油又是工业品和生活用品的重要原材料，如塑料、合成橡胶、合成树脂、化纤等，从而油价上涨将会诱导全社会价格水平上涨，加大通货膨胀压力。本轮油价上涨将会对国内的交通运输和石化行业产生较大的影响。显然，油价上涨导致企业能源成本上升，经济效益下降，经济增长速度放缓。

其次，油价上涨将削弱中国的议价权，对中国能源供给安全构成负面影响。中国原油消费需求逐年增加，石油进口快速增长，对外依存度持续上升。2017 年，中国表观石油消费量 43 亿桶，年均石油需求增量达 600 万桶/日，较 2016 年增长 5.9%，原油对外依存度高达 67.4%。国际原油的价格上涨和供应紧张，将对中国能源供应安全造成威胁。体现在：一是中国在国际油价上谈判地位下降，议价权削弱。油价上涨将导致国际原油市场由卖方市场转向买方市场，一些产油国会利用中国巨大的刚性需求，借机向中国索要高价。二是液化天然气的“亚洲溢价”扩大，导致中国的 LNG 进口成本增加。目前，东亚地区的进口 LNG 定价实行与原油挂钩模式，油价上涨将导致东亚进口的 LNG 价格联动上涨，其与美国、欧洲 LNG 的价差进一步拉大。三是地缘政治风险上升，原油供应不稳定风险加剧。油价上涨将驱使大国积极介入中东、非洲和中亚等传统热点地区，以攫取石油权益，引发产油国的内部政局动荡及其之间的政治军事冲突，导致其原油生产和供应中断风险显著上升。

再次，油价上涨将导致原油进口成本上升，对中国的进出口贸易构成负面影响。国际油价的持续上涨，将致使我国石油进口支付成本显著增加。2017 年，中国原油进口量价齐升，原油进口量约 4.2 亿吨，增长了 10.1%，进口价值上涨 29.6%；成品油进口量达 2964 万吨，增长了 6.4%，进口价值上涨 25.3%。并且，油价上涨将导致运输成本上升，致使中国商品进口成本上升。同时，油价上涨将对全球经济产生抑制作用，减弱中国商品的出口需求，阻碍中国出口贸易的发展。此外，中国出口商品以劳动密集型商品为主，油价上涨带来的能源成本上升，将削弱这类价格敏感型商品在海外的竞争力。

最后，油价上涨将推高中国海外原油投资成本。油价上涨将对中国企业海外石油项目投资产生负面影响。油价上涨，不仅导致拟收购的目标资产市场价值上升，增加海外投资的资金成本，而且会引发东道国的资源民族主义情绪，加大投资的进入壁垒和难度。同时，高油价将使中国海外投资项目面临巨大的市场风险，未来油价的周期性下跌将导致海外能源投资遭受损失。

四　政策建议

为稳定国际原油价格，缓冲油价上涨对中国能源供应安全的负面冲击，中国应内外并举，多方施策。在外部，应加强亚洲主要油气进口国的合作，倡议构建亚洲能源合作机制，并以中美能源贸易快速发展为契机，稳步推进原油进口渠道的多元化。在内部，加大对页岩气和可燃冰开采技术的研发力度，大力发展光伏、风电和核电等清洁能源，促进中国能源的绿色转型，降低对外原油依赖度。

首先，倡议构建亚洲能源区域合作机制，维护原油消费国的利益和地位。亚洲国家整体上原油资源贫乏，对外原油依赖度高，许多国家是石油进口大国，如中国、印度、日本和韩国等，在维护合理、稳定的原油价格上具有共同利益。中国应借鉴产油国之间的合作经验，与亚洲主要油气进口国开展合作，倡议加强区域内能源合作和协调，构建一个稳定的区域能源安全保障方案，避免在油气进口和海外油气资源投资上相互竞价，协调行动共同应对国际油价波动，维护原油消费国的利益和地位。中国应与亚洲油气进口国合作，以消费市场份额为筹码，充分利用产油国间争夺市场份额的博弈行为，增加在国际原油交易市场上的联合议价权，努力降低油气资源的进口成本。

其次，以中美油气贸易快速发展为契机，扎实推进中国原油进口渠道多元化。中国原油进口来源地相对集中，进口前十位国家的份额超过 80%，且 50% 以上的原油进口来自于政局动荡的中东地区，地区冲突将对中国的石油供应安全形成威胁。中美原油贸易具有广阔的发展前景，中国从美国的原油进口量有望快速攀升至数百亿美元，这将显著降低中国对中东原油的依赖度。在提升原油进口多元化方面，中国还应采取如下措施：一是既要通过增加进口来源国数量，也要选择产业独立性较高的石油供应国，以增加整体供应的风险分散能力。二是丰富原油进口运输方式，以安全、稳定和高效为基本标准，建立原油进口输送渠道。三是促进原油进口贸易方式的多元化发展，在以长期合同为主、保证原油供给的安全的基础上，积极开发和探讨多元化的贸易模式，规避价格风险。

最后，鼓励非常规油气开采技术的研发和创新，大力推动清洁能源的发展。根据中国能源资源禀赋状况，要降低对进口油气的对外依赖度，提升中国能源安全，主要有两条途径：一是发展岩页油气、可燃冰等非常规油气资源；二是发展光伏、风电、核电等清洁能源。虽然中国非常规油气资源丰富，但技术不成熟，难以实现商业化开采，中国应加大资金投入力度，鼓励非常规油气开采技术的研发和创新。同时，中国应顺应全球能源格局发展的趋势，推动光伏、风电、核电等替代能源的发展，以促进能源结构多元化，减轻原油供给冲击对中国能源安全的影响，推动中国能源的绿色低碳转型。

附 Ⅳ

“亚洲溢价”与中国天然气定价权*

当前，亚洲国家在天然气价格谈判领域总体上弱势，定价话语权严重缺乏，致使“亚洲溢价”现象长期存在，亚洲国家被迫长期支付较高的天然气进口成本。作为一个现实的天然气需求大国和潜在的天然气供应大国，中国需要借助能源消费转型、能源体制改革和人民币国际化加快推进的契机，提升中国乃至亚洲的天然气定价话语权，压缩“亚洲溢价”。在梳理了全球三个主要天然气市场的特点和定价机制，以及目前亚洲所存在的“溢价”现象的基础上，本研究对定价权的内涵作了界定，认为定价权的获得必须有两大条件：一是市场化定价机制是基础，以准确反映市场的供需结构，构建一个广泛认可的定价机制和交易市场；二是国家应当以适当的角色参与到市场交易中去，并且依据规则，利用自身天然气需求量和潜在供应量，来影响市场，以促进市场高效运行并充分反映供需关系。为满足这两个条件，中国应当把握当前低油气价格的机遇期，建立区域性市场化天然气交易市场，发挥供应潜力增加油气产量，开展国际化协调，推进天然气人民币的计价和结算，以助推中国天然气定价权的提升。

---

* 执笔人：王永中、朱子阳。

一　全球天然气市场的分割状况

全球天然气市场存在着区域分割的显著特点。北美、欧洲、亚太三个主要市场各自的特点不尽相同，供需形势有所差异。北美生产天然气的能力大幅提升，欧洲需求整体下行，亚太虽然增速可观，但内部存在分化，中印需求增速高，而日韩却表现低迷。这种供需格局的差异造成各个市场之间存在价格差距。同时，三个市场采用了三种不同的定价机制，北美与英国采用市场化程度较高的“气对气”定价；欧洲大陆曾采用天然气与油价挂钩的方式，但正在逐步转向“气对气”定价；日本液化气采用与原油进口平均价格挂钩的方式，部分地区仍采用垄断定价。天然气在不同区域的供需差异和定价机制的不同，明显体现出世界天然气市场的地域分化特征，导致了亚太地区在天然气定价权中的话语权严重不足，致使“亚洲溢价”即亚洲的天然气价格显著高于北美和欧洲的现象长期存在。

（一）供需关系差异

近年来，受全球经济增长低迷和大宗商品价格大幅下跌的负面影响，全球天然气的消费和生产的增长速度趋缓。根据英国石油公司（BP）发布的《世界能源统计年鉴 2017》，2016 年，全球天然气消费为 35429 亿立方米，比上年增长近 1.5%，而全球天然气生产与去年基本持平，增速仅为 0.3%。在世界三个主要消费地区中，北美地区 2016 年天然气消费量为 9680 亿立方米，同比增长 0.5%，而其 2005—2015 年复合增长率为 2.1%，略低于世界平均水平。欧洲天然气消费量为 10299 亿立方米，同比增长 2.0%，但是其过去十年复合增长率为 -0.8%，处于缓慢负增长态势。亚太地区天然气消费量为 7225 亿立方米，同比增长 3.0%，相对增速最为强劲，但仍明显低于其

2005—2015 年复合增长率 5.6%。值得注意的是，2016 年中国天然气需求表现十分突出，增速达 8.0%，远高于亚太均值，明显高于主要天然气消费国。因此，亚太仍然是世界天然气消费的增长引擎，而中国扮演着重要的消费驱动者角色。

虽然天然气总体需求增长不快，但是天然气贸易方兴未艾，增长迅速。2016 年，天然气总体贸易增长近 4.8%，高于需求增速。其中，液化天然气（LNG）贸易增长最为迅猛，达 6.2%，高于天然气贸易增速平均水平，且全球贸易量达到创纪录的 2.58 亿吨。从美国到澳大利亚，LNG 供应不断增长，LNG 在不同的国家找到了新的市场。LNG 作为清洁燃料，越来越受到埃及、巴基斯坦、牙买加等新兴市场的欢迎，中国 LNG 进口量也大幅上升 690 万吨，同比增速近 35%。需要指出的是，2016 年亚洲的 LNG 市场需求出现分化，在中国、印度需求增长强劲的同时，韩国与日本的 LNG 进口出现下降，分别同比下降 0.4%、9.2%。事实上，阻碍亚洲天然气贸易，尤其是 LNG 贸易的最大因素是天然气定价中的价格歧视现象，即所谓“亚洲溢价”，这一现象反映出了亚洲国家作为较大的消费国，却无法很好地参与全球天然气价格制定的窘境。总体上看，随着巴黎气候协定的达成和能源消费结构的转变，全球 LNG 需求快速增长的势头还会继续，预计未来 LNG 贸易仍有较大的增长空间，中国将充当更为重要的需求方。

（二）价格差异

天然气以管道或海运为主的运输方式、全球天然气生产地和消费地并不完全一致以及缺乏全球性的基准价格，导致天然气区域贸易中的市场分割和价格差异。目前，全球天然气市场可以分为北美、欧洲和亚太三大区域市场，与之对应，全球主要有三种相对具有代表性的天然气价格，分别为美国亨利交易中心（Henry Hub）价格、英国均衡点（NBP）天然气价格和日本液化天然气（LNG）价格。

纵观 1984—2016 年的世界主要天然气价格走势，可以较为明显地发现：第一，以日本为代表的亚洲市场的价格远高于同期美国、欧洲价格。2016 年，日本 LNG 进口价格为 6.94 美元/百万英热单位，而 2016 年的美国 Henry Hub 天然气价格仅为 2.46 美元/百万英热单位，同期的英国 NBP 价格为 4.69 美元/百万英热单位，日本价格相比美国、英国高出约 182%、48%，溢价程度之高令人咋舌。我们发现，1984—2016 年，日本 LNG 到岸价格相较德国进口价格高出了约 33%，相较英国 NBP 价格高出了约 55%，较美国 Henry Hub 高出了约 89%。

第二，亚洲与北美、欧洲天然气的这种价格差异长期存在。在 20 世纪 80 年代，天然气贸易刚刚兴起，日本 LNG 价格比德国进口价格约高出 1 美元/百万英热单位。在 2004 年之前，这一价差水平几乎一直保持着。在当时较低的天然气价格上，这一价差已经高出同期北美、欧洲市场的 50% 以上。2010 年福岛核事故后，日本关停核电站并大量进口天然气作为替代能源，导致这一价格差异被持续放大。2010—2016 年，日本 LNG 进口价格平均高出同期英国 BNP 价格的 70%，而相比较已经发生页岩气革命的北美市场，日本 LNG 价格平均高出 185% 左右。目前，亚洲与北美、欧洲天然气的价格差异仍非常大。

第三，在页岩气革命的影响下，欧洲与北美市场的天然气价格近些年来也出现了一定的价差。在 2010 年前，欧洲市场的价格与北美市场并未存在显著差异，但此后两者的价格便出现了分化。2016 年，美国 Henry Hub 天然气价格约为 2.46 美元/百万英热单位，而英国 NBP 天然气价格达 4.69 美元/百万英热单位，几乎是美国价格的两倍之多。页岩气革命以来，美国的供应情况持续宽松，带动全球天然气价格下行，但美国本土是天然气价格下降最快的地区，导致长期以来价格水平接近的北美、欧洲市场出现了分化。

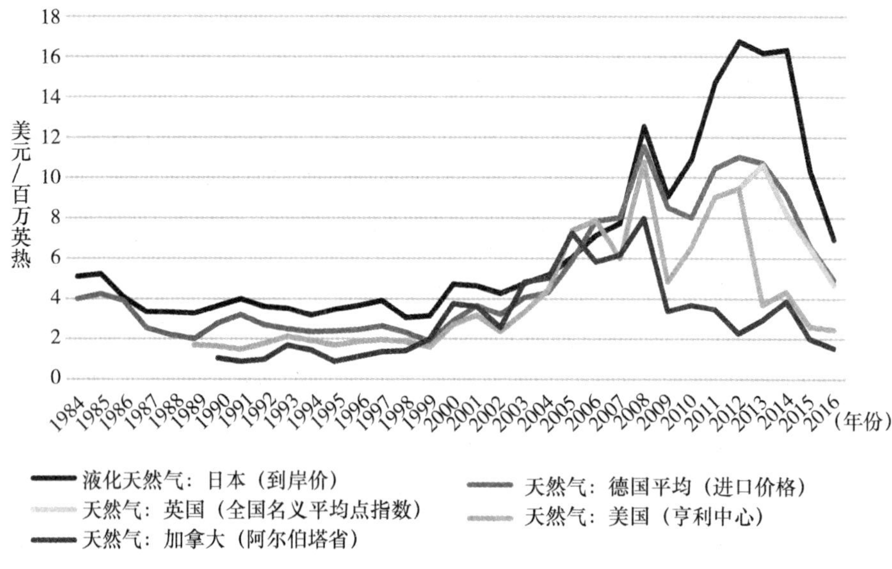

图 1 世界主要天然气价格走势

资料来源：《BP 世界能源统计年鉴（2017）》。

（三）定价机制差异

大宗商品的定价机制包括在国际贸易市场中买卖双方所确立的基准价格和经过国际定价规则所形成的价格。因期货市场具有商品价格发现功能和回避商品价格风险功能，因此，期货市场被世界各国普遍接受是大宗商品定价的核心，也成为制定国际大宗商品价格的最主要的依据。天然气商品的价格在全球三个主要消费地区形成，但这三个市场的定价规则存在明显差异。

一般而言，天然气的定价方式主要有："气对气"定价、油价联动、政府管制定价、双向垄断定价、市场净回值法。具体而言，"气对气"定价直接由供需双方进行协商，是高度市场化且应用范围最广的一种模式。油价联动是指天然气价格与原油价格挂钩，是目前亚洲国家所广泛采用的定价形式。政府管制定价是指政府直接按某种公式或方法进行定价。双向垄断定价是指市场垄断主体以谈判的方式商定价格，以长期协议的形式确定价格。市场净回值法则是指在政府一定的管制价格之下，市场主体在价格范围内进行价格协商。

从定价机制来看，北美与英国采用市场化程度较高的“气对气”定价；欧洲大陆曾采用天然气与油价挂钩的方式，但正在逐步转向“气对气”定价；日本液化气采用与原油进口平均价格挂钩的方式，亚洲部分地区仍采用垄断定价。

1. **北美市场**

北美市场主要以美国、加拿大为代表。北美市场的天然气供应充足，已经建设完成完备的输运管网，形成了对全区域的有效供应。北美天然气主要采取市场化的“气对气”定价模式，建立天然气生产者与消费者的直接联系，构建完全开放的市场。根据天然气联盟（IGU）数据，2010 年，北美市场化交易合约所占数量几乎为100%，远高于同期欧洲和日本的水平。在实际交易过程中，交易双方主要通过短期合同进行现货交易，交易价格直接通过交易中心众多买卖双方的竞争确定。北美的交易价格以美国亨利交易中心（Henry Hub）交易价格为基准价格。亨利交易中心是北美最为重要的天然气交易中心，是美国九条洲际管道、四条州内管道的交互点，本身天然气流通量巨大，因此可以扮演北美天然气交易中枢的角色。由于本地区美国、加拿大的供应都较为充足，且 2010 年以来的“页岩气革命”使得美国的天然气生产能力大幅提高，因此，北美市场的天然气价格水平处于全球市场中最低水平。

2. **欧洲市场**

欧洲虽然自身也生产一定的天然气，但其天然气产量远远满足不了需求，因此需要从外部大量进口。欧洲的天然气进口主要来自于管道气，约有 3/4 通过欧亚大陆的管道进口，其余则以 LNG 形式进口。2011 年以前，欧洲市场长期采用油气价格联动的定价模式，将天然气价格与反映外部市场环境变化的原油价格挂钩，使得天然气价格可以随着外部市场环境变化而相应调整，在实际交易过程中，通过长期合同进行交易。但在

2011 年后，欧洲天然气定价模式也逐步转为市场化的“气对气”模式，约有 40% 以上的天然气供应已经通过现货进行交易，到 2015 年已经超过 50%，在部分地区则达到了 70%。因此形成了英国 NBP、比利时 Zeebrugge 和荷兰 TTF 等多个枢纽价格。其中，英国 NBP 扮演着欧洲天然气交易枢纽的角色，其依托于英国金融中心的地位，进行大量的期货、现货交易，而比利时 Zeebrugge 和荷兰 TTF 作为重要的天然气交易中心，地位近些年来也有所上升。

3. 亚洲市场

亚洲市场较为分散，主要的代表国是日本和韩国，由于这两国经济体量大，对天然气需求大，而本国并不生产天然气，因此天然气几乎完全需要进口，而且，特殊的地理和政治因素造成两国都难以使用管道运输天然气，因此，LNG 成为日本、韩国主要的天然气获取方式。

以日本这一代表性国家为例，其进口的 LNG 定价机制经历了成本加成定价方法（1995 年以前）、与中东国家石油销售价挂钩定价、与“日本清关原油价格”（JCC）指数关联定价等几个阶段。目前，日本市场仍然采用油气联动的定价方式进行天然气交易，LNG 价格与 JCC 指数挂钩。其他亚洲国家，如韩国和中国从澳大利亚进口的 LNG 也采用类似的油气联动定价模式。这种机制几乎主导了东亚的天然气定价。但这种油气联动的定价机制使得以 JCC 价格为基础的 LNG 价格成为全球最高的 LNG 价格。亚洲市场与北美、欧洲市场长期存在的价差被称为“亚洲溢价”。

二 “亚洲溢价”与亚洲天然气定价权的缺失

定价权是天然气市场化的结果。要提升天然气定价话语权，一要构建市场规则，二要运用自身供给需求的体量影响市场价格。目前，造成亚洲国家在天然气定价领域缺乏话语权的原因主要有：一是亚洲市场彼此分割，没有统一的市场化定价规则，无法正确反映亚洲的供求关系，在天然气定价规则层面缺乏话语权；二是亚洲主要需求国各自为政，无法发挥出需求方体量大的优势地位，难以在需求侧发力影响价格，且未形成足够的供应能力来影响价格。这二者的共同作用，导致亚洲在天然气谈判领域的整体弱势地位，致使“亚洲溢价”现象长期存在。

（一）何为天然气定价权?

由于市场定价机制不同，三大市场气价差异明显，天然气在亚洲市场的价格明显高于欧洲和美国。这种价格差异被视为“亚洲溢价”。部分分析人士指出，造成这种溢价的主要原因是亚洲缺少定价权，将亚洲溢价归咎于买家没有定价权，甚至认为是欧美主导的市场蓄意抬高价格以损害亚洲的利益。事实上，这种观点并不符合经济学逻辑，这种观点将定价权视作控制市场、决定价格的力量，假设一国可以决定价格，这种逻辑是与市场化背道而驰的。无论英国还是美国，其定价权均建立在市场化的基础之上，通过市场规则尽可能让本地区的市场反应供求关系，并且以其生产或者需求量去影响市场，价格并不是一国说了算。如果一种定价机制确实反映了供需关系，那么，那些作为定价机制的基准价格本身就是公平的市场价格，不存在对买方不公平的问题。即便存在溢价，那么也可能是区域市场供求关系的结果，而非所谓的定价权。

事实上，笔者认为，定价权应当具有更多更丰富的含义，应当将其视作影响市场的力量，而非单纯的决定、控制价格的能力。也就是说，一国可以在制定本地区价格形成规则上具有一定话语权，甚至主导本地区价格规则的建立，这是定价权的一种表现。更关键的是，一国如何以天然气的生产或需求去影响这一价格，这一能力才是更为广义的话语权。

总而言之，定价权是天然气价格市场化的结果。鉴于中国天然气市场的规模巨大，只要我们构建好竞争性的市场机制，价格自然会成为亚太地区的重要基准价格，对中国甚至东亚地区的天然气贸易有指导作用。因此，提升天然气定价话语权，其一在于构建市场规则，其二在于运用自身供给需求影响价格的能力。

（二）亚洲天然气定价权缺失的根本成因：定价机制

亚洲的定价机制以日本为主，各国的结算价格以日本到岸价格作为参考，并且，亚洲没有一个统一的可供市场上供需双方进行交易的交易中心。第一，以日本到岸价格为主要参考价格本身也会带来“溢价”，这是由于日本的能源依赖程度更高，且日本福岛核电站事故以后，日本关停核电站，由于核电站在日本发电中占比近22%，这就要求日本必须大量进口天然气满足其发电需要，进一步推高了日本 LNG 进口价格。这导致亚太天然气市场总是处于卖方市场，价格始终居高不下①。因此，目前以日本为中心的亚洲天然气定价机制并不可取，使得亚洲其他国家“被溢价”。事实上，应当选择一个适当的国家作为亚洲区域定价的核心，建立例如美国 Henry Hub、英国 NBP 的交易枢纽，而中国就是十分合适的定价中心国。

第二，目前日本这种油气联动的定价机制不利于天然气价格的理顺。东亚国家国内缺乏替代能源，原油依赖度极高。2015 年，中国的石油对外依存度就高达65%，日本、韩国则完全依赖进口，原油的情况相对天然气更加严重，而目前亚洲这种与石油价格挂钩的定价机制并不可取。这一油气联动定价机制，基本不能反映中国以及其他亚洲国家天然气市场的基本面，

① 郜峰、耿长波、马宝玲等：《液化天然气国际贸易现状及发展新格局》，《国际经济合作》2014 年第 2 期。

一定程度上导致亚洲市场价格高企，应建立起市场基准价格，以更好地反应市场基本面情况①。欧洲定价机制从油气联动向目前的“气对气”定价模式转变的经验值得亚洲国家借鉴。

第三，亚洲地区缺乏本地区的期货和现货交易平台。各消费国天然气市场之间相对独立，市场流动性很低，没有一个能够反映本地供需关系的参考价格。虽然中国、新加坡都试图建立自身的天然气交易所，形成自身的天然气价格，但是受到本国天然气定价非市场化的拖累，外国投资者往往并不愿意在这些国家的交易所进行交易。市场化程度不高、各自为政使得这些价格要成为基准价格，相对日本价格更好地反映亚太市场供求关系十分困难。

（三）亚洲天然气定价权缺失的具体成因

1. 能源需求价格弹性低

由于亚洲主要国家的能源需求价格弹性普遍低于欧美国家，造成中东等油气供应者可以采取一定的价格歧视定价策略，从而形成“亚洲溢价”②。从天然气消费量来看，中、日、韩三个亚洲主要消费国的消费需求增长较快，2016 年消费量分别达 2103 亿立方米、1112 亿立方米、455 亿立方米，占全球天然气消费份额合计为 10.3%，占亚洲国家消费总量的一半左右。与如此巨额消费量不相匹配的是，三国的天然气产量很低，仅有中国生产天然气。2016 年，中国的天然气产量约为 1246 亿立方米，而日、韩则完全依赖于进口。从而，中国 2016 年的天然气对外依赖度为 40%，而日、韩则完全依赖外部供应。高速扩张

① 段盈：《聚焦亚洲溢价，审视全球液化天然气定价机制》，《现代经济信息》2015 年第 15 期。施训鹏：《中国天然气基准价格形成中的若干问题》，《天然气工业》2017 年第 37（4）期。

② 张宝成、马宝玲、部峰：《LNG 市场的“亚洲溢价”问题分析及对策》，《天然气工业》2015 年第 35（7）期。

的需求与内部供应的不足导致较高的对外依赖度和较低的能源需求价格弹性，如此高的对外依赖度势必导致供给方在制定价格时具有强势地位，并针对亚洲这一低能源需求价格弹性的市场实施三级价格歧视策略，导致其出口到亚洲国家的价格长期居高不下，形成所谓“亚洲溢价”。

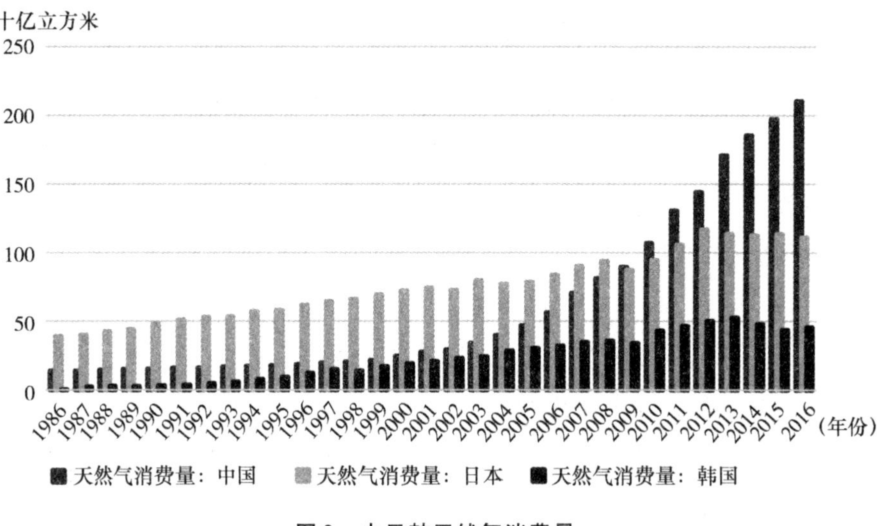

图2 中日韩天然气消费量

资料来源：《BP世界能源统计年鉴（2017）》。

2. 以LNG为主的天然气贸易模式

欧洲市场的天然气供应往往以管道运输为主，而在亚洲市场，除中国可以从中亚、俄罗斯获取管道天然气以外，日本、韩国都必须依赖于LNG交易的形式（见图3）。而LNG运费成本较高，一般而言高于管道运输30%左右，运输成本的高企也推动了最终天然气价格的高昂。日韩等国受地理和政治因素的限制，难以使用管道运输。俄罗斯曾提议向韩国、日本建设天然气管道，但通往韩国的管道途径朝鲜，这是韩国所不能接受的。而通往日本的管道则为海底管道，不仅建设成本高昂，而且途径日俄的争议领土，这造成日俄管道也难以建设。此外，美国与俄罗斯的关系也影响着日韩与俄罗斯的合作。反观天然气供应稳定且价格相对较低的欧洲市场，其主要依靠管道运输，成本低廉，且更易于与资源国进行长期协定的谈判，保证供应安全和可以接受的价格，从而规避了 LNG 供应带来的不确定性和高成本。

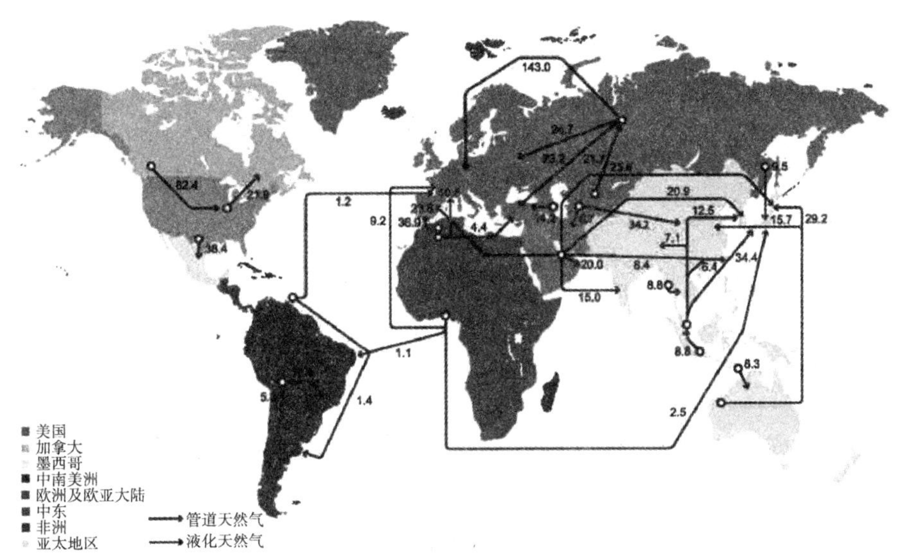

图 3　2016 年世界天然气贸易流向（单位：十亿立方米）

资料来源：《BP 世界能源统计年鉴（2017）》。

3. 能源安全溢价

由于亚洲国家普遍存在一定的能源安全担忧，因此往往愿意支付一定的额外价格来保证供应安全，形成所谓“能源安全溢价”。日本、韩国的能源供应高度依赖进口，一旦能源供应发生问题，就会严重影响经济甚至社会稳定。更为重要的是，亚洲的地缘政治形势不容乐观，如朝鲜半岛核问题、中日韩的领土争端、错综复杂的南海问题等，一旦发生严重事端，日韩等国的能源供应渠道有可能被切断。而亚洲国家普遍缺少足够的能源储备，难以有效应对能源供应中断的负面冲击。为缓解不确定性问题，保证能源的安全供应，亚洲国家被迫支付一笔“安全溢价”。

4. **管制的能源市场结构**

亚洲国家的能源市场普遍有浓重的政府管制色彩，对进口价格不敏感，且往往可以将价格风险转移给消费者，缺乏降低进口价格的动力。例如，日本 LNG 进口企业多数为政府经营的电力、供气公用事业公司，且日本政府在国内实施以成本加成定价为主的政府管制定价，LNG 进口企业无论进口成本多高，总可以获取一部分收益，但对日本整体社会却造成了福利损失。而中国的定价机制也存在类似情况，即便在市场净回值定价方法之下，政府指导价规定了可以议价的范围，企业并没有动力去与供应商协商价格。显然，这种管制的市场价格削约了进口商消除“亚洲溢价”的动力。

三 中国的议价地位与国内天然气定价机制

（一）中国在天然气定价中的尴尬地位

目前，中国在亚洲天然气定价中的地位仍然十分尴尬，虽然建立了天然气交易市场，但价格仍然主要参照日本，溢价现象也长期存在。此外，作为世界上主要的天然气需求国，中国缺乏与供应国议价能力，尤其在 LNG 领域。相对于管道天然气，中国在 LNG 上的议价能力更为薄弱。在当前低油价时期，全球天然气供给较宽松，进口 LNG 溢价问题虽得到一定程度的缓解，但仍然明显存在。造成这一现象的原因是多方面的。一个重要原因是，中国国内天然气市场定价机制市场化程度较低，价格难以反映国内天然气的供需状况。在非市场化的成本加成定价机制之下，中国政府难以依靠市场机制来约束天然气生产成本的不合理上升，而在市场净回值定价法之下，才能形成以中心市场为基准的全国性天然气统一市场价格，并通过建立枢纽市场，形成中心价格，推动天然气价格下降①。此外，国内的天然气定价体制错综复杂，无法适应天然气国际定价的需求，导致中国难以建立起一个市场化的天然气国际交易所。

（二）国内天然气定价机制：市场化程度低

目前，中国仍然对天然气实施一定程度的价格管制，在天然气的生产、运输、配送环节中均实行国家指导价。国内天然气定价可分为三个环节，即出厂价、门站价、零售价。具体定价方法为：门站价 = 出厂价 + 管输价，零售价 = 门站价 + 配气价，其中出厂价、管输价、门站价均由国家发改委统一管理，配气价则由省级物价主管部门管理。并且，中国对工业用气、民用气等制定不同的价格，工业用气的气价相对民用气更为昂贵。

国内的天然气资源可以大致分为：国产陆上气、国产海上气、进口 LNG 和进口管道气。这四类资源也采取了不同的定价方法。国产陆上气是中国天然气市场的主要部分，在 2011 年以前采用政府管制定价模式，并且定价公式为成本加成法，综合考虑天然气开采、运输成本等因素，在总成本基础之上按一定利润比例制定销售价格，保证天然气企业各环节的一定利润空间，维持企业生存。2011 年，中国开始在广东、广西试点采用市场净回值法进行天然气定价，一定程度上反映天然气市场供求关系，并且赋予市场一定的自主权。在市场净回值法下，天然气门站及以上价格由国家主管部门管理，门站价格不再分类，实行统一政府指导价的同时，供需双方可在不超过价格范围内协商确定具体价格，但这一定价方法仍然保留了一定的管制色

---

① 汪锋、刘辛：《中国天然气价格形成机制改革的经济分析——从“成本加成”定价法到“市场净回值”定价法》，《天然气工业》2014 年第 34（9）期。

彩。2013 年 7 月起，市场净回值法在全国范围内使用。此外，这一定价机制还保留了双轨制特征，即将天然气消费分为存量气和增量气，增量气以市场净回值定价，存量气则仍然以管制定价。2015 年 2 月，国家发改委发布《关于理顺非居民用天然气价格的通知》，宣布自 2015 年 4 月起，中国天然气存量与增量气价正式并轨，国产陆上气全部采用“市场净回值”法确定门站价。2015 年 11 月，国家发改委根据《中共中央国务院关于推进价格机制改革的若干意见》，决定降低非居民用天然气门站价格，将非居民用气由最高门站价格管理改为基准门站价格管理。降低后的最高门站价格水平作为基准门站价格，供需双方可以基准门站价格为基础，在上浮 20%、下浮不限的范围内协商确定具体门站价格。相对于国产陆上气，国产海上气价格的市场化程度较高，由供需双方自主协商确定。然而，目前国产海上气产量较少，占国产气的比重较低，不具有系统重要性的地位，难以显著提升国产气的市场化定价程度。不过，随着未来海上天然气资源被不断勘探和产量的不断增加，海上气在中国天然气供给中的地位将日益重要，市场化程度高的海上气将会有力地提升中国天然气定价机制的市场化。

进口天然气的定价模式与国产气迥然不同，其中进口 LNG 基本实现市场化定价。中国主要是从澳大利亚、中东等国家或地区进口 LNG，进口价格主要采用与油价挂钩的方式确定，同样受到日本 LNG 到岸价格影响，而终端销售价格由供需双方协商确定。进口管道气主要采用双边垄断定价模式。中国进口管道气主要来自中亚国家和俄罗斯，进口价格采用双边垄断定价模式，直接由双方政府谈判确定，并由主要供应商签订长期协议。进口后，管道气纳入国产陆上气体系，输往各地定价销售。由于各地定价与管道气进口价格存在价差，这就可能出现进口管道气呈现“价格倒挂”，即管道气价格有可能高于国内天然气价格从而产生亏损。目前，亏损部分由管道气进口商承担。不过，进口管道气的“价格倒挂”状况也不是绝对的，可能与国内偏高的管道运输成本密切相关，若降低管道运输成本，进口管道气的价格倒挂现象可能得以消除。

事实上，不论是进口气还是国产气，最终仍要进入国内各地区的销售渠道，均受到政府指导定价方式的限制，总体上均不属于竞争性的定价机制。因此，在中国各个阶段的天然气定价机制中，均不同程度地存在着政府监管，政府对天然气价格的监管体现在天然气生产、运输、配气等各个环节中。

四 消除“亚洲溢价”与中国的策略选择

定价权的强弱及其归属是天然气市场化的一个结果。鉴于中国天然气市场的规模巨大，其需求空间和供给潜力是其他亚洲国家所无法比拟的，只要中国能建立起充分竞争的天然气市场机制，中国的天然气市场价格自然会成为亚太地区的重要基准价格，对东亚地区的天然气价格走势将产生风向标作用。因此，提升中国天然气定价话语权必须满足两大前提条件，一是构建充分竞争的市场竞争机制，二是运用自身巨大供给需求体量对区域乃至全球的交易价格施加影响。因此，我们需要建立反映本地区市场供求关系的天然气市场，这个市场能发现天然气的真实价格。真实的价格，有利于减少价格“扭曲”，避免效率损失，使得天然气被合理地利用。这种公平合理的天然气价格应该由供给需求的基本面决定，而不是卖方或者买方左右价格的非市场能力。如果这个市场是可信且相关的，价格也就自然能够被认可。此外，天然气定价权的提升根本上仍取决于基于市场规模的议价能力。因此，如何充分利用自身巨大的天然气消费需求以及非常规天然气、可燃冰的潜在储量，对东亚乃至全球的天然气市场施加影响，是中国的必然选择。

（一）把握油气价格低的战略机遇期

低油气价格的市场环境为建立天然气枢纽价格提供了有利的时间窗口。在油气价格处于高位的时期，卖家担心利益受损，往往不愿意接受新的定价机制，而在油气价格较低的时期，即便修改定价机制，合同价格可能也变化不大，更容易被买卖双方接受。

从2015年开始，全球LNG市场迎来了一轮供应增长大潮，并将持续到2020年左右，未来数年，低气价状态继续得以维持将是一个大概率事件。根据目前的规划项目进度，预计2020年全球年度LNG液化能力将接近8亿吨。若1/3的项目能按时按量投产，2020年全球年度LNG液化能力将达4.4亿吨。随着全球LNG供给趋于宽松，卖家对消费市场的争夺将日益激烈。除中东、澳大利亚、东南亚等传统的LNG供应地之外，受益于页岩气革命的美国正在积极推动LNG出口。美国页岩气革命急剧提高了北美天然气的市场供应量，改变了大西洋两岸乃至全球的天然气贸易格局。从理论上讲，北美和全球的天然气供应上升所带来的价格下降效应会外溢至亚太区域。在这一市场供需环境下，天然气买家的话语权地位将会明显提升。目前，亚太天然气需求的诱人增长前景，已吸引着西非、拉美、北海和北美等地区的油气供应商在此聚集。中东更不愿意放弃需求增长旺盛的亚洲市场。因此，以中国为代表的亚太地区在形成定价权方面越来越有优势。

（二）建立天然气市场化定价机制

“亚洲溢价”的具体成因涉及能源安全、地理、政治等多个维度，并且这些因素彼此之间往往相互交织，从而形成一团解不开的死结，进而造成“亚洲溢价”的长期存在。而造成“亚洲溢价”的根源，仍然是亚洲能源供应的不确定性，致使亚洲国家普遍愿意支付“风险升水”来规避不确定性。供应国也借机采取价格歧视策略，向亚洲买家索要高价，从而形成一种有利于供应商、高度差异化的天然气均衡价格状态。显然，这种“亚洲溢价”现象对于亚洲能源需求国而言无疑是一种巨大的福利损失。依靠供需两端的体量优势，中国可在消除天然气的“亚洲溢价”、提升亚洲天然气定价权上发挥重要作用。

尽快实现天然气的市场化定价，即“气对气”定价机制。要促使亚洲各国均参考中国的天然气价格，必须让中国的价格尽可能地反映天然气市场的供求状况。目前，日本定价机制仍参考 JCG 石油清关价格，实行“油气联动”的定价机制，且日本对外油气依赖程度很高，其价格水平事实上不能反映亚洲天然气市场的实际供需状况，造成了较高的溢价。亚洲现行以日本为参考价的天然气价格体系，事实上给亚洲国家带来了不必要的天然气溢价和额外的天然气进口支出。相比欧美已经运作成熟的美国亨利中心、英国 NBP 交易中心，亚洲仍然缺乏统一的、活跃的天然气交易中心。一个统一活跃的交易中心，可发挥基准价格的作用，并通过市场竞争和金融服务降低不确定性，有助于削减“亚洲溢价”。以欧美国家的成熟经验来看，交易中心应当建立在天然气管网枢纽（美国亨利中心），或金融高度发达的地区（英国 NBP）。事实上，上海完全有条件扮演天然气交易中心的角色，具有诸多便利条件，具体体现在：一是上海是人民币在岸金融中心和亚洲金融中心；二是上海处于“西气东输”“川气东送”多个管网的节点之上，是中国天然气的重要交易中心；三是上海是港口城市，具有天然的 LNG 接驳条件。

2015 年 7 月 1 日，中国上海石油天然气交易中心开始试运行，开展 LNG 和管道气交易。该交易中心计划发挥平台资源优势，利用交易中心平台产生的价格，编制和发布中国天然气价格指数、中国 LNG 价格指数、中国 LNG 运输价格指数、中国天然气消费景气指数等一系列指数产品，并力图使这些价格指数成为今后中国乃至亚太地区油气贸易合同的定价基准。不过，上海石油天然气交易中心目前仍处于建设发展过程之中，与期望的目标尚有不少距离，面临的挑战主要有：一是交易中心的交易功能仍然不够健全，目前不具备形成天然气中国价格的必要条件；二是培育天然气基准枢纽的一个基础条件，是成为多个重要骨干管网的交汇地，或者是管道运输能力充足的主要市场①，在这方面，上海也面临着亚洲其他城市（如新加坡）的竞争。

（三）扩大天然气供应能力

第一，加大非常规天然气的开发。根据国际能源署（IEA）的数据，中国的煤层气储量丰富，位居世界第三，仅次于俄罗斯、加拿大，且全部储量与国内常规天然气相当。目前，中国各级政府已制定多项优惠政策鼓励煤层气的开发，在可预见的未来，中国将形成巨大的非常规天然气供应。同时，中国页岩气的储藏量大，尽管在页岩气开采上面临着地质、水源和技术等方面的诸多障碍，但具有广阔的发展前景。此外，中国的天然气水合物（可燃冰）资源丰富，发展潜力大。2017 年 5 月，中国成功试采可燃冰，计划在 2030 年前实现可燃冰的商业化开采，可燃冰不仅清洁高效，且在中国储量巨大，一旦实现大规模商业化开采，无疑将迅速增加中国天然气的产量，显著增强中国的天然气供应能力，甚至对其他国家形成出口。因此，中国加快煤层气、页岩气和可燃冰的开发，将会增强亚洲整体的天然气供应能力，进一步削减天然气供应的不确定性，有利于提升亚洲国家与外国天然气供应商的谈判能力，从而有助于压缩“亚洲溢价”的水平。

---

① 施训鹏：《中国天然气基准价格形成中的若干问题》，《天然气工业》2017 年第 4 期。

第二，加快管道运输的建设力度，可考虑与亚洲国家协调建立以中国为中心的管道运输网络。目前，日韩等国因在天然气管道建设上面临着难以克服的障碍，主要采用 LNG 的运输形式，不仅成本较高，且不确定性巨大。当前，中亚、俄罗斯已与中国建设完成多条重要的天然气管道，中国国内的天然气网络覆盖面较广，“西气东输”“川气东送”等工程已建设完毕。因此，可考虑建设以中国为核心的东亚管道运输网络，将中国作为中亚、俄罗斯向韩国、日本供应天然气的中转站，这既可消除管道经过朝鲜对于韩国的不确定性，又避免了从俄罗斯直接输往日本的天然气必须经过争议领土的窘境。当然，这一构想必须建立在各国增强战略互信、克服诸多矛盾，且协商一致的基础之上。

第三，拓展天然气进口渠道，实现多元化进口。除卡塔尔、俄罗斯等传统天然气出口国外，目前美国、澳大利亚等亚太区域内国家也在天然气供应上发挥着越来越大的作用。根据 IEA 的预测数据，2020 年，美国的天然气出口能力将达到 2000 亿立方米。而且，美国的 LNG 产能近年来也实现了迅猛增长，截至 2014 年年底，美国已批准 43 个 LNG 出口项目。此外，莫桑比克等东非国家陆续发现大量天然气资源，并制订了 LNG 出口计划。这亚洲国家而言，无疑是一个实现进口渠道多元化的难得机遇，这将有助于削减“亚洲溢价”。中国应充分利用油气价格低这一难得的市场契机，继续完善现有进口通道，开辟新的进口通道，推动供给来源多元化。目前，已有亚洲国家从美国进口 LNG。例如，韩国三星工程公司与美国德州天然气公司签订了供气协议，韩国将从美国进口约 200 万吨 LNG，这有利于韩国减少对俄罗斯和中东国家 LNG 的进口依赖度。同时，中国应继续鼓励国内企业“走出去”积极参与海外资源开发，建设中亚、俄罗斯、澳大利亚、卡塔尔、加拿大等稳定可靠的天然气供应基地。在配套基础设施建设方面，中国在持续优化天然气配送管网的同时，加快储气库设施的建设节奏和规模，提高应急储备调峰能力。

（四）加强区域内国家之间的协调沟通

要消除天然气价格“亚洲溢价”现象，一个关键因素是如何协调亚洲国家之间的利益冲突和地缘政治矛盾。目前，中日韩三国难以寻求到一种共同的利益协调机制，致使亚洲统一的区域性管道运输网络、区域性交易中心、定价机制改革均难以形成。而且能源供应安全问题持续突出也使得供应不确定性阴影始终笼罩在亚洲国家的心头。虽然寻求更多元化的外部供应、需求放缓等因素有助于减少“亚洲溢价”，然而这并非釜底抽薪之策，关键仍在于亚洲国家消除分歧，早日建立如欧美市场一样的统一天然气市场。

毋庸讳言，要使得某一个国家的价格得到区域内其他国家认可并接受为基准价格绝非易事。中国要提升在天然气定价领域的话语权，促使国内的天然气价格成为区域基准价格，必须有两个基础性条件：第一，市场化定价机制是基础，并且这一机制应能准确反映市场的供需结构，如果中国价格无法充分反映市场供求状况，那么这一价格将仍然与目前的日本价格一样，既可能存在过高的溢价，又无法得到区域国家的认可和使用。第二，在拥有一个受到广泛认可的定价机制和交易市场后，中国应依据市场规则，利用本国巨大的天然气需求量和潜在供应量的优势，参与区域天然气市场交易，对天然气市场施加影响，以确保天然气市场能实现高效运行并且充分反映供需关系的变动，两者缺一不可。

五　天然气人民币与提升中国的天然气定价权

如前所述，实行市场化定价机制和利用自身供需体量对市场施加影响，是中国提升天然气定价权的两个必要条件。在当前人民币国际化进程有所迟滞的情形下，推进天然气贸易的人民币计价和结算，无疑是中国提升天然气定价话语权的一条重要途径。天然气人民币是指在天然气贸易中以人民币进行计价结算。相对于石油美元，天然气人民币更需要依托于中国自身的规模优势。事实上，天然气人民币的计价结算和定价权提升是相辅相成，互相促进的。如果使用人民币计价和结算天然气贸易，那么人民币的自由流动或国际化可以促进中国的天然气交易。而且，由于中国天然气的贸易体量巨大，可以吸引投资者用人民币计价和结算天然气，这将助推人民币国际化。这种相互促进的正反馈机制，不仅能促进人民币在国际上广泛使用，也吸引投资者来中国进行天然气交易。

若中国建立了市场化的定价机制和完善的天然气交易平台，中国可有效利用天然气人民币来提升在定价领域的话语权。中国可利用自身需求量大的优势，对每年大量进口的天然气用人民币计价和结算。同时，中国可利用其位于亚洲天然气管道的枢纽地位，如作为中亚、俄罗斯向韩国、日本供应天然气的中转站，建设以中国为核心的东亚管道运输网络，且发挥自身非常规天然气的供应能力，推动过境气乃至出口气以人民币计价和结算。显然，这两者的结合，可显著增大可用人民币计价和结算的天然气贸易量，将大大助推人民币国际化，促进天然气贸易与人民币计价结算的挂钩。在这一过程中，中国在亚洲天然气贸易中的权重将明显提升，在亚洲天然气定价方面的话语权将提升，中国天然气市场的地位将进一步增强。因此，构建天然气人民币体系，对于中国提升天然气定价权而言，是一个十分重要的战略选择。

要推动人民币在天然气贸易中的计价和结算，中国需要做好以下几方面的工作：首先，要建设一个体量较大的人民币在岸和离岸市场。鉴于中国的经济规模和天然气需求量，建设一个大规模的人民币市场不是难事。其次，要推进外汇体制改革，建立发达的离岸人民币金融市场。人民币自由兑换是开展以人民币计价和结算的天然气交易所必须具备的条件之一。要允许外资参与中国国内的商品期货交易，并在外汇管理上提供相应的便利。再次，要推动建立发达的、多层次的离岸人民币金融市场，特别是推进离岸人民币债券市场的发展。中国需要为天然气出口国通过天然气贸易顺差获得的人民币，提供多途径的投资和保值增值渠道。人民币回流机制的拓展和健全，可以提升外国天然气出口商使用人民币计价和结算的积极性，实现天然气人民币运行机制的可持续性。

目前，中国在促进天然气人民币的计价和结算方面仍面临着诸多困难和障碍。首先，天然气人民币的计价和结算，要求中国建设一个庞大和活跃的天然气市场，这将对国内天然气市场、产业的已有利益构成较大冲击。其次，未来全球天然气市场区域分割的状况将继续维持，北美、欧洲和亚太三个市场相对独立，区域内的天然气各自结算，因此，天然气人民币的计价和结算规模，受到中国和亚洲的天然气贸易规模的限制。最后，打破现有的交易结算格局困难重重，市场的惯性力量很强大，要说服投资者使用人民币而非美元计价结算，说服投资者前往中国交易并非易事，这需要大量的努力，尤其是时间。在短期内，恐怕难以奏效。

从长期角度看，中国在天然气定价上的话语权将处于上升态势，天然气人民币计价结算是提升中国谈判能力的一个重要助推剂。然而，天然气人民币计价结算在短期内存在着较大不确定性，需要满足诸多的条件，短期内恐难获成功。要实现天然气人民币计价和结算，一个基本的前提条件，是建立一个市场化的天然气定价机制和交易中心，从而，实现天然气市场化定价，是推进天然气交易的人民币计价和结算的第一步。因此，尽快推动国内的天然气价格机制改革是当务之急，并在此基础之上，建立可以反映市场供求关系的国际天然气交易市场。唯有如此，中国才有机会真正实施天然气人民币计价结算，才能充分实现天然气人民币计价结算和天然气定价权提升的这一相互促进的正反馈机制。

附 V

构建天然气人民币体系的可行性与人民币国际化*

一 引言

在本轮国际金融危机爆发后，为了降低在国际贸易与投资中对美元的过度依赖，以及避免庞大美元计价储备资产可能遭受的损失，中国政府开始大力推进人民币国际化。人民币国际化在发展初期（2009 年至 2015 年上半年）进展迅速，但在 2015 年下半年至 2017 年年初陷入了停滞。

通过归纳美元、日元国际化的经验教训，以及梳理人民币国际化进程由快变慢的特征实施，笔者发现，要持续推进人民币国际化，应该努力拓展人民币的计价货币职能。而在过去，中国政府主要致力于推动跨境贸易与投资的人民币结算，而忽视了人民币计价功能的拓展。

针对大宗商品交易来拓展人民币作为国际计价货币的职能，有望进一步、可持续地推进人民币国际化进程。结合当前全球大宗商品市场的发展以及中国的具体国情，笔者认为，努力推动构建天然气人民币体系，尤其是鼓励人民币作为中国国内以及周边区域天然气交易的计价货币，可能成为未来中国政府推

---

* 执笔人：张明、王永中。

动人民币国际化的很重要抓手。

本篇的结构安排如下：第二部分分析人民币国际化进程从快速扩展到陷入停滞的特征实施，并探析其背后深层次的原因；第三部分分析构建天然气人民币体系的可行性与必要性；第四部分为天然气人民币的回流机制；第五部分为结论。

二 人民币国际化：从快速扩展到陷入停滞

在2008年美国次贷危机爆发之后，为了稳定金融市场与提振实体经济，美联储实施了零利率与量化宽松政策，此举使得美元汇率在长期内面临显著贬值的风险。由于中国政府巨额外汇储备的绝大部分投资在美元计价的金融资产之上，一旦美元显著贬值，中国外汇储备将会遭受巨大的估值损失。有鉴于此，从2009年起，中国政府开始积极推动人民币国际化，试图借此来降低在国际贸易与投资中对美元的过度依赖。

事实上，中国政府之所以开始推动人民币国际化，除了上述直接动因外，还有如下几个主要原因：一是试图提高人民币的国际地位，使得人民币的国际地位与中国经济在全球经济中的比重相互匹配；二是试图降低中国企业面临的汇率风险与汇兑成本；三是方便中国政府与企业以本币在全球范围内进行融资；四是通过人民币国际化以及相关的资本账户开放，来倒逼国内的结构性改革①。

自2009年以来，中国政府主要沿着两条主线来推动人民币国际化。第一条主线是鼓励在对外贸易与投资中使用人民币来

① Zhang, Ming (2015), "Internationalization of the Renminbi: Developments, Problems and Influences", *CIGI New Thinking and the New G20 Paper Series*, No. 2, March 2015.

进行结算。第二条主线是大力发展中国香港、新加坡、中国台湾、伦敦等离岸人民币金融中心。除此之外，为了帮助境外市场在人民币供不应求时获得足够的人民币流动性，中国央行也与很多地区的中央银行签署了双边本币互换。

2009 年以来到 2017 年年初，人民币国际化的发展可以大致分为两个阶段。第一个阶段为 2009 年至 2015 年上半年。在此期间，人民币国际化呈现出快速扩展的态势，无论是在人民币跨境贸易与投资结算方面还是在离岸人民币金融市场发展方面都取得了显著的进展。第二个阶段为 2015 年下半年至 2017 年年初。在此期间，人民币国际化进程陷入了停滞状态，无论是人民币跨境贸易与投资结算规模还是离岸市场人民币存款规模都出现了显著下滑的现象。

如图 1 所示，跨境贸易人民币结算规模由 2010 年第一季度的 184 亿美元，一路攀升至 2015 年第三季度的 2. 09 万亿美元，增长了约 113 倍。在 2015 年第三季度，跨境贸易人民币结算规

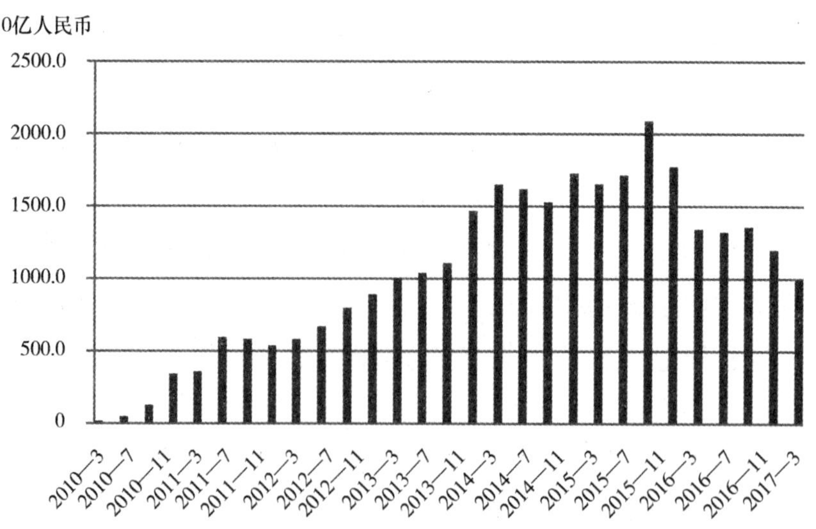

图 1 人民币跨境贸易结算规模的变动

资料来源：CEIC。

模大致占到中国跨境贸易总规模的 1/4。然而，从 2015 年第三季度至 2017 年第一季度，跨境贸易人民币结算规模却由最高峰的 2. 09 万亿美元下降至 9942 亿美元，下降了约 52%。

如图 2 所示，外商直接投资（FDI）与对外直接投资（ODI）的人民币结算规模分别由 2012 年 1 月的 135 亿美元与 17 亿美元，一路上升至 2015 年 9 月的 3507 亿美元与 2078 亿美元，分别增长了约 25 倍与 121 倍。然而，从 2015 年 9 月到 2017 年 3 月，外商直接投资（FDI）与对外直接投资（ODI）的人民币结算规模却分别由最高峰的 3507 亿美元与 2078 亿美元，下降至 922 亿美元与 291 亿美元，分别下跌了约 74% 与 85%。不难看出，跨境直接投资人民币结算规模的萎缩幅度，甚至显著高于跨境贸易人民币结算规模的萎缩幅度。

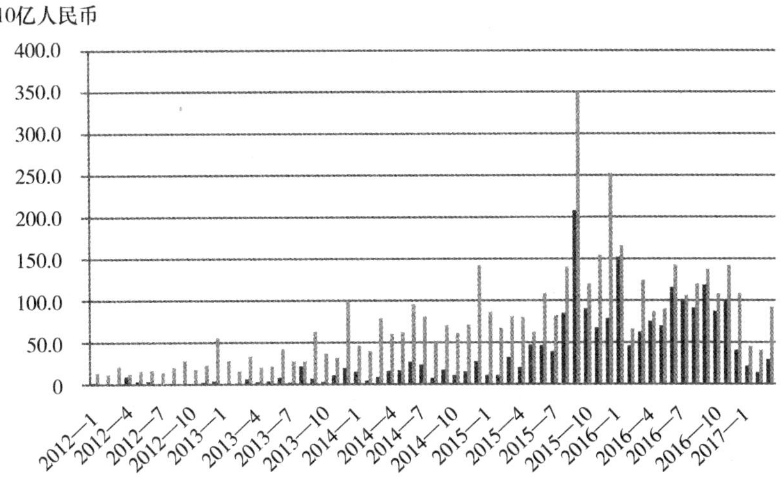

图 2　人民币跨境直接投资结算规模的变动

资料来源：CEIC。

我们可以用离岸市场的人民币存款规模变动来刻画离岸人民币市场的发展状况。如图 3 所示，中国香港的人民币存款规模在 2009 年年底仅为 627 亿元。2010 年 1 月至 2014 年 12 月，中国香港人民币存款规模由 640 亿元快速攀升至 10036 亿元，增长了约 15 倍。然而，2014 年 12 月至 2017 年 2 月，中国香港人民币存款规模却由最高峰的 10036 亿元下降至 5114 亿元，缩水了约 49%。

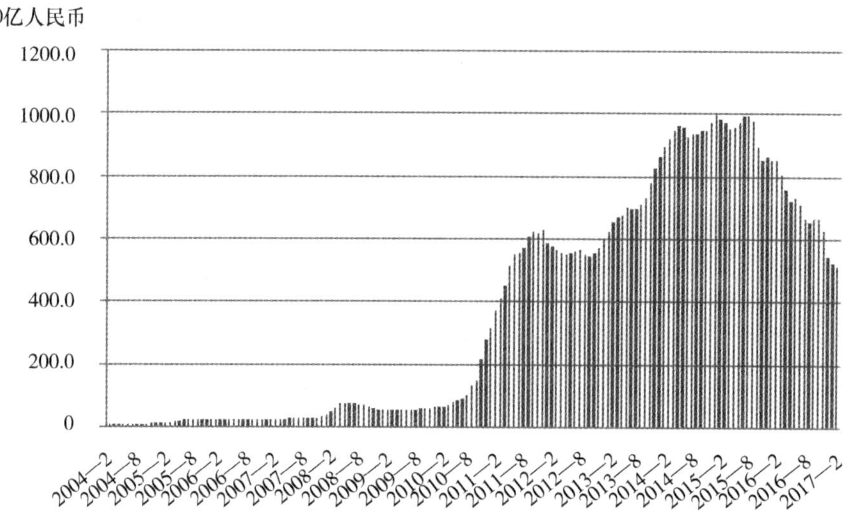

图 3　中国香港人民币存款余额的变动

资料来源：CEIC。

如图 4 所示，中国台湾人民币存款规模由 2011 年 8 月的 7070 万元上升至 2015 年 6 月的 3382 亿元，增长了约 4784 倍。然而，2015 年 6 月至 2017 年 3 月，中国台湾人民币存款规模却由最高峰的 3382 亿元下降至 3088 亿元，下降了约 9%。新加坡人民币存款规模由 2013 年 6 月的 1330 亿元上升至 2015 年 6 月的 2340 亿元，增长了约 76%。然而，2015 年 6 月至 2016 年 12 月，新加坡人民币存款规模由最高峰的 2340 亿元下降至 1260 亿元，缩水了约 46%。有趣的是，中国台湾与新加坡人民币存款规模的最高点都出现在 2015 年 6 月。

综上所述，从图 1 至图 4 中可以看出，无论是跨境贸易与直接投资的人民币结算规模，还是离岸市场人民币存款规模，均

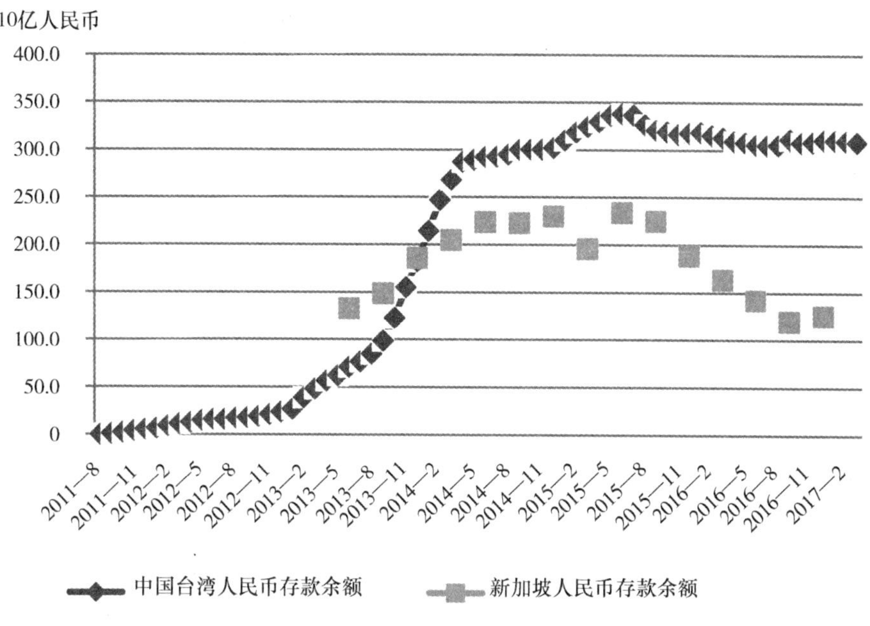

图 4 中国台湾与新加坡人民币存款规模的变动

资料来源：CEIC。

在 2009 年至 2015 年上半年出现了快速扩张的势头，但也均在 2015 年下半年至 2017 年年初陷入了明显的停滞阶段。那么，导致人民币国际化进程由快放慢的原因是什么呢？

笔者认为，人民币国际化的进程，归根结底取决于外国投资者（包括外国居民、外国企业、外国金融机构与外国政府）有多大意愿持有人民币计价的资产（包括实体资产与金融资产）。如果外国投资者持有人民币计价资产的意愿很强烈，那么人民币国际化就会出现快速扩展。而如果外国投资者持有人民币计价资产的意愿减弱，那么人民币国际化就会出现明显的停滞。更进一步，外国投资者持有人民币计价资产的意愿，自然又取决于他们持有人民币计价资产的相对收益（与持有其他币种资产的收益相比较而言）。

从这一角度出发进行分析，笔者认为，有三个重要因素的变化导致了人民币国际化进程的由快变慢：第一，中国经济增速近年来的逐渐放缓，降低了外国投资者投资人民币计价资产的整体回报率。如图 5 所示，中国季度 GDP 同比增速已经由 2010—2011 年的 10.2%，下降至 2015—2016 年的 6.8%；

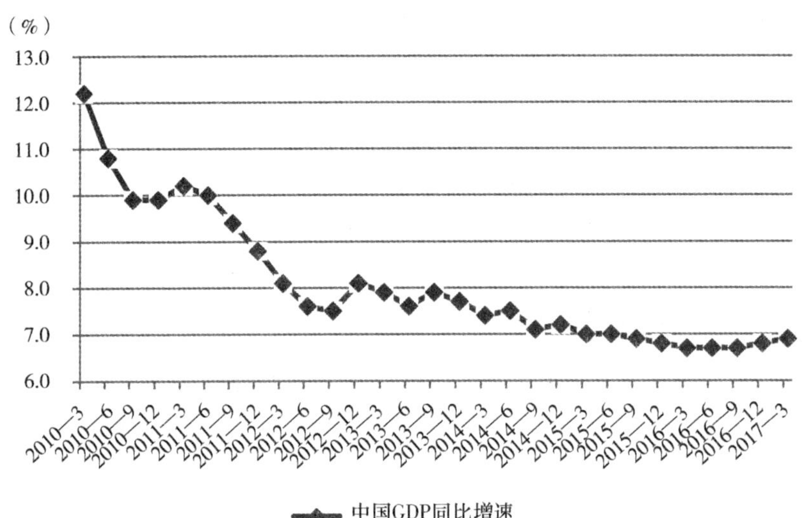

图 5　中国季度 GDP 同比增速的变动

资料来源：CEIC。

第二，以 2015 年 8 月 11 日的人民币汇率形成机制改革（以下简称 811 汇改）为界，人民币兑美元汇率由持续升值的状态转变为波动中持续贬值的状态，而人民币汇率升值预期逆转为贬值预期，也会直接降低外国投资者持有人民币资产的回报率。如图 6 所示，人民币兑美元汇率由 2010 年年初的 6.8 左右，一度升值至 2015 年“811 汇改”之前的 6.1 左右。在这一期间内，人民币兑美元的持续升值，自然会导致外国投资者持有更多的人民币资产。然而，人民币兑美元汇率也由 811 汇改之前的 6.1 左右，贬值至 2017 年 3 月底的 6.9 左右。在这一期间内，人民币兑美元的波动中持续贬值，自然也会导致外国投资者减持人民币资产；

第三，中国国内与国外相对较高的利差，从 2014 年起逐渐

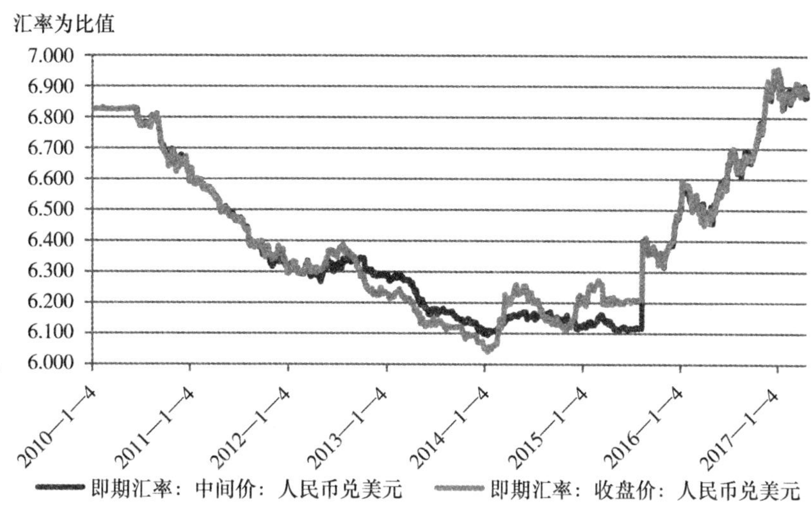

图6　人民币兑美元汇率的变动

资料来源：CEIC。

缩小，这也会降低外国投资者投资人民币计价资产的相对回报率。如图7所示，中国内地与中国香港3个月短期利率之差，在2011年时一度高达6个百分点，在2011—2013年平均也达到4.4个百分点。如此之高的利差自然会导致人民币套利交易（RMB Carry Trade）的盛行，也即外国投资者倾向于大量持有人民币计价资产。然而，随着中国经济增速的下行，中国央行从2014年起开始转为实施宽松货币政策，包括连续的降息与降准，这些操作自然会导致中国国内市场利率的下行。此外，由于美联储从2015年起进入了新的加息周期，国外利率水平也开始逐渐上升。这两种趋势共同导致中外利差从2014年起快速收窄。如图7所示，在2016年全年，内地与香港3个月短期利率之差平均已经降至2.3%左右。随着人民币兑美元的升值趋势逆转为贬值趋势，如此小的利差已经不足以吸引外国投资者继续进行套利交易。事实上，从2015年“811汇改”起，人民币套利交易已经发生了逆转。这就意味着，大量境外套利资金开始撤出中国。

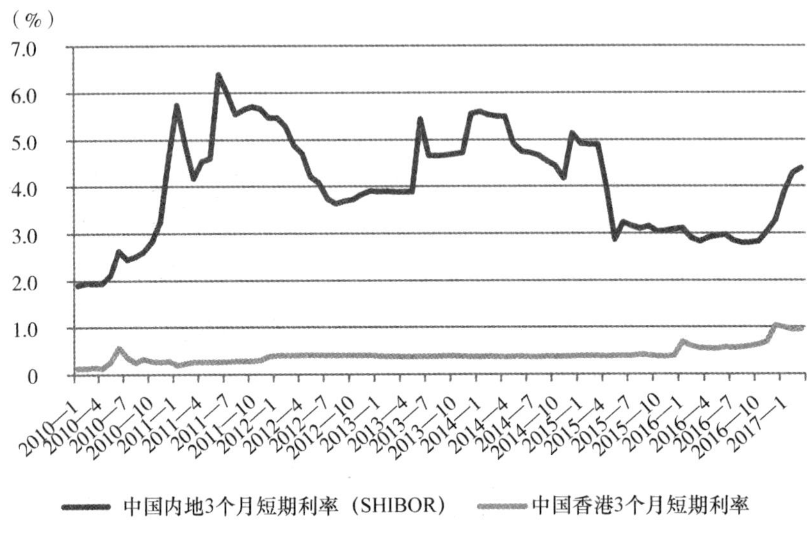

图 7　中国与中国香港之间利差的变动

资料来源：CEIC。

综上所述，之所以人民币国际化进程从 2015 年下半年起由快转慢，原因包括中国经济增速从 2012 年起的快速下滑、人民币兑美元升值预期从 2015 年“811 汇改”起的逆转，以及中外利差从 2014 年起的明显收窄。这些原因叠加起来，共同降低了外国投资者持有人民币计价资产的相对回报率，从而降低了外国投资者持有人民币计价资产的意愿，最终导致人民币国际化进程的放缓。更进一步的证据如图 8 所示。2010—2013 年，中国总体上面临经常账户与金融账户的双顺差。然而，从 2014 年第二季度至 2016 年第四季度，中国经济已经连续 11 个季度面临资本净外流的格局。而对金融账户资产方与负债方的进一步分析则发现，在这一时期内，外资外撤是中国资本净外流的主导因素，这从另外一个层面反映了外国投资者持有人民币计价资产意愿的下降。

从对迄今为止人民币国际化进程由快转慢的梳理中，我们可以总结出两条重要的经验教训：第一，过去中国政府在推动人民币国际化之时，注意力主要放在推动跨境贸易与投资的人

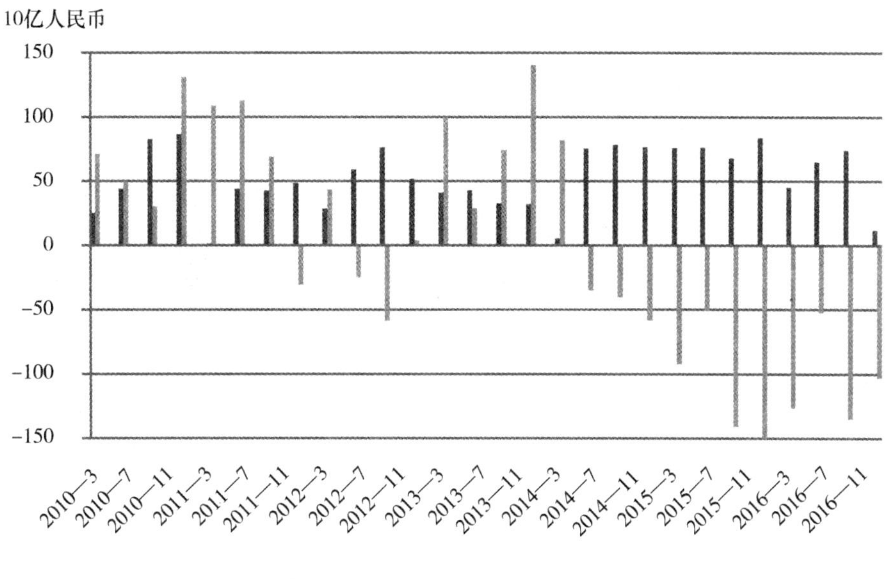

图 8　中国国际收支状况的变动

资料来源：CEIC。

民币结算方面，而忽视了推动人民币在国际计价货币方面扮演更加重要的角色。而美元、日元国际化的经验教训则表明，在货币国际化方面，计价货币的职能要远比结算货币的职能更加重要①；第二，由于中国政府是在人民币利率与汇率充分市场化之前推动人民币国际化的，这就造成在 2009 年至 2015 年上半年期间，跨境套汇交易（也即投资者套取人民币汇率升值收益）与跨境套利交易（也即投资者套取中外利差收益）大行其道。为了规避监管，这些跨境套汇与套利交易大多借着人民币跨境贸易或投资结算的伪装进行，进而造成了人民币国际化的泡沫。

① Yu, Yongding (2012), "Revisiting the Internationalization of the Yuan", ADBI Working Paper, No. 366. Gao, Haihong and Yu, Yongding (2012). "Internationalization of the Renminbi", BIS Papers, No. 61. Ito, Takatoshi (2016), "A New Financial Order in Asia: Will a RMB Bloc Emerge?" NBER Working Paper, No. 22755.

而随着跨境套汇与套利交易空间的收窄，这些交易的规模自然会显著下降，而这最终会刺破人民币国际化的泡沫，造成人民币国际化进程的放缓①。

三 建立天然气人民币体系：可行性与必要性

从美元国际化的历史来看，成为全球原油交易的计价货币，对美元国际化功不可没。笔者认为，借鉴美国的成功经验，在当前的国内外环境下，建立天然气人民币体系，尤其是推动人民币成为区域内天然气交易的计价货币，有望显著增强人民币作为计价货币的国际地位，进而有助于持续推动人民币国际化进程。从目前来看，建立天然气人民币体系具有如下可行性与必要性。

1. 全球天然气供应宽松为天然气人民币提供了前提条件

全球天然气供应宽松，有利于提升中国在天然气领域的话语权，为天然气人民币的结算和计价提供了前提条件。美国页岩气革命对全球天然气供给需求结构产生了颠覆性影响。目前，全球天然气供给增长速度明显快于需求，供应状况宽松。全球天然气供应增长来源于常规天然气和页岩气。其中，页岩气贡献了2/3的产出增长，主要由美国页岩气革命所驱动。未来，

---

① Zhang, Ming and Zhang, Bin (2017), "The Boom and Bust of RMB Internationalization: The Perspective from Cross-border Arbitrage", *Asian Economic Policy Review*, Vol. 12, No. 2. 张明、何帆：《人民币国际化进程中在岸离岸套利现象研究》，《国际金融研究》2012年第10期。张斌、徐奇渊：《汇率与资本项目管制下的人民币国际化》，《国际经济评论》2012年第4期。何帆、张斌、张明、徐奇渊、郑联盛：《香港离岸人民币金融市场的现状、前景、问题与风险》，《国际经济评论》2011年第3期。

随着页岩气开采生产技术的成熟完善与推广普及，之前难以开发利用的页岩气资源将会得到开发。据 BP① 的预测数据，天然气需求增长主要受新兴经济体驱动，其中 30% 的增长来源于中国和印度，20% 的增长来源于中东国家。

全球天然气供应趋于宽松，有利于中国等需求方增强在天然气市场的话语权和议价能力。具体体现在：一是美国的天然气独立，导致美国干预全球天然气市场的动力有所下降，这为中国提升在全球天然气治理领域的话语权和地位提供了契机。二是在天然气供给过剩的环境下，各产气国势必激烈竞争市场份额，天然气交易话语权向中国等买方市场倾斜，中国作为潜在的天然气最大需求者，必然会受到供给方的追逐。从而，中国可利用自己在需求端的体量优势作为筹码，谈判进口天然气的定价方式和条件，可为消除“亚洲溢价”、人民币计价和结算天然气进口创造条件。

2. 液化气贸易快速扩张为天然气人民币创造了市场机会

液化气（LNG）贸易量的快速增长，将加速全球天然气市场一体化和油气价格的脱钩进程，为人民币计价和结算天然气贸易创造了市场机会。全球天然气尚未形成一个统一的市场，呈现出多个区域性国际市场并存的局面，导致天然气无法统一进行全球性配置，存在多个定价枢纽，造成了不同区域市场的价格存在着明显差异。最明显的例子是东北亚的天然气进口价格长期高于欧洲及北美地区的天然气交易价格。

LNG 贸易的迅速增长将会逐步打破全球天然气市场碎片化、区域化的格局。相较于管道气贸易，LNG 运输更为灵活和富有弹性，LNG 可根据不同区域天然气的供给需求和价格变动的信息，便捷地调整 LNG 运输的目的地，这有助于缩小不同区域之间天然气价格差异，促进天然气在不同区域之间的优化配置，

① BP，*BP Energy Outlook 2017*，2017.

因此，LNG 贸易有助于形成全球统一的天然气市场，缩小天然气价格的差异。根据 BP① 的预测，在 2015—2035 年，LNG 国际贸易量的增长速度是天然气消费的两倍，LNG 在天然气中的份额将由 2014 年的 10% 升至 2035 年的 15%。2035 年，LNG 将超过管道气成为天然气贸易的主导气源。澳大利亚的 LNG 供给通常被亚洲需求吸收。美国 LNG 出口的市场更为多元化，包括欧洲、亚洲、中美洲和南美洲，从而，在全球天然气市场上，美国的天然气价格更多地扮演了锚价格的功能。所以，LNG 贸易的日益增长，将加快天然气价格由区域差异化向全球一体化过渡的进程。

全球天然气市场的一体化发展必将促进天然气价格与石油价格的脱钩，有利于天然气价格由其自身供给需求及其未来变动预期等因素所共同决定，而不是被动受制于石油价格。随着北美近年页岩气的爆发式增长，天然气市场流动性的显著提升（超过 8000 个生产商），天然气价格走势与 WTI 油价走势出现背离。显然，油气价格的脱钩为人民币充当天然气贸易的计价和结算货币创造了市场机会。具体体现在：一是美元作为石油计价货币的地位稳固，若油气价格挂钩，美元势必会顺理成章地成为天然气的计价货币。油气价格脱钩，客观上增大了美元计价天然气的难度。二是全球天然气市场由区域化向一体化的加快过渡，为美元、欧元和人民币等货币充当计价货币提供了机会，中国可利用自身需求的体量优势，在推动全球天然气市场一体化发展的过程中实现人民币国际化。

3. 上海的亚洲天然气交易中心潜质为天然气人民币提供了发展潜力

上海具备成为亚洲天然气交易中心的条件，天然气人民币具有巨大的发展潜力。当前，全球天然气供过于求局面的出

① BP, *BP Energy Outlook 2017*, 2017.

现，俄罗斯天然气出口重心的东移，以及美国由天然气的进口大国向净出口国的转变，导致东北亚地区的中日韩三国获取天然气资源和谋求定价话语权的能力不断增强。为消除天然气的“亚洲溢价”，获取有利的天然气贸易条件，中日韩三国在推进建立区域性天然气交易市场上有共同的诉求，这为东北亚地区建立共同的天然气交易市场创造了契机。从全球范围看，中国处于中亚天然气供应和东北亚天然气消费枢纽地位，目前拥有中亚、俄罗斯天然气供应和中缅油气管道，管道天然气和海上 LNG 进口十分便利，加上充足的天然气供给和庞大的天然气消费，使得中国在构建跨国天然气管网、建立东北亚天然气交易中心方面具有显著优势①。从而，天然气人民币具有巨大的发展潜力。

目前，日本在亚洲天然气定价方面拥有暂时优势，但其优势很不稳定，随着日本天然气需求增速的明显放缓，日本的地位将很快被中国取代。为争夺亚洲天然气交易中心的地位，主导亚洲天然气价格标准，东京、新加坡和上海展开了激烈的竞争。新加坡具有亚洲石油交易中心的基础，强化了其成为 LNG 贸易中心的优势，但劣势在于国内市场规模狭小，且自身并无天然气产量做支撑。东京期货交易所计划在未来一两年内推出全球首个 LNG 期货合同，以获得亚洲 LNG 贸易主导权。东京虽拥有日本庞大的市场需求量，却和新加坡一样不生产天然气，缺乏对冲国际天然气价格波动的能力。上海是目前中国唯一通过城市管网实现了西气东输、川气东送、进口 LNG 等多种气源互联互通的城市。

要形成 LNG 区域性交易中心，需同时具备市场需求规模大、供应量大、发达统一的天然气基础设施、市场平台四大要

① 黄晓勇：《推进天然气人民币战略的路径探析》，《中国社会科学院研究生院学报》2017 年第 1 期。

件。总体上看，上海是目前亚洲城市中最具潜力成为亚洲LNG交易中心。中亚、中缅天然气管道，未来的中俄天然气管道，以及中国巨大的天然气需求和页岩气储备，均为上海的交易平台构成支撑。而且，上海在发展LNG区域交易中心上已取得一些积极进展。2011年，上海已推出天然气现货交易。2013年年底，上海自贸区成立了上海国际能源交易中心，标志着中国原油、天然气期货交易的推出步伐显著提速。原油期货合约预计于2017年下半年推出。上海LNG交易中心一个难以克服的障碍是中日韩天然气管道的互联互通。上海未来推出的天然气期货若要充分反映亚洲市场供需情况，需要构建连接中日韩的天然气基础设施，如修建海底管道，以便形成统一市场。但是，中日韩三国经济层面的务实合作面临着政治互信程度低的挑战，预计短期内难以在天然气管道互联互通取得明显进展。

4. 中国的巨额天然气需求可推动大量的人民币走出去

中国的天然气进口需求巨大，人民币充当天然气进口的计价和结算货币，可推动大量的人民币走出去。作为最大的碳排放国和备受雾霾煎熬的国家，在短期内尽快降低对煤炭的依赖度，大量增加天然气的进口和消费，大幅提高天然气消费占一次能源消费的比例，是中国根本解决空气污染问题的一条有效途径。根据《巴黎协定》，中国政府承诺2030年单位GDP二氧化碳排放比2005年下降60%—65%，同时在《能源发展“十三五”规划》中，将2020年天然气占一次能源的消费比重的目标值定为10%，这将显著推动中国的天然气需求。在短期内，中国显然难以大幅提高天然气产量，从而增加天然气特别是LNG的进口是中国的一个必然选择。根据BP① 的预测，在2015—2035年，中国天然气需求的年增长速度达5.4%，超过国内生

① BP, *BP Energy Outlook 2017*, 2017.

产的增速，从而进口天然气占天然气消费量的份额将由 2015 年的 30% 升至 2035 年的 40%。中国增加进口的天然气，约一半来源于 LNG，另一半来源于俄罗斯、中亚等独联体国家的管道气。同时，考虑到中国的页岩气开发在短期内因技术、环境和水资源等问题难以取得明显成效，中国的天然气进口依赖度在 2017—2025 年将会逐年上升。

根据我们的预测（表 1），在 2017—2025 年，中国的天然气进口量将逐年递增，年均增长速度达 15%，2025 年的进口规模将达 2590. 7 亿立方米，期间累计进口量达 15656. 6 亿立方米。在天然气进口价格维持 2016 年的水平的条件下，中国在 2016—2025 年累计天然气进口值将达 3506 亿美元，约 24190 亿人民币。这是人民币最大离岸中心香港 2016 年年底 5467 亿人民币存款规模的 4. 4 倍。若人民币充当中国进口天然气的计价和结算货币，中国巨额的天然气进口需求可推动可观的人民币走出去。这对于促进人民币在海外的使用是一个巨大的推动力。

表 1 **中国的天然气消费、进口需求预测**

年份	一次能源消费量（亿吨标准煤）	天然气占一次能源消费比例（%）	天然气消费量		天然气进口依赖度	天然气进口量	
			亿吨标准煤	亿立方米		亿立方米	亿美元
2016	43. 6	6. 3	2. 74	2058	0. 35	736. 3	164. 9
2017	44. 6	7. 2	3. 22	2418	0. 36	870. 3	194. 9
2018	45. 6	8. 1	3. 71	2791	0. 37	1032. 5	231. 2
2019	46. 7	9. 1	4. 23	3179	0. 38	1208. 2	270. 6
2020	47. 8	10. 0	4. 78	3590	0. 39	1390. 4	311. 4
2021	48. 6	11. 0	5. 35	4020	0. 40	1608. 2	360. 1
2022	49. 5	12. 0	5. 94	4465	0. 41	1830. 6	410. 0
2023	50. 4	13. 0	6. 55	4924	0. 42	2068. 1	463. 1
2024	51. 3	14. 0	7. 18	5398	0. 43	2321. 3	519. 8

续表

年份	一次能源消费量（亿吨标准煤）	天然气占一次能源消费比例（%）	天然气消费量		天然气进口依赖度	天然气进口量	
			亿吨标准煤	亿立方米		亿立方米	亿美元
2025	52.2	15.0	7.83	5888	0.44	2590.7	580.2
合计	523.2		51.52	38734		15656.6	3506.2

资料来源：国家统计局和作者的预测与测算。

注：（1）2016 年数据为实际值。

（2）天然气进口价格假定不变，按 2016 年中国进口的天然气平均价格（0.28317 美元/立方米）计算。

（3）根据《能源发展“十三五”规划》，2020 年，中国的天然气消费占一次能源消费的比例目标值为 10%，国内天然气产量为 2020 亿立方米。

（4）借鉴《能源发展“十三五”规划》和 BP 的《能源展望（2017 版）》，我们假定 2017—2020 年中国一次能源消费量的年增长率为 2.3%（规划目标值为年增长率低于 3%），2020—2025 年的年增长率为 1.8%，二者均高于 BP 的 1.3% 的全球能源消费年均增长率。

（5）基于 2020 年规划的天然气产出目标值和 2016 年的天然气实际进口依赖度，我们假定，2017—2025 年，天然气进口依赖度逐年提高 1 个百分点。另据 BP 的预测，2026—2035 年，随着页岩气开采技术的进步，中国的页岩气产量将会大幅上升，天然气进口依赖度将会逐步下降。

5. 人民币计价和结算进口油气取得初步进展，为天然气人民币提供了前期基础

人民币国际化取得重要进展，人民币在计价和结算进口的石油天然气方面取得初步进展，为天然气人民币提供了前期基础。中国巨大的经济体量和增长潜力，为人民币国际化提供了经济实力保障。从中长期角度看，依托中国经济良好的增长前景，人民币币值将保持稳定，甚至可能稳中有升。这为人民币充当天然气贸易的结算和计价货币提供了一个宽松的经济环境。目前，人民币国际化已取得一定的进展，如在中国香港、新加坡、伦敦、纽约、法兰克福等国际金融中心设立了人民币离岸中心，并在人民币回流机制方面做出了许多有益的探索，如投资国内的银行间债券市场、以人民币计价的外商直接投资 FDI、有额度限制的银行贷款等。

而且，中国在推动人民币计价和结算进口的石油、天然气方面也取得了一些进展。目前，全球一些最大的油气出口国，包括俄罗斯、伊朗、阿联酋，已经同意接受人民币结算。在中东、俄罗斯等重要的能源供应地区，均建立了人民币清算中心，中国央行已经与卡塔尔、阿联酋央行签署双边本币互换协议，并给予一定的 RQFII 额度。2015 年 4 月，中东地区首个人民币清算中心在卡塔尔首都多哈启动，清算金额高达 200 亿美元。2015 年 12 月，中国人民银行宣布，将人民币合格境外机构投资者试点扩大到了阿联酋，金额是 500 亿人民币。一方面，中东国家可通过出口石油、液化天然气等产品获取人民币，另一方面，更多的石油人民币、天然气人民币通过 QFII、RQFII 投资管道以及主权基金对中国的 FDI 投资回流内地。从而，中国在中东天然气出口国推动人民币计价和结算石油、天然气的金融基础设施和结算条件已初步具备。

2015 年，人民币加入 SDR 货币篮子，显然有助于其增强在国际交易、结算和储备方面的功能，也有助于其在国际投融资、跨境资产配置、国际货币体系等领域的推广应用，为人民币计价和结算石油、天然气贸易创造了良好的前期基础。若人民币在石油、天然气领域的使用有所突破，将明显提升其在国际交易、外汇衍生方面的使用量，加快人民币国际化进程。

四　构建天然气人民币回流机制

人民币国际化的成功与否，天然气人民币体系的能否成功建立，最终取决于天然气出口国及其他国家的投资者对于人民币的需求。要提高人民币的国际可接受程度，必须要提高人民币使用的便捷度和人民币投资的可选择性及收益率，从而，构建完善的人民币回流机制对于推进天然气人民币和人民币国际化至关重要。天然气人民币的回流渠道主要有贸易、外商直接投资（FDI）、证券投资。证券投资渠道包括投资中国的银行间债券市场、股票市场和投资基金，以及其银行机构向中国企业提供人民币贷款等。中国政府可根据天然气进口规模和跨境资本流动状况，动态确定资本项目下天然气人民币资金的流入额度。

1. 工业制成品出口与劳务工程项目带动的技术和设备出口

中国与天然气出口国经济互补性强，双边贸易联系密切，中国可加快推动人民币作为“天然气换工业制成品”循环的结算计价货币。在当前人民币在资本项目下可兑换性仍受到限制的情形下，中国向天然气资源国的出口工业制成品，或通过与其开展工程项目合作带动技术、设备出口的方式来回收天然气人民币，可以说是天然气人民币回流的一个重要渠道。中国与天然气主要出口国的经济互补性强，中国在工业和工程承包等领域拥有竞争优势，而天然气出口国拥有资源禀赋优势，从而双方具有较大的贸易发展潜力。如图 9 所示，中国与澳大利亚、俄罗斯、印度尼西亚、伊朗、沙特阿拉伯和伊拉克的贸易联系较为紧密，双边贸易额较大。2015 年，中国对俄罗斯、印度尼西亚、伊朗、哈萨克斯坦和乌兹别克斯坦有出口顺差，规模分别为 15. 0 亿美元、144. 6 亿美元、17. 1 亿美元、25. 9 亿美元、9. 6 亿美元，这为中国增加从其天然气进口和用人民币支付进口的天然气创造了有利条件。同时，中国对澳大利亚、沙特阿拉伯、土库曼斯坦、伊拉克、卡塔尔等国出现贸易逆差，金额分别为 332 亿美元、84. 1 亿美元、70. 1 亿美元、47. 7 亿美元、23. 4 亿美元。总体上看，中国对中东和中亚一些油气出口国的贸易逆差规模较小，中国可利用与其经济结构的互补性，通过扩大工业制成品出口、基础设施承包工程合作等方式，从贸易渠道来回收天然气人民币。

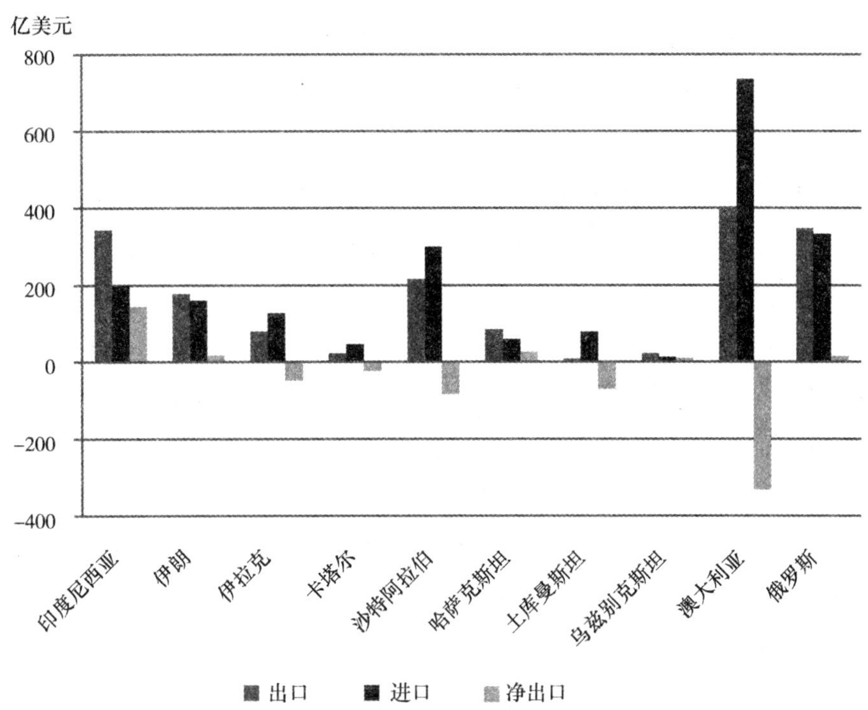

图 9　2015 年中国与一些天然气重要出口国的贸易额

资料来源：国家统计局。

2. **人民币外商直接投资**（FDI）

外商直接投资是天然气人民币回流中国的一个重要渠道。天然气出口国的油气公司和其他类型企业，可将出口天然气换得的人民币资产，在中国境内开展绿地投资和并购投资。尽管目前俄罗斯、中东、中亚等一些油气生产国在中国的投资规模不大，但具有较好的增长前景。原因在于：一是中国与油气生产国在油气领域的投资合作将会强化，相互投资将会增长。中国对其油气上游资源的投资力度将会加大，与此同时，中国将会向其开放油气下游市场，如加油站、天然气配气站、炼化产业等。二是中国对油气生产国的进口需求快速增长，增强其投资中国的能力。三是中国良好的增长前景会吸引来自油气生产国的资金。

3. 在重要油气生产国的金融中心增设离岸人民币交易中心

目前，人民币已在一些重要的国际金融中心设立了离岸人民币交易中心，如香港、伦敦、法兰克福、新加坡等，对于人民币国际化起到了重要的推动作用。未来，随着中国对石油天然气进口量的大幅攀升，将有大量人民币流向重要油气生产国的金融中心，如悉尼、莫斯科、利雅得和阿拉木图等。中国可综合考虑人民币资金的规模、金融市场开放度、双边经贸发展水平等因素，在这些地区逐步设立离岸人民币交易中心。适当放宽国内金融机构和油气生产企业，在悉尼、莫斯科、利雅得和阿拉木图等离岸人民币中心发行人民币债券的准入条件与额度限制。

4. 适当放宽主要产气国对中国的证券投资和信贷融资的准入条件与额度限制

为促进天然气的人民币计价和结算，中国在资本账户未完全开放的条件下，中国应为境外天然气人民币在资本项目下对中国进行证券投资提供通道，适当放宽主要天然气生产国的金融机构和油气企业投资的准入条件和额度限制。具体思路有：一是天然气主要出口国的中央银行和金融机构可将其持有的人民币资产投资中国的银行间债券市场；二是给予天然气主要出口国金融机构一定的 RQFII 额度，投资于上海、深圳的股票交易市场；三是给予天然气出口国的金融机构和油气企业的一定人民币投资额度，用于购买中国企业在国内资本市场发行的债券；四是天然气出口国的商业银行向该国企业在中国的分支机构和中国企业提供信贷融资；五是借鉴沪港通、深港通的经验，在条件成熟的条件下，试点天然气主要出口国的股票市场，如莫斯科、阿力木图、利雅得、悉尼的股票市场与上海、深圳的股票市场之间的互联互通。

5. 将天然气人民币作为“一带一路”投资基金的筹资来源，助推“一带一路”倡议的实施

中东、独联体、非洲等重要的油气生产国均位于“一带一路”沿线，从而天然气人民币可与“一带一路”倡议的实施相结合。目前，中国的政府、金融机构和企业主导设立了二十余只“一带一路”概念投资基金，总资产规模达 1000 亿美元以上。这些“一带一路”投资基金的资金主要来源于中国，基金发起方的筹资压力较大。如果能吸引天然气人民币资金流入“一带一路”资金，不仅能缓解中国发起方的筹资压力和金融风险，而且能鼓励沿线国家与中国共建“一带一路”，实现包容式增长。“一带一路”投资基金筹集天然气人民币资金可采取多种方式，如发行信托产品、发行债券和直接募集。

五　结论

人民币国际化进程在 2009 年至 2015 年上半年期间呈现出快速扩展态势，但从 2015 年下半年至今却陷入了停滞状态。导致人民币国际化进程由快变慢的主要因素包括中国经济增速的下行、人民币兑美元汇率由升值预期转为贬值预期、中外利差的迅速收窄。迄今为止人民币国际化的主要经验教训包括：一是过于强调人民币结算而忽视了人民币计价功能的拓展；二是人民币利率与汇率形成机制尚未充分市场化导致跨境套汇与套利交易大行其道，造成了人民币国际化的泡沫。

构建天然气人民币体系，尤其是促进在中国国内以及周边区域内的天然气交易用人民币进行计价，有望进一步、可持续地推动人民币国际化进程。一方面，全球范围内天然气的供给充足且供应方分散、全球 LNG 贸易快速增长，以及中国所处的东北亚天然气消费枢纽的地位，使得推动天然气交易的人民币计价变得相对可行；另一方面，中国在天然气方面存在巨大的进口需求（可以通过进口输出人民币）、中国与主要天然气出口国之间存在巨大的经济互补性与密切的经贸往来以及人民币国际化目前遭遇停滞状况，又使得推动天然气交易的人民币计价变得非常必要。

鉴于中国在油气大宗商品领域缺乏话语权、油气供需双方的利益冲突、内部油气市场竞争不充分、资本账户尚未开放、金融市场发育水平不高、地缘政治竞争和角力等因素的存在，天然气人民币将是一个远景目标，必将经历一个漫长而曲折的发展过程，需要克服诸多的障碍，不可能一蹴而就。为推动人民币计价和结算进口的天然气取得进展，提升中国在全球天然气领域的定价权和影响力，应充分发挥中国自身体量大的优势，在内外部、供需端同时发力，抢占天然气商品定价权，并完善天然气人民币回流机制。

在内部，中国应加快天然气领域的体制改革，按照“打破行政垄断、管住自然垄断、放开竞争环节”的原则，推动国有油气公司的改革，降低民营企业的进入壁垒，推动中游天然气跨省管道和液态天然气接收站将跟上游资源分离。同时，中国应充分利用上海期货交易中心，推出天然气期货交易，发行天然气债券，推动形成中国天然气市场基准价格，并形成以人民币计价的贸易机制，进而在国际性的金融中心利用各种金融工具推动天然气交易使用人民币计价和结算。

在需求端，中国应充分利用美国页岩气革命和全球天然气市场向需求方倾斜的契机，与中日韩三国加强协调沟通与务实合作，提升东北亚需求方的话语权，尽快消除天然气的“亚洲溢价”现象，以争取有利的天然气贸易条件。

在供应端，中国应学习借鉴美国页岩气的开采技术和经验，加大技术研发投资，创新上游天然气勘探机制，鼓励页岩气勘探开发投资，以明显提高中国的页岩气产量，提升中国在天然气领域的话语权。同时，中国应以“一带一路”倡议的深入推进为契机，与俄罗斯、中亚、中东、东南亚、南亚和澳大利亚等国协调合作，在油气管道和液化气接收站等油气基础设施互联互通方面加大投资力度，以强化中国在亚洲的油气供应枢纽地位，化解中国能源供应的“马六甲困境”，促进中国能源供应渠道的多元化，维护中国能源供应的安全，进而提升中国在全球油气治理领域的发言权。

构建完善的人民币回流机制对于推进天然气人民币和人民币国际化至关重要。人民币回流可通过如下渠道实现：一是出口渠道。中国通过向天然气出口国出口工业制成品，或通过与其开展工程项目合作带动技术、设备出口的方式，来回收天然气人民币。二是直接投资渠道。天然气出口国的油气公司和其他类型企业，可将出口天然气换得的人民币资产，在中国境内开展绿地投资和并购投资。三是间接投资渠道，如天然气出口国的中央银行和金融机构可将其持有的人民币资产，投资于中国的银行间债券市场、股票市场、债券市场和“一带一路”投资基金，以及其银行机构向中国企业提供人民币贷款等。在当前资本账户未充分开放的条件下，天然气出口国的企业和金融机构对中国进行间接投资，需要经过监管部门的审批。中国可根据天然气人民币的流出规模，动态调整天然气出口国流入中国的人民币额度，并在风险可控的原则下，适当放宽额度限制，从而对天然气人民币的形成创造有利的监管环境。

附 VI

中国的能源需求与国际市场议价能力：现状、反思与对策*

近年来，随着中国经济的迅速发展，能源消费需求不断扩大，能源进口增长强劲，能源对外依存度大幅攀升。虽然中国已成为国际能源市场上的“超级买家”，但在国际能源市场上的话语权依然较弱，中国需求因素在国际能源价格形成过程中并没有发挥应有的影响力。能源期货市场发展滞后，能源进口来源过于集中、原油储备建设进展较慢等现象，削弱了中国在国际能源贸易中的议价能力。因此，积极稳妥地推进能源期货市场发展、实现能源进口来源的多样化、促进亚洲能源消费国之间的合作，将有利于中国在全球能源治理中发挥更加积极的作用。

一　中国在国际能源市场上的影响力依然薄弱

尽管中国已经成为国际油气市场上举足轻重的消费者，但巨大的市场需求还没有转化为油价博弈中的谈判筹码，中国仍然不得不接受油气价格中的“亚洲溢价”，每年都要在油气进口中蒙受较大的损失。

---

* 执笔人：万军。

（一）中国在国际能源贸易中的重要性日益凸显

中国是全球第二大原油消费国，2017 年中国石油表观消费量为 6.1 亿吨。中国自 1993 年成为石油净进口国以来，石油进口量逐年增长，2017 年原油进口突破 4 亿吨，原油进口量超过美国，第一次成为世界最大原油进口国。2017 年中国原油对外依存度已经高达 67.4%。近年来中国天然气的消费和进口增长也很快。2017 年天然气表观消费量为 2352 亿立方米，进口同比增长约 30%，尤其是 LNG（液化天然气）进口量较上年增长 1244 万吨，增幅高达 46%，首次超过韩国，成为仅次于日本的全球第二大 LNG 进口国。目前中国天然气对外依存度已达到 39%。

（二）中国依然是国际能源价格的被动接受者

尽管中国石油和天然气的进口规模越来越大，已经成为国际油气市场上的重要买家，但由于在国际能源市场上的话语权不足，中国需求因素在国际油气价格形成过程中难以发挥应有的影响力，只能被动接受国际油气价格的变化。国际石油贸易中通常以原油期货价格作为基准价格。目前世界上重要的原油期货价格有三个，即纽约商品交易所的 WTI 价格、伦敦国际石油交易所的布伦特原油价格以及新加坡交易所的迪拜酸性原油期货价格，它们分别成为了北美、欧洲和亚洲这三大石油消费地区的基准油价。由于国内在很长一段时间里没有开展原油期货交易，中国在原油进口中不得不选择迪拜原油期货价格作为基准价格，而这个价格形成于新加坡交易所，难以体现中国石油供需情况的变化。

（三）“亚洲溢价”增加了中国的能源进口支出

虽然中国已成为全球最大的原油进口国，但中国从中东地区进口原油时，并没有因为巨大的市场需求而获得价格优惠，反而不得不接受比欧美国家更高的价格，导致消费需求和定价权的割裂。从20世纪80年代以来，中东石油输出国对出口到北美、欧洲和亚洲的同样品质原油采用不同的价格，包括中国在内的亚洲主要石油进口国需要支付更高的价格，这被称为“亚洲溢价”。“亚洲溢价”使中国在石油进口中每年额外多支出约20亿美元。由于亚洲地区的天然气价格也参照原油价格定价，原油贸易的“亚洲溢价”使得亚洲天然气价格也显著高于欧美市场，增加了中国天然气进口的成本。

二 中国在国际能源市场话语权不足的原因分析

由于缺乏一个有效的能源期货市场，中国能源需求状况的变化难以传递到市场价格机制中；对中东石油进口的过度依赖，使中国在能源价格博弈中的需求优势难以显现；而国内石油储备基地建设进展较慢，也制约了石油储备平抑价格波动作用的发挥。这一切都削弱了中国在国际能源市场上的谈判能力。

（一）能源期货市场发展滞后，导致中国缺乏自己的基准油价格标准

早在20世纪90年代，上海、北京等地的期货交易所就曾经推出过石油期货，交投一度十分活跃，上海石油交易所的日平均交易量曾经超过新加坡交易所，在国内外影响很大。但由于缺乏统一监管以及市场参与者风险意识不足，导致期货市场较为混乱，最后被迫停止交易。全球金融危机之前国际油价曾经出现持续上涨，部分国有企业出于规避能源价格波动风险的需要，曾参与过国际能源期货交易，但由于经验不足，中航油、国航、东航在衍生品业务和套期保值业务中相继出现巨额亏损，

导致此后国有企业开展国际能源期货交易受到很大约束。由于国内缺乏可供交易的石油和天然气期货产品，而国有企业参与国际期货交易又受到严格限制，尽管中国已成为全球最大的石油进口国和消费国之一，但本国的能源供求变化仍然难以通过通畅的渠道对国际能源价格产生相应的影响。

（二）能源进口来源多元化程度不足，削弱了在能源贸易中的议价能力

对于能源消费国来说，实现进口渠道多元化是保障能源安全和提高能源市场话语权的重要选择。近年来随着中国企业“走出去”，中国石油公司通过投资、收购等方式，在拓展海外权益油方面取得了长足的进展，但掌握的国际油气资源仍显不足。来自中东的油气在中国能源进口中的占比一直偏高，目前约一半的原油进口来自于中东，这在一定程度上强化了中东石油输出国在与中国谈判中的优势地位，对中国利用需求优势去争取价格优惠产生了不利影响，导致中国不得不长期接受“亚洲溢价”。在天然气进口领域中国也遇到了类似的问题。印度尼西亚是中国 LNG 的主要进口国之一，为避免长期价格像现货价格一样频繁波动，以保障供求双方的长期稳定利益，中海油与印尼有关企业曾经签署协议期长达 25 年的进口天然气协议。但印尼方面曾多次利用市场优势地位提出长约价格涨价的要求，给中国的天然气进口带来一定的影响。

（三）原油储备建设进展较慢，降低了对能源价格波动的影响力

中国的石油天然气的战略储备长期不足，不能很好地调节油气市场的供求变化。近年来，中国在石油储备基地建设方面进行了大量投资，目前已建成舟山、镇海、大连等 9 个国家石油储备基地，已经拥有了相当于 40 天左右进口量的石油储备，

但仍然远远没有达到国际能源署设定的90天进口量的一国石油储备安全标准线。由于石油战略储备的规模不足，不仅降低了在重大灾害等极端情况下的能源供给保障能力，在国内外石油供求短期失衡的情况下，也难以通过增加市场供应来平抑油价波动，这对提升我国在油价领域话语权明显不利。

三 提升中国在国际能源市场话语权的对策建议

要想使中国在全球能源治理中产生更大的影响，应该不断完善期货市场的功能，为形成亚洲基准价格奠定良好的市场基础；深化与俄罗斯和中亚国家在油气领域的合作，扩展与美国的天然气贸易，降低对中东油气的依赖性；促进亚洲能源消费国之间的合作，使之在国际能源价格谈判中发出共同的声音。

（一）积极稳妥地推进能源期货市场发展

不久前，原油期货已经在上海国际能源交易中心挂牌交易，中国在形成原油基准价格，提升原油市场定价话语权方面迈出了一大步。但原油期货的上市和交易，并不意味着它必然会在短期内成为亚洲地区原油贸易的基准价格。日本、印度都曾经推出过原油期货产品，试图竞争亚洲地区的原油基准价格，但最后都没有得到市场认可。与日本和印度相比，中国最大的优势是在石油的需求和供给方面在国际市场上都具有重要的地位，这就为中国原油期货市场的顺利发展奠定了坚实的基础。未来应该从市场体系建设、市场参与者多元化和交易品种多样性等方面不断完善原油期货市场，一是加快推进国内石油价格形成机制市场化的步伐，推动形成活跃的原油现货交易市场，为原油期货价格提供市场化的对价标杆。由原油现货市场和期货市场所构成的多层次、开放性的交易体系，能够使原油期货价格更好地反映中国原油市场的真实需求变化；二是放松国内企业尤其是国有企业参与原油期货的限制。在建立严格的风险管控制度的前提下，允许企业根据自身经营的需要，开展与业务规模和经营范围相适应的期货业务，鼓励企业开展套期保值业务，以合理规避市场风险；三是通过提供更好的产品和服务，吸引更多的境外参与者，尤其是石油输出国的石油公司和石油贸易商参与中国原油期货交易；四是提供完善的交割和方便的结算，使市场参与者获得更多的便利；五是条件成熟时，逐步推出更多的石油期货品种，并适时推出天然气期货产品，推动中国的石油和天然气期货价格成为亚洲地区的基准价格。

（二）进一步实现能源进口来源的多样化

在稳定中东地区石油供给的情况下，不断开拓新的油气来源。第一，要继续加大与俄罗斯在油气领域的合作。俄罗斯是世界上最大的原油生产国和出口国之一。近年来西方国家的经济制裁使俄罗斯经济发展面临很大的困难，非常希望通过油气开发和出口扭转困境。中俄在亚马尔天然气项目中的成功合作，也增强了俄罗斯对深化中俄油气合作的信心。中俄可以就远东地区油气资源合作开发进行深入探讨。第二，在条件成熟的时候，应当考虑拓展与北美地区的油气贸易。页岩气革命使美国一跃成为世界最大的天然气生产国和最有潜力的石油生产国，但迅速增加的石油和天然气产量难以在北美市场充分消化。中美两国之间在能源领域存在着很大的合作空间。一旦中美贸易战有所缓解，中国增加对美国石油和天然气进口有可能成为对双方都有利的选择。尤其是大量增加对美国天然气的采购，不仅能够促进中美贸易平衡，拓宽中国的天然气进口渠道，还有助于中国利用市场化程度更高的北美天然气定价机制，迫使亚洲天然气市场中油气联动的定价机制发生改变，减少乃至消除天然气市场上的亚洲溢价。第三，中亚地区拥有丰富的石油和天然气资源，近年来中国与中亚国家间的国际产能合作，尤其是能源合作取得了很大的进展，未来应当继续深化与中亚各国之间的油气合作。此外，还应在“一带一路”建设的框架下，不断加大与非洲、拉美、东南亚地区的油气合作力度。

（三）促进亚洲能源消费国之间的合作

“亚洲溢价”是中东产油国针对亚洲石油消费国所采取的价格歧视。能源转型的持续推进使得发达国家的石油消费稳中有降，亚洲地区已经成为全球石油消费增长最快的区域，这就为包括中国在内的亚洲石油消费国提升在石油定价中的话语权提供了契机。中日韩东亚三国都是油气进口国，在能源领域有着合作的共同基础。应争取建立中日韩联合议价机制，推动三国与中东国家在减少乃至消除亚洲溢价的谈判中发出共同的声音。印度经济的快速增长拉动了石油进口规模的迅速扩大，中印之间应该加强沟通和合作，共同抵制亚洲溢价，并尽可能减少在国际油气市场上的直接竞争。应利用中国独特的区位优势，以及中国所具有的天然气生产国、消费国和通道国的优势，通过推进中俄、中国—中亚、中缅等跨国天然气管道建设，并优化LNG相关基础设施的布局，将中国打造成亚洲区域性的天然气枢纽和贸易中心，使中国能够在完善亚洲天然气定价机制中发挥主导作用。

附 VII

中国原油期货市场的问题与建议*

中国原油期货市场的发展必须放在世界原油期货市场的体系中统筹考虑，既要充分借鉴国内外原油期货发展的历史经验和教训，又要充分考虑原油期货市场未来的发展趋势，特别是期货市场金融属性凸显的现实。短期内应以完善交易规则，提升市场活跃度和参与度为主要目标，注重政府声誉建设，有效引导国际资本参与交易的积极性，同时提升国内企业参与原油期货交易的深度和广度，从期货市场法制化建设入手，加强市场化监管和信息透明化建设，推动跨境合作，合理控制投机风险，渐进式向亚洲定价基准的长期目标迈进。

一　中国原油期货上市后的表现

在亚洲市场缺乏代表性的基准油价的大背景下，作为世界上最大的石油进口国，中国原油期货3月26日在上海国际能源交易中心（INE）正式挂牌上市，运行2个月后，交易表现出活跃度高、价格稳健、市场各方参与积极等正向特征。

第一，成交量超出预期。目前在世界原油期货合约中占比已经上升至12%，成为仅次于WTI（62%）和布伦特（26%）

---

* 执笔人：田慧芳。

的第三大原油期货品种，且势头良好。

第二，价格发现功能初步显现。从期货和现货价格关系来看，原油期货较好地反映了现货市场变化。与国外原油期货价格相比，尽管国内原油期货走势相对偏弱，但市场价差相对合理，随着流动性和投资者结构的逐渐改善，价格波动必更趋理性。

第三，参与主体趋于多元化。境内外大型石油化工企业、大型贸易商、各类投资公司及个人客户等均参与了交易。此外，已有10家外国中介机构在INA注册，其中包括摩根大通、磐石金融、香港境内券商等。

第四，严格风险管控。INE参考了目前较为成熟和严格的保证金、中央对手方、涨跌停板、持仓限额等制度，同时对原油投资者采取适当性审查、大户持仓报告、强行平仓以及风险警示等风险管理制度，严格准入和监管，一定程度上可以将原油期货风险降到可控范围。

二　中国原油期货市场发展存在的主要问题

运行两个月后，上海原油期货无论是品种活跃程度还是价格发现功能都达到了预期效果，与国际油价保持了良性互动，并日益受到境内外投资者的广泛关注，有望成为一个重要的区域基准。目前存在的主要问题如下：

第一，海外资金的参与有限。具体原因为：一是合约的海外吸引力不足。主力合约SC1809的几万手持仓量远远低于WTI和布伦特超过200万手的持仓量。再加上合约参与方多是中国大型国有炼油商、小型交易商和散户投资者，国外投资者担心INE合约最终会像大连商品交易所的铁矿石期货一样，只是投资者参与原油市场的一个国内载体；二是套利窗口尚未打开。从可交割油种看，阿曼原油是最符合套利的油种。投资者要想以中东原油对冲上海原油交付价格，考虑到交割费、运输装卸费、保险、损耗、交割手续等显性成本，INE 原油价格理论上应升水阿曼原油 3 美元左右，但近期的趋势是一直保持贴水或者仅微量升水，表明套利空间还处于关闭状态；三是境外投资者对人民币计价的期货交割心存疑虑，比如在中国保税仓库实物交割的潜在买家数量有限的情况下，如何保证合约的流动性，合同在中国交付时运费成本如何影响交易，在未放松外汇管制时以人民币计价如何解决可兑换问题和规避汇率风险等。四是对中国政府的信任赤字，担心在市场走向不利方向时，政府会对市场进行干预等。

第二，品种设计存在缺陷，可能会引致过多投机行为。中国的期货市场参与者向来呈现散户多、机构少的特点。中国原油期货可交割的七种原油中有六种是中东地区产油国，不是国内炼化厂特别是地方炼厂直接使用的主要原油品种，所以对于炼油企业通过原油期货进行采购以及套期保值的需求不大。从近两月的原油期货成交合约的种类看，15 种期货合约中约 98% 的交易集中在 SC1809 上，其他合约成交极少，说明目前还是以普通投资者为主，专业的机构投资者和套利保值的产业客户参与有限。未平仓合约也是一个衡量有多少原油开采商、炼厂以及大型能源采购机构等原油行业参与者利用原油期货对价格波动进行对冲的指标。目前 SC1809 的未平仓合约远远低于迪拜原油期货，也表明上海原油期货合约存在活跃的投机交易。

第三，现货市场不完备，制约市场的长期发展。成功的期货交易必须与发达的现货交易相配套。但我国原油现货市场主要是以中石油、中石化和中海油三大石油公司建立的各自的原油生产、炼化和进出口体系为主，其他企业基本依赖于这三家大公司现货市场。因此现货市场存在市场参与主体有限、原油贸易流动受阻、缺乏风险对冲机制、市场化程度不高四大问题，这种现状不利于原油期货的发展。

三 国际原油期货市场的主要经验

尽管美日欧等国原油期货市场发展的经历不同，取得的效果也不同，但共同的经验是：一个良好的原油期货市场至少需要具备五大要素——良好的流动性和价格透明度；充足的石油储备；完善的金融体系和场内、场外交易市场；活跃的交易量；以及多元化的交易主体。

这也可从日本原油期货改革的方向加以佐证。日本在原油期货发展失败后，采取了一系列改革举措，主要方向是：第一，扩大石油市场不同商品间点差交易范围，尝试对不同种类商品实施不同期限价差交易（SCO）方式，大大提高石油加工、销售企业参与期货市场交易的积极性。第二，调整延长交易时间。将白天交易闭市时间提前，交易休止时间缩短，夜间交易时间提前并延长，从而提升了东京商品交易市场的便利性，使之进一步与欧洲市场接轨。第三，加强与国外原油商品交易所的合作。第四，创设石油场外市场，交易原油、汽油、煤油、柴油等的金融衍生商品。

四 对中国原油期货市场发展的建议

原油期货市场能否长期稳定运行，关键取决于是否具有维持交易规模和交易活跃度的市场吸引力，以及能否很好地掌控风险。借鉴国际经验，并根据中国原油期货市场的特点，我们建议。

第一，找准中国原油期货定位，在发展初期，应以完善交易规则，增强投资功能，逐步提升活跃度为主目标，把建立世界原油定价基准设定为长期目标。要充分认识到中国原油期货最终将与现有具有世界影响力的其他原油期货，包括迪拜原油期货等形成竞争关系，对此要未雨绸缪，早做准备，加强对策研究。还要处理好原油期货市场与实体经济的关系，研究和分析两者之间的风险传导的机制和方式。有针对性地制定风险传导的监控指标及其预警值，建立风险防控的预警机制和应对措施。

第二，注重建立政府信誉，为国际投资者的参与创造稳定预期。国际参与度提升，才能实现通过原油期货增强中国在国际原油市场的定价权，并成为亚洲定价基准的初衷。良好的政府信誉既是期货市场平稳有序发展的基础也是市场风险控制一道最坚实的屏障。要保持政策和规章制度的长期稳定性，不能随意更改原油流通政策或期货市场的规章制度。国际投资者希望看到的是证明中国政府不会干预市场以达到符合政策目标的结果。这其中最重要的一步是人民币国际化能否深入推进。中国原油期货的境外参与者必然将人民币价格与布伦特、WTI 等原油期货的美元价格进行对比，建立跨市场套利模型开展套利交易，并在欧美地区出现人民币原油期货价差交易、波动交易等衍生品，人民币兑美元汇率将成为影响中国原油期货价格的重要因素。

第三，构建多层次金融市场体系，进一步优化交易品种和交割机制，优化升贴水确定机制，确保市场的活跃度和流动性。一是深化现货市场改革。逐步放开石油、天然气的市场准入和进口权限，加快价格形成机制改革，并通过设置合理的准入条件，确保更多的民营石油企业参与到市场中来。二是逐步丰富原油衍生品种类，重点加强原油期货月间价差、成品油期货、期权以及场外衍生品创新，比如参照国外经验，设立相应的 INE 原油投资基金、INE 原油现货指数等，实现金融和原油的融合。可以考虑在适当时机推出汽柴油期货、天然气期货，形成完整的能源类期货产品链条，为上下游企业提供更丰富的风险管理工具，增强原油期货服务实体产业的功能。三是逐步调整延长交易时间，提升市场套期交易的便利性，使之能与欧美市场接轨。四是改变当前交割库分散的状况，尽可能建立集中的交割中心，为买方提供交割便利和交割后的原油运输、使用便利，并探索加快实施现金交割和合约转换机制，保持市场交易的连续性，提高交割效率。

第四，加强期货市场法制化，强化风险监管，重点防范原油期货市场大幅波动和跨境操纵行为。一是在监控方向上要把现货市场及国际市场、国际政治经济变动等多方信息考虑进来，建立多元化监控预警指标，帮助研判市场风险，提高风险防范和应急处置能力。比如关注投资者和投机者的比例，根据美国商品期货交易委员会（CFTC）的数据，商业性持仓与非商业性持仓应在7∶3左右。二是要转变监管思路，在实践中注重对套期保值者的培植，充分发挥期货投机者与套期保值者相互之间的博弈关系，从而通过市场的力量来弥补国家强制成本过高的不足。

第五，高度重视跨境合作，推动INE交易规则、风险管理、信息披露等与国际接轨。一是加强与纽约商业交易所、洲际交易所和新加坡交易所等的合作，使中国原油期货合约在保持自身特色前提下，尽可能实现与布伦特、WTI、迪拜等成熟期货合约条款的接轨；二是在国际推广和业务对接上，加快INE在境外监管主体的注册和资格认证工作，为境外机构和交易者直接参与中国原油期货交易提供合法便捷渠道；三是打击国际化违法违规行为，通过签署多边或双边谅解备忘录等形式，在资产冻结、违法财产转拨等方面发起跨境联合监管行动。

附 VIII

中国能源管理体制的问题与改进建议*

能源是国民经济的血液和命脉，在中国经济高质量发展阶段，高效的能源管理体制有助于促进能源总量平衡、结构优化和效率提升，也是能源安全供应的必要保障。因此，有必要深入研究中国能源管理体制存在的显著问题，提出改进措施，进一步推进体制机制改革。

一 中国能源管理体制现状

能源管理体制的内容主要包括国家能源管理机构的设置、职责范围的划分、机构运行、协调和监管等。中国能源管理体制的一个特征是变动频繁，至今已经历了十几次变革，但仍处于不稳定状态。2008 年组建了国家能源局；2010 年成立了以总理为首的国家能源委员会；2013 年，整合国家能源局和电监会职责，重新组建国家能源局，其主要职能是拟订并组织实施能源发展战略、规划和政策，研究提出能源体制改革建议，负责能源监督管理等。重组后的国家能源局在宏观层面负责制定满足国民经济与社会发展需要和确保能源安全的能源发展战略；

* 执笔人：张春宇。

在微观层面负责制定能源勘探、开发、市场、技术创新等政策，指导能源行业的能源供应、能源安全、能源节约、技术创新和环境保护工作。国家能源局的重组，标志着中国的能源管理体制改革迈出了重要一步，显示了中国政府加强能源管理、保障能源安全的决心。但从现实来看，目前中国的能源管理体制仍不能满足经济和社会发展的需要，也不能很好地适应变化急剧的国际能源形势。

二　中国能源管理体制存在的显著问题

随着中国经济进入高质量发展新阶段，国际能源格局发生巨大变化，能源产业的迅速发展，中国能源体制存在的显著问题逐渐显现，核心问题主要有以下三个。

（一）能源管理机构设置不合理

中国于2013年重新组建了国家能源局，经过数年的运转，国家能源局本身存在的问题和局限日益显现。一是国家能源局从事能源管理缺乏独立性，甚至在一定程度上缺乏权威性；虽然2013年的重组强化了国家能源局在能源体制改革、市场建设和能源监管等方面的职能，但能源价格制定、能源投资管理等核心管理权仍由国家发改委负责；除国家能源局和发改委外，能源产业链管理职能还分布于国土资源部、水利部、环保部、国资委和财政部等，多头管理问题仍然存在。二是国家能源局层级相对较低，仍是隶属于发改委下的“副部级”单位，我国多个国有特大型能源企业，如中石油、中石化、中海油、国家电网、神华、中核等也是“副部级”单位，同为“副部级”，在管理上难以避免出现制度性摩擦，国家能源局的管理和协调能力受到制约，责任大、任务多、职权小，难以完成能源宏观管理的职责，这是国家能源局的真实写照。

（二）能源市场机制建设滞后

能源领域是中国市场化改革进程较慢的领域。在油气、电力等行业中，仍然存在政企界限不清晰，政府对经济活动干预过大的问题；部分能源企业长期处于垄断地位，缺乏提升效率的动力，资源配置效率低下，国际竞争力不强，亦缺乏对社会的服务意识和责任意识，社会各界对这些垄断企业的评价较为负面；中国能源管理部门进行能源类项目核准时，常对民营企业设置更高的准入标准，形成准入壁垒，与国有企业，尤其是那些具有垄断地位的超大型国有企业区别对待，民营企业无法公平参与能源领域的市场竞争，也就无法形成多元化的市场主体。中国能源价格主要由政府制定，除煤炭外，其他能源产品均无合理透明的能源产品价格形成机制。成品油和天然气价格实现了与国际接轨，但定价权仍未下放给企业，也就无法真实反映成品油和天然气的市场供求关系，无法通过价格对市场主体形成有效的激励和约束。

2017 年，受环保政策影响，中国多地集中实施“煤改气”，天然气需求暴增，全年天然气消费量增长 15.3%；2017 年年底到 2018 年年初，天然气供求矛盾突显，出现大规模“气荒”，凸显中国天然气储备不足，无法保障能源安全供应的问题，其原因复杂，其中最重要的成因之一就是能源领域市场化改革滞后。2014 年石油价格大幅下跌后长期在低位徘徊，中国油气领域投资放缓，天然气储备基础设施建设进展有限。储气设施建设的成本很高，其主要作用是保障天然气的安全供应，相对于经济效益，更侧重于社会效益；目前已建设运营的储气库，多是管道系统或 LNG 接收站的一部分，不独立经营，不对社会开放服务；在长期供气合同和固定价格制下，储气库的经济价值无法得到市场化的体现，企业建设储气设施没有投资回收机制，因此也就没有建设积极性。中国天然气销售实行政府定价，上下游企业根据政府定价签订长期供气合同；冬季需求旺盛时价格不变，上游企业不能获得更多利润；夏季供大于求时，天然气储备成本则完全由企业承担。中国对天然气管道运输实行的政府定价中包含了储气库建设费用，但却没有明确规定管输企业具有储气责任，因此管输企业亦不会积极主动建设储气设施。由此可见，不形成市场化的价格机制，不形成更充分竞争的多元化市场主体，能源安全高效保障问题就很难得到根本性的解决。

（三）能源法律体系不健全

中国现有能源法律体系不健全。《能源基本法》尚未正式推出，能源法律体系尚无综合性、统领性的法律法规，无法对能源法律体系形成指导。中国也没有《石油法》《天然气法》和《能源公共事业法》等专项法律，因此在很多能源领域对市场主体缺乏规范和约束力，比如在 2017 年年底到 2018 年年初爆发的出现大规模“气荒”中，一个原因是我国的天然气供应和保障职责和义务不明确。油气上游企业具有承担建设天然气储备设施的条件和能力，但没有相应的法律法规明确其具有建设义务，也没有保证基本供应的合同约束，因此企业没有建设储备设施的外在压力。下游燃气经营企业亦没有法律法规明确规定其未按标准供气的法律责任，下游企业也没有建设储气设施所需的资源；由此形成了上下游企业均无建设储气设施的责任和义务的局面。

21 世纪以来，中国经济社会发展迅速，而已有的部分能源相关法律法规内容陈旧，已无法适应新时期市场经济发展的需要，亟须更新和改善。同时，部分能源法律法规内容过于原则化，缺乏配套细则，可操作性和可实施性较差。此外，部分能源相关法律法规中对违法的处罚措施是根据以前的社会经济条件制定的，对当下企业而言，处罚力度过轻，违规成本过低，因而缺乏足够的震慑性和约束力。

三 进一步推进中国能源管理体制改革的政策建议

为克服中国能源管理体制存在的上述核心问题，进一步加快中国能源管理体制的改革，提出以下相应的政策建议。

（一）科学设置能源主管机构

科学设置能源管理机构，合理进行职权划分，这是能源管理体制改革的核心内容。为改变中国能源管理机构层级较低，权利受限，效率低下的问题，建议组建中国能源部，赋予中国能源部能源战略和政策制定、能源规划和法律法规编制和实施、能源监管等综合性职权，克服“部委管理的国家局”存在的弊端，提高能源领域行政决策效率。为更好地理顺和协调各部委和企业间的关系，建议保留国家能源委员会，并强化其职能。建议在中国能源部下组建国家能源监管委员会，整合现国家能源局的市场监管、资质管理职能和国家发改委的经济运行、价格管理职能，独立履行能源监管职能。此外，为科学划分中央与地方的能源管理权，建议将现有的国家能源局省监管办与地方发改委、能源局、经信委、物价局等部门的相关职能整合，设立省级能源厅，负责能源行业的管理和监管。

（二）加快能源领域的市场化改革进程

加快能源领域的市场化改革进程，以下两点是必须逐步达成的基础性工作。首先，打破能源领域的所有制歧视，逐步取消关于国有企业在能源领域实行垄断的相关政策、法规和文件；逐步减少和规范审批事项；实施公平和透明的核准制度；出台具体措施推动民间资本进入能源领域，形成多元化市场主体参与竞争的格局；如在石油行业中，取消阻碍民营企业进入的相关规定，让民营企业不受限制地参与竞争，从而打破中石油、中石化垄断的局面；放松原油进口管制，允许非国营进口的原油在国内市场流通，鼓励民营油企利用国外油源参与国内储备。其次是逐步形成市场化能源定价机制，这是不同所有制企业开展公平竞争的基础条件。能源定价要区分竞争性和非竞争性环节；对非竞争环节，要加强价格和成本的核定和监管；对竞争性环节，则要尽快形成完善的市场化定价机制；比如，对石油价格，要在目前成品油价格形成机制的基础上进一步完善定价机制，尽快推进定价权下放企业；对天然气价格，最终改革目标是完全放开气源价格和终端销售价，政府只监管管道运输价和配气价；近期要加快上游气源多元化改革，落实管网、储气库、LNG 接收站等基础设施的开放，实现管输成本的独立核算，体现储气等基础设施的经济价值，这是解决“气荒”的最直接措施。要注意的是，在推进能源价格改革中，要充分考虑不同主体的价格承受能力，分类推进，避免过快过激改革所可能带来的社会问题。

（三）实现能源管理体制改革与能源立法的互动

能源法律体系的建设和完善是能源管理体制改革的基础和保障。中国在能源法律体系建设方面要学习和借鉴发达国家的经验，在立法方向、法律功能定位和立法模式等方面做出调整。建议尽快推出《能源基本法》，以对中国能源领域中的综合性、整体性和全局性问题进行规范；建议国家能源主管部门组织编制《石油法》《天然气法》等专项法律法规，并根据当前经济社会发展的实际情况和未来发展趋势，修改和完善《煤炭法》和《电力法》等既有的法律法规，形成完备的能源法律体系。各法律法规要配套相关的实施细则，避免有法可依却无法实施的局面。

附 IX

可燃冰试采成功的影响与建议*

2017 年 5 月，中国在南海神狐海域成功试采可燃冰，引起国际社会的高度关注和积极评价。鉴于可燃冰的清洁性和大储量的特征，一旦实现商业化开采，将对全球能源格局产生颠覆性影响，且长期困扰中国的能源供应瓶颈问题将迎刃而解。中国应以本次成功试采为契机，将可燃冰勘探开发纳入国家战略规划，加大自主知识技术创新投入力度，推进国内天然气市场机制建设，提升中国在天然气领域的议价权和影响力。

一 试采成功将催生“可燃冰革命”时代加速来临

相对于石油、煤炭等其他化石能源，可燃冰具有清洁性和大储量两个优点：第一，能效高、清洁度高。可燃冰的天然气含量约为 80%—99%，比常规天然气纯净度高出约 10%，在同等条件下燃烧释放出的能量比石油、煤要高出数十倍，而且，燃烧过程中不产生粉尘、毒气污染，基本不含铅尘、硫化物和 PM2.5 等有害物质。第二，储量巨大，广泛分布于全球大洋海底、陆地冻土层和极地之下。可燃冰总储量约相当于全世界已

* 执笔人：王永中。

知煤、石油和天然气总量的两倍，以目前消费水平计算，可满足人类社会数百年的需求。然而，可燃冰开采长期面临着技术障碍、潜在的环境污染、开采和运输成本过高等挑战，未取得明显突破。

此次试采成功打破了我国在可燃冰勘查开发领域长期跟跑的局面，实现了理论、技术、工程和装备的完全自主创新，推动可燃冰的地质勘探、钻井、开采工艺、试采平台等20余项关键技术取得突破，为相关技术的进一步发展完善奠定了坚实的基础。然而，要实现2030年可燃冰商业开采的目标，中国还有一段很长的路要走，除完善开采技术和设备、缓解矿藏周边环境影响外，还要大幅降低开采和运输成本，建设天然气运输的管网设施。

可燃冰广阔的发展前景，已引起美国、日本、加拿大、德国、韩国、印度、比利时等国的高度重视，纷纷将其勘探开发列入国家发展战略，陆续开展了资源勘查和试采试验。俄罗斯西伯利亚麦索雅哈气田、加拿大马更些三角洲、美国阿拉斯加北部斜坡永久冻土带、日本爱知县东南部的南海海槽、美国墨西哥湾等地，均早于神狐海域开展了可燃冰试采试验。受“页岩气革命”驱动，美国对可燃冰商业化开发抱有高度热情，阿拉斯加北坡冻土区的可燃冰很可能率先实现商业化生产。日本曾于2013年、2017年成功地从海底可燃冰中提取甲烷，但因出砂问题中断。中国可燃冰试采的成功，必将鼓励国际社会加大对可燃冰勘探开采技术的投入力度，激发各国之间的技术竞争，而国际社会在可燃冰领域的技术竞争、交流与合作，将显著促进可燃冰技术工艺的进步和开采运输成本的下降，从而，“可燃冰革命”时代将加速来临。

二　可燃冰试采成功的潜在影响

鉴于可燃冰的清洁性和大储量特点，中国可燃冰试采成功对于全球能源格局和中国能源地缘政治产生了深远影响。若可燃冰革命得以顺利实现，全球能源供给将显著宽松，天然气将大幅超越石油成为首要化石能源，中国能源的困境和安全问题将得到明显纾解。但与此同时，中国在南海、东海海洋资源主权权益维护上面临的压力可能有所上升。

首先，可燃冰革命将对全球能源和天然气供需格局产生颠覆性影响，能源价格将长期处于低位。目前，美国页岩气革命已导致全球天然气供给大幅上升，天然气供给较为宽松。未来，可燃冰革命将会带来海量的清洁天然气供应，对全球能源和天然气供需格局产生颠覆性影响，天然气将会大幅超越石油成为首要化石能源，能源供应压力将显著松缓，能源大宗商品价格将长期处于低位。鉴于可燃冰主要储藏于海洋而不是陆地，液化天然气（LNG）将取代管道天然气成为主要的天然气品种，这将有利于在全球形成一个统一的 LNG 市场和价格，有助于消除东亚天然气价格长期高于欧洲、美国的“亚洲溢价”现象。同时，可燃冰革命不可避免地在能源供应国和需求国之间产生收入再分配。OPEC、俄罗斯等传统能源输出国的地位将有所下降，能源出口收入相对受损，而日本、中国、印度等主要能源需求国的地位将有所上升，能源进口成本相对下降。

其次，可燃冰革命将显著纾解中国面临的能源安全困境，促进中国的能源消费转型，缓解空气污染问题，有助于中国提升在全球能源治理领域的地位。体现在：一是国内天然气生产和供应将大幅增加，将有力地保障中国能源安全。中国“富煤、贫油、少气”的能源禀赋状况导致国内油气消费高度依赖进口，且进口油气运输通道高度依赖马六甲海峡，致使中国在能源安全领域面临着日益突出的困境。2017 年 3 月，中国原油进口量升至近 920 万桶/日的纪录高位，已超越美国成为全球第一大原油进口国，石油对外依存度达 60% 以上。近年来随着国际天然气价格的下跌和能源转型的推进，中国天然气进口需求大幅上升，天然气对外依存度也攀升至30%以上，中国能源安全对国际市场的依赖程度不断加深。中国勘测的可燃冰储量约1000亿吨油当量，可满足中国200年的能源需求，这将极大地缓解中国能源供应瓶颈制约，提升中国能源供应安全度。二是加速中国能源消费转型，缓解空气污染问题。中国整体能源消费结构以煤炭为主，天然气消费比重过低。2016年，中国的天然气占一次能源消费比重仅为6.2%，远低于23.8%的全球平均水平。中国能源转型目标是天然气消费比重在2030年升至15%。显然，可燃冰革命将会加速中国能源转型进程，显著缓解因燃煤过量所带来的空气污染问题。三是可燃冰革命将导致全球天然气供给显著宽松，将提升中国在天然气市场的话语权和议价能力。在天然气供给过剩的环境下，各产气国势必激烈竞争市场份额，天然气交易话语权向中国等买方市场倾斜，中国作为潜在的天然气最大需求者，必然会受到供给方的追逐。从而，中国可利用自己在需求端的体量优势作为筹码，谈判进口天然气的定价方式和条件，可为消除“亚洲溢价”、人民币计价和结算天然气创造条件。

最后，中国面临的能源地缘政治博弈将趋于复杂化甚至激化。中国可燃冰资源的80%分布于南海海域，且相当一部分位于主权存在争议的海域。这将激励越南、菲律宾、印度尼西亚和马来西亚等周边国家与中国争夺海岛主权和海底可燃冰资源。一个例证是，南海岛屿主权纠纷近年来的明显升温，与南海勘探出丰富的油气资源密切相关。不过，与常规油气不同的是，可燃冰勘探开发技术的门槛高，周边国家难以掌握，中国可利用掌握可燃冰开发核心技术的优势，劝导其对华合作，共同开发南海资源。同时，中国利用可燃冰革命有效化解能源供应短缺问题，并引起全球能源格局的颠覆性变化，显然不符合美国、日本以及能源丰裕国（如加拿大、澳大利亚等）的战略利益。为延缓和阻止中国大规模商业化开采南海可燃冰资源，削弱中国在能源领域的话语权和遏制中国崛起，美国、日本及其盟国必将频繁地介入南海事务，暗中鼓动周边国家出来生事，甚至会从幕后走向台前，这对中国勘探开采南海可燃冰资源、维护海洋主权权益会构成一定的压力。另外，钓鱼岛海域也拥有丰富的可燃冰储藏。这也将为中日双方争夺钓鱼岛主权增添了筹码和动力。因此，中国南海、东海的海岛主权纷争在长期内维持一定热度，难以平息。

三　对策建议

中国应以神狐海域可燃冰试采成功为契机，将可燃冰资源勘探开发纳入国家战略规划，作为扭转中国能源供应短缺局面的突破口，加大对可燃冰开发技术研究的投入力度，加强天然气市场机制和基础设施建设，维护中国能源供应安全，提升中国在全球油气治理领域的议价权和影响力。

首先，中国应从国家战略高度，加大对可燃冰勘探开发研究的投入力度，将可燃冰作为中国改变能源供给困境的关键突破口。进一步确立可燃冰在中国能源战略中的关键突破口地位，优先编制可燃冰开发中长期规划，加大可燃冰勘探开发的资金和人员投入力度。坚持海陆域可燃冰勘查开发并举的战略规划，加强可燃冰开采技术的国际交流与合作，加快海陆域可燃冰的试采试验，促进海陆域可燃冰商业开发经验和技术的相互借鉴。总结本次可燃冰试采经验，优化试采技术工艺，汲取发达国家先进经验，建立健全适合我国资源特点的技术标准和技术体系。创建国家重点实验室、工程技术中心等创新平台，提升可燃冰勘探开发和深海科技的自主研发创新能力。

其次，坚决捍卫海洋能源资源权益，拓展可燃冰勘探开发的国际合作空间。海洋蕴藏着巨额战略能源资源，在保障中国能源资源供给安全中的地位日益凸显，中国应坚决反对周边和域外国家对我国海洋资源的侵占行为，全力维护海洋主权权益。同时，利用在可燃冰勘探开发上的技术优势，加强与周边国家、“一带一路”沿线国家的开发合作，以惠及可燃冰资源储藏国，为周边国家乃至全球的能源转型做出贡献。泥质粉砂型储层可燃冰矿藏在海上丝绸之路沿线国家广泛分布，中国先进的可燃冰勘探开发技术可在这些海域复制应用，这将有利于解决沿线国家的能源问题，推动各国经济的融合发展。应充分利用技术优势，与相关东盟国家在南海争议海域进行可燃冰开发合作，共同利用南海丰富的海洋能源。同时，中国应积极参与北极冻土区可燃冰资源勘探开发的国际合作，造福人类社会。

最后，以可燃冰成功试采为契机，加强天然气市场机制和基础设施建设，抢占天然气领域话语权。加快天然气领域的体制改革，按照“打破行政垄断、管住自然垄断、放开竞争环节”的原则，推动国有油气公司的改革，降低民营企业的进入壁垒，推动中游天然气跨省管道和液态天然气接收站将跟上游资源分离。充分利用上海期货交易中心，推出天然气期货交易，发行天然气债券，推动形成中国天然气市场基准价格，并形成以人民币计价的贸易机制，推动天然气交易使用人民币计价和结算。利用全球天然气市场向需求方倾斜的契机，与中日韩三国加强协调沟通与务实合作，提升东北亚需求方的话语权，尽快消除天然气的“亚洲溢价”现象。应以“一带一路”倡议的深入推进为契机，与俄罗斯、中亚、中东、东南亚、南亚和澳大利亚等国协调合作，在油气管道和液化气接收站等油气基础设施互联互通方面加大投资力度，以强化中国在亚洲的油气供应枢纽地位，化解中国能源供应的“马六甲困境”，维护中国能源供应的安全，提升中国在全球油气治理领域的发言权。

参考文献

中电联：《2017—2018 年度全国电力供需形势分析预测报告》，http：//www. cec. org. cn/guihuayutongji/gongzuodongtai/2018 - 02 - 01/177584. html。

“《中国油气产业发展分析与展望报告蓝皮书》发布”，国家石油和化工网，2018 年 3 月 26 日，http：//www. cpcia. org. cn/html/13/20183/169053. html。

工业与信息化部：《2017 年我国光伏产业运行情况》，http：//www. miit. gov. cn/n1146290/n4388791/c6031974/content. html。

国家发展和改革委员会能源研究所：《中国风电发展路线图 2050》，http：//www. cnrec. org. cn/go/AttachmentDownload. aspx? id = {db55f7f2 - 28bc - 4a51 - bfe3 - cf2bcdbb0271}。

《国家能源局新闻发布会介绍 2017 年度相关能源情况等》，http：//www. nea. gov. cn/2018 - 01/24/c_ 136921015. htm。

国家能源局、中国核能行业协会、世界核能协会 WNA 等网站

国家统计局，“原油产量有所下降，天然气生产创新高”，2018 年 3 月 19 日。

《世界能源中国展望》课题组：《世界能源中国展望 2015—2016》，中国社会科学出版社 2016 年版。

段盈：《聚焦亚洲溢价，审视全球液化天然气定价机制》，《现代经济信息》2015 年第 15 期。

冯保国：《关于促进中国原油期货发展的思考》，《国际石油经

济》2018 年第 4 期。

郜峰、耿长波、马宝玲等：《液化天然气国际贸易现状及发展新格局》，《国际经济合作》2014 年第 2 期。

何帆、张斌、张明、徐奇渊、郑联盛：《香港离岸人民币金融市场的现状、前景、问题与风险》，《国际经济评论》2017 年第 3 期。

黄晓勇：《推进天然气人民币战略的路径探析》，《中国社会科学院研究生院学报》2017 年第 1 期。

蒋莉萍：《中国光伏——2014 及未来发展》，《电气时代》2015 年第 1 期。

《2017 年 1—12 月全国核电运行情况》，中国核能行业协会网站：http：//www. china-nea. cn/html/2018 – 01/39914. html。

施训鹏：《中国天然气基准价格形成中的若干问题》，《天然气工业》2017 年第 37（4）期。

孙文：《2017 年全球液化天然气市场回顾与展望》，《国际石油经济》2018 年第 4 期。

汪锋、刘辛：《中国天然气价格形成机制改革的经济分析——从“成本加成”定价法到“市场净回值”定价法》，《天然气工业》2014 年第 34（9）期。

王永中、朱子阳：《“亚洲溢价”与中国天然气定价权》，中国社会科学院世界经济与政治研究所世界能源研究工作论文系列，Working Paper No. 201802。

王云等：《中国煤炭产业生命周期模型构建与发展阶段判定》，《资源科学》2015 年第 10 期。

徐铭辰：《全球天然气治理话语权与中国的对策分析》，《东北亚论坛》2018 年第 3 期。

エネ研が2018 年度の需給見通しを発表、「原子力再稼働のペースは3E の改善を左右」，http：//www. jaif. or. jp/170728 – 1/。

于孟林：《这次重组不一样，一批大而强的煤企呼之欲出》，《中国能源报》2018 年 1 月 10 日。

张宝成、马宝玲、郜峰：《LNG 市场的“亚洲溢价”问题分析及对策》，《天然气工业》2015 年第 35（7）期。

张斌、徐奇渊：《汇率与资本项目管制下的人民币国际化》，《国际经济评论》2012 年第 4 期。

张明、何帆：《人民币国际化进程中在岸离岸套利现象研究》，《国际金融研究》2012 年第 10 期。

张晓华等：《IPCC 第五次评估第二工作组报告主要结论解读》，国家应对气候变化战略研究和国际合作中心网站，2014 年 4 月 9 日。http：//www. ncsc. org. cn/article/yxcg/yjgd/201404/20140400000853. shtml。

张晓华、傅莎、祁悦：《IPCC 第五次评估第三工作组报告主要结论解读》，国家应对气候变化战略研究和国际合作中心网站，2014 年 7 月 2 日。http：//www. ncsc. org. cn/article/yxcg/zlyj/201407/20140700000963. shtml。

张晓华、祁悦等：《IPCC 第五次评估报告第一工作组主要结论分析解读》，国家应对气候变化战略研究和国际合作中心网站，2013 年 10 月 12 日。http：//www. ncsc. org. cn/article/yx-cg/yjgd/201404/20140400000866. shtml。

赵振宇等：《我国生物质发电产业 SWOT 分析》，《可再生能源》2012 年第 1 期。

BP, *BP Energy Outlook 2017*, 2017.

BP, *BP Statistical Review of World Energy*, June 2018.

BP,《BP 世界能源统计年鉴（2017)》。

BP, *Energy Outlook 2018*, 2018.

BP Group, *BP Statistical Review of World Energy*, June 2018.

BP, *Statistical Review of World Energy 2017*, June 2017.

Gao, Haihong and Yu, Yongding, “Internationalization of the

Renminbi", BIS Papers, No. 61, 2012.

IAEA, *Energy, Electricity and Nuclear Power Estimates for the Period up to 2050*, September 2017.

IAEA, *Nuclear Power Reactors in the World*, May 2018.

IEA, *Coal 2017: Analysis and Forecasts to 2022*, Paris, 2017.

IEA, *CoalInformation 2017: Overview*, Paris, 2017.

IEA, *Digitalization & Energy*, Paris, October 2017.

IEA, "Energy Access Outlook: From Poverty to Prosperity 2017", *World Energy Outlook Special Report*, Paris, 2017.

IEA, *Energy Climate and Change*, *World Energy Outlook Special Report*, 2015.

IEA, *Key Electricity Trends 2017 Based on Monthy Data*, 2018.

IEA, *Key World Energy Statistics*, Paris, 2017.

IEA, *Market Design and Regulation during the Transition to Low-carbon Power Systems*, Paris, 2016.

IEA, *Re-powering Markets: Market Design and Regulation during the Transition to Low-carbon Power Systems*, Paris, 2016.

IEA, *Status of Power System Transformation 2017: System Integration and Local Grids*, 2017.

IEA, *World Energy Investment 2017*, Paris, July 2017.

IEA, *World Energy Outlook 2017*, November 2017.

IEA, *World Energy Outlook 2017*, Paris, 2017.

IEA, *GAS 2018*, June 2018.

IEA, *Oil Market Report*, December 2017.

IEA, *Oil Market Report*, March 2018.

IEA, *World Energy Outlook 2017*, November 2017.

IGU, *World LNG Report*, April 2017.

IMF, "Brighter Prospects, Optimistic Markets, Challenges Ahead", *World Economic Outlook Update*, January 2018.

International Renewable EnergyAgency (IRENA), *Renewable Energy Statistics 2017*, December 2017.

IRENA (International Renewable Energy Agency), *Renewable Power Generation Costs in 2017*, 2018.

Ito, Takatoshi, "A New Financial Order in Asia: Will a RMB Bloc Emerge?" NBER Working Paper, No. 22755, 2016.

Organization for Economic Co-operation and Development (OECD) and International Energy Agency (IEA), *Energy Efficiency 2017*, Energy Efficiency Division of the IEA, 2017.

Organization of the Petroleum Exporting Countries (OPEC), *Monthly Oil Market Report*, December 2017.

Organization of the Petroleum Exporting Countries (OPEC), *Monthly Oil Market Report*, January 2018.

REN21 (the Renewable Energy Policy Network for the 21st Century), *Renewables 2018*, *Global Status Report*, 2018.

U. S. Energy Information Administration (EIA), "China Surpassed the United States as the World's Largest Crude Oil Importer in 2017", February 5, 2018.

U. S. Energy Information Administration (EIA), "Tight Oil Expected to Make Up Most of U. S. Oil Production Increase through 2040", February 13, 2017.

World Coal Association, *The Case for Coal: the Power of High Efficiency Coal Reducing Emissions while Delivering Economic Development and Reliable Energy*, 2016.

Yu Yongding, "Revisiting the Internationalization of the Yuan", ADBI Working Paper, No. 366, 2012.

Zhang Ming and Zhang Bin, "The Boom and Bust of RMB Internationalization: The Perspective from Cross-border Arbitrage", *Asian Economic Policy Review*, Vol. 12, No. 2, 2017.

Zhang Ming, "Internationalization of the Renminbi: Developments, Problems and Influences", *CIGI New Thinking and the New G20 Paper Series*, No. 2, March 2015.

Wind 资讯。

王永中，中国社会科学院世界经济与政治研究所世界能源研究室主任、研究员，经济学博士，博士生导师。研究领域：货币经济、国际投资和能源经济。曾在日本经济研究中心和波士顿大学从事学术访问研究。著有《中国外汇冲销的实践与绩效》《中国主权财富投资的理论、问题与对策》（合）和《中国海外投资国家风险评级报告》（合），在《世界经济》、China & World Economy、《经济学动态》、《金融评论》、《国际经济评论》等主流期刊发表学术论文数十篇，主持和参与国家社科基金、部委、地方政府、金融机构与中央企业委托课题数十项。

田慧芳，中国社会科学院世界经济与政治研究所世界能源室副主任，副研究员，研究领域涉及全球治理、经济发展、环境经济学等。曾主持国家社科基金、APEC“绿色金融”等十多个重大课题，在 Journal of Policy Modeling，Climate Change Economics，China and World Economy，《世界经济》等知名学术期刊发表论文多篇。

魏蔚，中国社会科学院世界经济与政治研究所世界能源研究室副研究员，经济学博士。研究领域：能源经济学和可再生能源。先后发表学术论文数十篇，参与多部学术著作的章节写作。主持社科院、科技部、中国科协等部门的课题研究。

万军，中国社会科学院世界经济与政治研究所副研究员，经济学博士。主要研究领域是产业政策、新兴产业和清洁能源。先后发表学术论文数十篇，主持或参与过中国社会科学院、国家能源局等部门的课题研究。

张春宇，经济学博士，中国社会科学院世界经济与政治研究所助理研究员，中国社会科学院能源安全中心特约研究员，主要研究领域是海洋经济，能源安全，非洲经济，中非合作等。

周伊敏，中国社会科学院世界经济与政治研究所世界能源室助理研究员，北京航空航天大学统计学博士。主要研究方向：能源经济，资产定价，风险管理，数字金融；论文发表在 Energy Economics，Applied Economics，《经济研究》等期刊杂志。

朱子阳，北京大学经济学院 2018 级博士研究生。

王雪婷，中国社会科学院研究生院 2017 级硕士研究生。